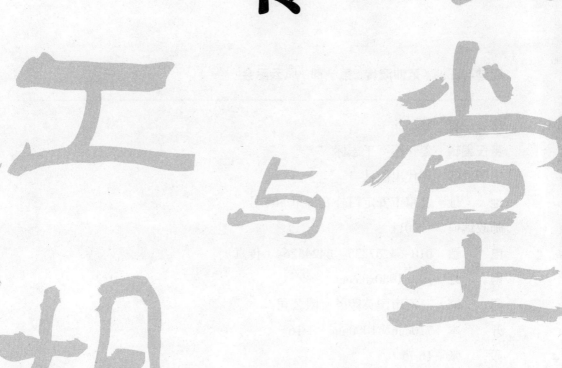

第一部
风云际会

滕非 —— 著

范仲淹传

中国出版集团　现代出版社

图书在版编目（CIP）数据

庙堂与江湖：范仲淹传 . 第一部 , 风云际会 / 滕非
著 . -- 北京：现代出版社 , 2022.3
ISBN 978-7-5143-9770-3

Ⅰ . ①庙… Ⅱ . ①滕… Ⅲ . ①范仲淹（989-1052）—
传记 Ⅳ . ① K827=441

中国版本图书馆 CIP 数据核字 (2022) 第 039128 号

庙堂与江湖：范仲淹传 . 第一部 , 风云际会

作　　者	滕　非
责任编辑	姜　军　王志标
出版发行	现代出版社
地　　址	北京市安定门外安华里 504 号
邮政编码	100011
电　　话	010-64267325　64245264（传真）
网　　址	www.1980xd.com
印　　刷	三河市国英印务有限公司
开　　本	710mm×1000mm　1/16
印　　张	16.75
字　　数	304 千字
版　　次	2022 年 4 月第 1 版　2022 年 4 月第 1 次印刷
书　　号	978-7-5143-9770-3
定　　价	48.00 元

先生之风，山高水长——代序

何常在

司马光曾说："文正是谥之极美，无以复加。"

司马光认为"文"是道德博闻，"正"是靖共其位，是文人道德的极致。此后，"文正"被认为是人臣极美的谥号。

明武宗的时候，大学士李东阳病危。大学士杨一清前来探望，见李东阳为谥号担忧，杨一清表示李东阳死后会有"文正"的谥号。垂死的李东阳竟一下坐起，在床上向杨一清磕头致谢。因李杨二人私交甚厚，有人作诗讽刺说："文正从来谥范王，如今文正却难当。大风吹倒梧桐树，自有旁人说短长。"

历史上获得"文正"谥号的文人不少，最让人敬仰并且没有争议的，当属范仲淹了。

范仲淹也是我最为仰慕的先贤，一生坦荡，为国为民，真正做到了"居庙堂之高，则忧其民；处江湖之远，则忧其君"，终其一生都在践行着"先天下之忧而忧，后天下之乐而乐"的情怀，是一个当之无愧的国之大者的文人。

滕非所著的《庙堂与江湖：范仲淹传》，写尽了范仲淹一生的传奇。和之前诸多书写范仲淹的作品不同的是，他文笔从容，立意开阔，并且引经据典，力求每件事情都不悖史实，每句话都有出处，却又师古而不泥古，故事生动有趣、情节紧张紧凑，真正做到了严肃、活泼、团结、紧张，是一部难得的书写范仲淹先生的佳作。

我和滕非认识多年，既是写作上的同行又是生活中的好友。他早年习文，后下海经商。经商多年，始终不忘胸中之意，只要一有闲暇就会写作。和大多数每天都在奔波忙碌中迷失自己，很难与自己独处的商人不同，他还可以做到在应酬之外，一个人安静地独居一隅，于一间陋室，一桌一椅一茶一电脑，以及无数藏书，神游物外、笔下乾坤，享受精神层面带来的飞跃。

滕非心中从未放下写作梦想，也许是骨子里的文人气息无法割舍，又也许是总有需要表达的思想，他需要用文字和世界对话，用文字来安放自己的内心。他常说，经商非本意，只是为生活所迫。其实有时想想，我们总是在追求求而不得的东西，很多时候并不是为了满足私欲，而是为了寻求通往高尚之路。

读史书，可以让人沉静，可以让人从中思索许多超越现实的道理。古往今来，千年一瞬，无数生动的历史人物用他们波澜壮阔的一生为我们演绎了高尚、卑劣、功名、烟云，最终，富贵荣华、功名利禄都不过是过眼烟云，传承的只有闪亮的文字和耀眼的思想火花。

智慧可以穿透时光，以强大的不可抹灭的力量贯穿古今，让我们领悟、感悟和彻悟人生。千百年来，引领中华民族生生不息始终矢志不移的，正是无数文人风骨和他们的文学作品，让我们感受到了文化的薪火相传。

滕非的文字，朴实又不失内敛，内敛之中，带有严谨和沉稳的叙述，以从容的口吻，以范仲淹的一生为主线，徐徐道来北宋年间诸多历史事件，无数名人如闪亮的群星，一一展现。

如同一幅栩栩如生的画卷，浓墨重彩地描述出了范仲淹坎坷且灿烂的一生。

作文如做人，滕非选择以范仲淹为切入点来书写历史，来与世界对话，是他敬重范仲淹的为人，也是他希望可以和范仲淹一样做一个"勤学好问曰文，博闻多见曰文"以及"内外无怀曰正，诚心格非曰正"的人。

正如范仲淹为别人所写"云山苍苍，江水泱泱，先生之风，山高水长"，何尝不是范仲淹自己一生的写照？相信拥有山高水长的先生之风的滕非的《庙堂与江湖：范仲淹传》一书，可以写出范仲淹山高水长的先生之风。

"不以物喜，不以己悲"是高尚的境界，"宁鸣而死，不默而生"也是值得敬佩的人生追求。滕非慢慢成长并且积淀了先生之风，也正是他推崇中国传统文化一心为文化事业而努力的结果。

愿以范仲淹的一句诗与滕非共勉："归来笑春风，白日登青天。"

目录／Contents

第一卷　风云际会

第一章　第一才子

宰相之死

大宋至和二年，公元 1055 年，春，正月。

这天一大早，京城的百姓发现皇城内外清水净街、黄土垫道，三步一岗五步一哨地站满了内府的官兵。

看到这一阵势，人们都远远地望着，谁也不敢靠近。

熟知官府规矩的百姓当然知道，这一定是有大事情要发生了。

果不其然。

未到申时，只听得几声炮响，皇城中门大开，从里面缓缓走出一支打着黄罗伞的队伍。

围观的人们这才明白，怪不得一大早就戒备森严，原来是皇上要出来了。

到底发生了什么事情，会惊动贵为九五之尊的皇上呢？人们交头接耳地纷纷议论着。京城的百姓虽见多识广，但也有些纳闷儿，却谁也不敢多言。

皇上已经很久没有出过皇宫了。

没有什么重大事情，皇帝是不会轻易出宫的。

虽说前些年一直在打仗，但近几年时局还算平和。自从和辽国修下百年和好的盟约以后，西夏也在十几年前被打得俯首称臣。尽管西川路不时有人造反，但那都是些小祸小乱，没几天就镇压掉了。

难道北边又打仗了？有人猜测。

这一猜测是有道理的。北宋时期，大宋和辽国、西夏一直保持着不太稳定的邦交关系。

应该不会，马上有人反驳道。

有人最近看见过朝廷颁下的旨意，说是要征调人力去并州开荒，这说明北方没有打仗。

那就奇怪了。既然北方也没打仗，皇上为什么要突然出宫呢？

好热闹的人们既想近前，又不敢靠得太近。正议论纷纷的时候，有消息灵通的人最先传来消息：是晏丞相死了。

晏丞相死了？

报信的人说，有人一大早就看见晏府门外挂起了白纱罩着的灯笼，而且，昨天晚上就听到府内传出了惊天动地的哭声。

听到这里，看热闹的人们终于长出了一口气。

还好，虽不是什么好消息，但总比要打仗强得多。

这些年，人们打仗都打怕了。

突然之间，人们又都觉得挺难过的。真是晏丞相死了？那么好一个人，早就听说他身体不好……如果真是晏丞相死了，还真是件值得让皇上亲自出宫的事。

在宋朝，宰相去世，皇上一向有亲去吊唁的惯例。

几乎所有的人都知道，皇上还是太子的时候，晏丞相就和他一起读书，那些年晏丞相一直陪在皇上身边。因此，皇上一向待晏丞相不薄。就在前段时间，听说晏丞相病重，皇上先是专门派了太医住到晏府给他治病，后来，还准备亲自登门去看望呢。诚惶诚恐的晏丞相不敢惊动皇上，回了一封奏折，说是自己病已经好了，不必劳烦皇上牵挂。没想到好端端一个人这么快就死了。

真是好人不长命啊！

百姓们又情不自禁地感慨起来。

晏相爷可真是个大好人啊，人们摇头叹息着。从来没见过像他这样和气的人，即使身为宰相，却一点儿架子也没有，不管对谁，他都和和气气的，从没见他害过谁，也没见他说过谁的坏话。如今，像他这样官当得大、脾气好、文章还写得好的人真是不多了。

人们慨叹唏嘘着，纷纷用不同的方式表达着自己心中的惋惜。

正如京城的百姓所说，有宋一朝，晏殊绝对是个不折不扣的大好人。除此之外，他还是个大文人、大名人。在能人辈出的北宋，晏殊是为数不多的一个能够同时在文坛和政坛笑傲群雄的顶尖人物。这一说法，无论是在多年以前还是在千年以后，均得到了人们的普遍认可。

围观的人们一边叹息着，一边四下散去。

散去的人们还在三三两两地说着什么。很快，关于晏大丞相生前的件件奇闻逸事，于街头巷尾再次被人们津津乐道地传说起来。

神童家族

请你一定要相信，在这个世界上有着许多不为人知的存在，尤其是一些人精彩的人生传奇。而且，遇到类似事情，请你一定要相信只有更神奇，没有最神奇。

有宋一朝，生活在江南西路抚州临川的晏家，绝对称得上是一个神一般的存在。这个家族的神奇，在于同时诞生了两个不世出的绝顶神童。

重文轻武的北宋，神人辈出，最不缺的就是神童。

作为历朝历代津津乐道的话题，神童一向是封建帝王奖拔人才的最爱，特别是重文轻武的大宋，它的第三任皇帝真宗尤好此道。

据统计，真宗时期是大宋朝进行童子举次数最多的朝代。那时候，神童的选拔办法称"童子举"，大概类似今天的大学少年班。获得神童身份的人，无须参加千军万马过独木桥的科举考试，只需通过专门考试，便可以直接获得进士的身份。

真宗皇帝是大宋朝最强的神童星探，他不但频繁下令鼓励开办童子举，还不惜利用各种机会奖励发现神童的伯乐。因此，他在位期间不但开设的童子举多，而且挖掘出来的人才也多。

史书记载，历朝历代通过童子举名留青史的人物一共有四位：杨亿、宋绶、晏殊和李淑。除了杨亿之外，其他三个人都是宋真宗一手发掘出来的。而唯一例外的杨亿，虽然未经真宗皇帝发掘，却是由他一手提拔并培养出来的。

由此可见，在神童的发掘和培养上，真宗皇帝真是功不可没。

说实话，一个孩子，到底能有多少货真价实的学问呢？究其本质，神童不过是个噱头，不过是一些早慧的孩子一时间的灵光闪现罢了。凡神童者，多是靠人吹捧浪得虚名。一个人，靠儿时的聪明获得官方的认可，虽说不易，却也能够做到。而最终能因此成才的，既少之又少，又难上加难。

但晏殊兄弟却是历史上有名的例外。

噱头未必只是金玉其外。比如以上四位，都是神童成才的杰出代表。而晏殊兄弟是其中成就最大，而且能够做到始终闪光的那类人。

话说当年。

上有所好，下必甚之。因为真宗皇帝的热衷，当时涌现的各类神童比比皆是。临川晏家更是有着如同神助般的神奇，他们家不但同时诞生了两个名震一时的神童，而且这两名神童均得到了朝廷、皇帝和士林的认可。可以说，这弟兄两个一个比一个出色，一个比一个精彩。

说晏殊之前，我们先说说他的弟弟、听起来更加神奇的晏颖。

晏颖，一个神到只存在于传说中的人，他是有史以来第一个被皇帝亲封为神仙的人。

晏殊这个弟弟小他三岁，不但成名早，而且名气大，十几岁就屡获皇帝的赏识。跟他天才般的文学才华相比，更为传奇、更为人津津乐道的，是他神仙般的人生归宿。

史料记载，晏颖以奇才异类屡被召试，文章做得呱呱叫，十五岁获赐进士，却于十八岁这年离奇逝世。

关于晏颖之死，民间流传着许多神奇传说。《临川县志》记载：

（听说朝廷赐自己进士）颖闻之，走入书室中，反关不出。其家人辈连呼不应，乃破壁而入，则已蜕去。

离奇。

更为离奇的是，晏颖恰恰死在朝廷赐予他功名的时候，死得还异常平静，这不但给世人留下了不恋世间功名的美誉，同时也让人们产生了无限遐想。不知这一传说是一种巧合还是人们刻意为之。据说，晏颖离开人世时如同蝉蜕般平静，这份平静为他的死增添了许多神秘的色彩。

这份神秘跟晏家祖上的传说有关。

晏家先祖是春秋时期齐国的大宰相晏婴。后来，先人由山东迁至临川，选择住所时，懂风水的先人特意挑选了一块风水宝地。临终时先人留下遗言，说一定要把自己葬在他生前的床下，而且要在指定的时间、指定的地点下葬。

不懂规矩的工作人员为他下葬时多挖了一锹土，结果挖出了两条白鳝。人们大惊失色，尽管拼命补救，最终一条白鳝还是受伤而逃。

据说，这两条白鳝就是后来的晏殊兄弟，而那条受伤而逃的白鳝便是晏颖。与传说对应的是，晏颖临死时在书案上留下一张草纸，纸写有两首诗。其中一首诗写道：

兄也错到底，犹夸将相才。

世缘何日了，了却早归来。

另一首诗写的是：

江外三千里，人间十八年。

此时谁复见，一鹤上辽天。

虽然这只是个传说，而且这两首诗也许只是后人编的，但它们不约而同地指向了同一个方向，并验证着先人预言的神奇。

在故事中，晏颖本为仙人。举凡神仙，大都不恋人间烟火，更不会把将相之类的俗职放在眼里。很明显他就是受伤而逃的那条白鳝，因为不恋尘世才蜕化而去。

祖上的传说和现实结合在一起，够神不？

更神的是，真宗皇帝听说此事，惊为天人。既惜其才又叹其神的真宗皇帝不但亲封晏颖为神仙，还亲书"神仙晏颖"四个字赐给了临川晏家。

谁更神奇

有史以来，能被皇帝政权承认并正式封神的人有哪些呢？翻遍了相关资料，也只有关羽、韩擒虎、妈祖等寥寥几个名字。

如果你认为晏颖的人生已经足够精彩足够传奇，对不起，你错了。

有一个人比他更神。

这个人不是别人，就是他的哥哥晏殊。

仅说一点，晏颖15岁获赐进士，那年哥哥晏殊早已获得进士身份，他获得这一身份时只有14岁。

比神仙还神？

没错，就是比神仙还神。更神的是，获赐进士以后，晏殊一生都在延续这种让人羡慕的神奇。

关于晏殊，后世普遍认为，即使把所有的溢美之词都加在他身上，都不足以形容他神奇而伟大的一生。像什么天赋异禀、少年得志、才华横溢、心善人厚、富贵荣华、四海承平、桃李满天下……这些词语在晏殊面前都太普通。

更容易让人们记住的，既不是晏殊伟大的才华，也不是他有如神助般的好运，而是他的平民出身，以及他通过努力完成一段段精彩人生的传奇经历。

晏殊，字同叔，抚州临川人，生于大宋淳化二年，即公元991年。晏殊自幼聪慧，5岁能诗，7岁文章冠绝江南。14岁经安抚使张知白举荐，获朝廷破格录用。入仕以后，通过不断努力，步步高升，最终身居两府、位极人臣。

与此同时，晏殊以词著于文坛，尤擅小令，风格含蓄婉丽，后世尊其为"北宋倚声家初祖"。他既善于填词又工诗善文，史称其文章能"为天下所宗"。

临川晏家并非名门望族。

虽然后人更多地把临川晏家说成是春秋时期齐国宰相晏婴的后人，但这一说法并没有得到普遍的认可。晏殊出生时，他的父亲只是政府一个普通的小官吏，上追三代晏家也没有一个有史可查的大人物。一个小吏的儿子，能取得这样的成就，无论在哪个朝代都几乎是一件不可思议的事情。

大宋朝宰相很多，能让人普遍追忆和怀念的也有很多。跟那些有出身有背景的人相比，平民出身的晏殊的奋斗史和他所完成的人生传奇更值得人们怀念。

官当得够大，文章写得够好，是晏殊两个最显著的人生标签。因此，晏殊在北宋是一个非常典型的存在，他的人生被士林学子们视为梦寐以求的终极理想。

在重文轻武的北宋，朝廷对文人的格外重视，使得步入仕途的竞争更加激烈。没有任何背景的晏殊能够脱颖而出，不但年纪轻轻就身居高位，而且能够将荣华富贵保持一生，这一点是其他任何人都无法做到的。最难能可贵的，是他得到这一切依靠的只是两个字：才华。即便是在北宋这样的时代，这也是独一无二的。

因此，晏殊之死在民间引起了不小的轰动。

其实，那一天皇帝出宫并没有真正给京城百姓带来多大影响。在这个世界上，不管发生多大的事情新鲜两三天也就过了。新鲜过后，该种地的种地，该卖菜的卖菜，该读书的读书，该打酱油的还得去打酱油。天大的事情，只要跟自己的切身利益没什么关系，人们总是很快就把它们忘到了脑后。

那一天，人们目送皇帝的行舆缓缓地从宫内出来，缓缓地从大街上走过，缓缓地驶入晏府，最后又缓缓地起驾回宫，整个过程就结束了。仪式端庄而威严，晏府上下哭声一片，悲恸之声响彻云霄。随后，整个京城一切归于平静，就像什么事情都没发生过一样。

第一神童

如果说晏殊是大宋神童第二，相信没一个人敢称第一。

这无论是在当时，还是千年以后的今天，是一个人们普遍认可的事实。

十年寒窗无人问，一举成名天下知。科举盛行的宋代，靠读书博取功名是所有士林学子的人生目标。寒窗之苦人所共知，能否金榜题名也非定数。因此，成为神童在当时成了一种趋之若鹜的捷径。只要你能成为一名神童，一旦得到重要的人物推荐，不需要寒窗苦读你就可以直接入朝为官。因此成为一名神童是当时每个人梦寐以求的梦想。

机会难得，竞争必惨。

当时，北宋第三任皇帝真宗爱惜人才，尤其喜欢神童。

纵览史册，神童年年有，就是宋朝多。之所以出现这种情况，也是大有原因的。

公元960年，始祖皇帝赵匡胤在陈桥驿发动兵变，马上得天下。尝到这一大甜头之后，太祖皇帝生怕后世子孙被人走自己走过的老路，便在立国之初定下了重文抑武的方略。因此有宋一朝，每位皇帝都老老实实地恪守祖训，无所不用其极地限制着武将的权力，即使是枢密使这一掌管兵权的最高军事长官，也一直由文臣来担任。

这一方略导致文官在朝中的地位高得后无来者。同时，重文轻武成为社会各阶层一种普遍的风气。不管你是官宦子弟还是寒门学子，只要书读得好，走到哪里都能得到普遍的尊重。与此同时，朝廷对文人的重视还体现在社会的多个层面，那时候文人不但地位很高，而且只要通过科举考试，就可以直接入朝为官。其入仕以后，既可从政又可掌兵，因此宋朝的文人都活得很舒服。

再说说宋朝的科举制度。

在宋朝，科举是朝廷选拔人才最重要的途径。今天我们所理解的科举，其实是一个狭义的概念，基本等同于宋代的常科。

在宋朝，常科只是科举的形式之一，是朝廷最常设的一种人才选拔方式。

普通人参加常科，需要过解试、省试和殿试三关。三关通过，就可以入朝为官，开始青云直上的人生。

当然，说到这里会有一个悖论，即书读得好坏跟一个人的功成名就不是绝对的因果关系，但也不是绝对没有因果关系，这是一个不争的事实。

学霸未必等于考霸，在这个世界上总有很多例外存在。在这些例外中，屡试不第但人生成就很大的人也比比皆是。比如在科举肇兴的唐朝，相信大家都知道"我未成名君未嫁，可能俱是不如人"这句诗，它的作者是一生都没中举的大才子罗隐。在本朝也出了一个大牛人，他就是以万种艳词名闻天下却屡试不中的柳永柳景庄，但他们只是微乎其微的个例。

那时候，常科终归是选拔人才的主流。柳永屡试不第，他初心不改，不但轴而且有志气。他始终没有更新过自己的人生目标，而且是愈挫愈勇屡败屡战。因名气太大，担心自己为名所累，便改了个名字从头参加考试，最后终于也考中了进士。

柳永的奋斗史是另外一个励志故事，在此我们不重点讲述。之所以在这里说起柳永，不过是想告诉你当时的科举成名对一个人来说有多重要，而且有多艰难。

除了常科，北宋录用人才还有很多种，比如制科。制科不同于常选，是一种皇帝下诏才会举办的考试。因此，考试的具体科目和举罢时间均不固定。最初，应试人的资格没有限制，现任官员和一般士人均可应考，而且还允许自荐。后来，参加制科的限制逐渐增多，自荐改为需要官员推荐，而且还要先经过地方官的审查。

举荐，即有人推荐。一旦这种举荐能获得批准，一个人就可以略过解试和省试，直接参加最后的殿试。因此，举荐的对象需要在某一方面有出众的才华和本领，不但推荐人需要有一定的身份，而且要对自己的举荐对象负责。从这一点来看，当时的朝廷真是对文人大开方便之门，我们不得不对"糟粕"的封建王朝另眼相看。

神童要想获得朝廷的认可，必须参加童子举。

童子举是制科的一种。得到录用的少年才俊朝廷会赐给功名和身份，它大概类似于今天的特召，等于是绿色直通车。

当时，靠读书成功博取功名的寒门学子比比皆是，谁都想少年成名，谁都想成为神童，谁都想走绿色通道，在这些人中间，晏殊无疑是最出类拔萃而且始终运气最好的那一个。

神奇的人生往往都是从一开始就与众不同的。

晏殊人生的第一个神奇，就是他不但获得了神童的称号，而且没参加考试就直接拿到了皇帝面试的门票。

当时的神童如雨后春笋，俯拾皆是，不是所有的人都有机会得到皇帝的关注。之所以能够完成这一神奇，晏殊需要隆重地感谢一个人，这个人的名字叫张知白。

公元 1004 年，这年江南大旱，晏殊 13 岁。张知白被朝廷任命为安抚使，去江南赈灾。张知白科举出身，当年也是个寒门学子，对文化人一向有好感。到达目的地以后，张知白住在了洪州官衙。

洪州有个通判，叫李虚己，跟晏家关系非同一般。李虚己不离左右地伺候安抚使大人，顺便也让安抚使大人听到了晏殊的才名。

辛苦地忙于本职工作之余，耳边不断出现晏殊的名字，他决定见见这名天才少年。

张大人并不知道，这些都是李虚己和晏家的亲友团一手操作的，为的就是引起他的注意。后来，李虚己李通判还成了晏殊的首任岳父。

张知白差人将晏殊召到了李虚己府上，考了他几个问题。

张知白惊讶地发现，这个孩子不但神奇，而且不是一般的神奇。无论诗赋还是文章，都绝非一般少年人可比。

张大人惊掉了下巴：晏殊才思之敏，见地之高，皆为世所罕见。

一向爱才的张知白当然不肯放过这个大好机会。于是，他不但不遗余力地走程序向朝廷推荐晏殊，而且当面向真宗皇帝详细报告了这一发现。

身为朝廷大员能如此推荐一个少年，让一向听说神童就激动的真宗皇帝两眼放光。于是，兴奋之下他破格下令，让晏殊直接参加那年的殿试。

过程全免。

直接通关。

可别小看这个"直接参加殿试"，即便你是神童，也得一级级闯关才能获得殿试的资格。这些程序在晏殊身上全部省了。

自真宗皇帝做出这一决定开始，这名 14 岁的神童正式迈出了他人生的第一步。虽然对于皇帝来说，当时做这个决定也许只是想一看究竟，或者只是觉得好玩儿，他绝对没有想到，他这一决定日后会对一个人、一个王朝，甚至一个民族的文化史产生多么深远的影响。

在晏殊参加殿试之前，让我们隆重地了解一下他的恩人张知白。

张知白，字用晦，沧州清池人，仁宗朝宰相。

史料记载，幼年时期，张知白随父亲生活，他的父亲在河北西路的邢州担任小吏，一向素有廉名。不幸的是，短命的父亲在张知白9岁时就死了，而且是死在任上。

因无钱安葬，一家人只好将父亲的灵柩暂时安放在一家寺庙。后辽国进犯，大兵过处风卷残云，张知白和母亲只好回到故乡生活。

经若干年的寒窗苦读，张知白金榜题名。中进士后，张知白想起父亲的灵柩还没有下葬，便返回邢州寻访。经历了多年的兵荒马乱，邢州大地早已是荒野千里，那座存放父亲灵柩的寺庙也已经颓垮废弃。凭着模糊的记忆和不达目的誓不罢休的决心，张知白搜寻到了尚存的寺庙大殿基石。沿着这一线索，他果然找到一座棺椁。打开一看，虽棺椁里面已经不能辨认，但衣物却正是父亲下葬时的葬服。

即使经历了多年的战乱，能凭记忆找到父亲灵柩并安排下葬，张知白这一事迹让人叹服不已。

进士及第后，靠着清正廉明的品格和出众的治理才能，张知白的官职一路高升，并在仁宗年间做到了宰相。

能为父亲下葬让张知白名扬天下，但他最为人赞叹的，却是凭一己之力发现、举荐、提拔并成就了晏殊。

成就一段佳话，识人之明固然重要，但举荐人和被荐人须同时给力才能相互成全。举荐人才这类事情，看走眼的比比皆是。神童之神，往往只是一时的小聪明却不堪大用，比较有名的例子是几十年后王安石笔下的方仲永。

小时了了，大未必佳，已成为人们识才辨人的一个不可忽视的成见。

破格获得皇帝直接面试的晏殊会掉链子吗？

神来之笔

答案是：不会。

晏殊之所以能成为晏殊，是因为他是晏殊，不是方仲永。

事实证明，晏殊不但是一个货真价实如假包换的神童，而且真才实学只是他的特长之一。除了真才实学之外，他还是一个天生就知道在什么时候该说什么话、在什么时候做什么事儿的人。更精确一点儿说，晏殊属于那种典型的很早就既有智商又有情商而且从来都不会掉链子的人。

皇帝的面试很重要。

举凡能直接推荐到朝廷的优等人才，相信哪个都不是白给的。宋朝的人才如同地摊上的商品，琳琅满目，如何在其中做到脱颖而出，绝非易事。

这一年，真宗皇帝赵恒兴趣大发，下旨让入选的神童直接参加由他主持的召试。尽管这样，经最终选拔，也仅有两名神童获得直接参加召试的资格，他们分别是抚州人晏殊和大名府的姜盖。

满朝文武心里都很清楚，选神童不过是陪皇帝玩玩儿而已。神童，只是个噱头，因此对这件事情大家都没有认真，说实话兴师动众地去考一个孩子，只是装装样子，体现一下对人才的兴趣罢了。皇帝喜欢猎奇，这是他的个人爱好，大家也就是站站台，陪着走走过场，没什么大不了的。

谁也没想到，这次召试皇帝是认真的。

当然，晏殊也是认真的。他需要抓住这一可遇不可求的千载良机，一举成名。

晏殊很清楚，跟对手相比，自己没有什么优势。一是这一年他已经 14 岁了，而对手姜盖只有 12 岁。既然打的都是神童牌，谁小谁就更有优势，自己首先输人一筹；二是自己是南方人，对手却是北方人。朝廷一向对南方人有成见，不得重用南方人是太祖皇帝定下的规矩。

晏殊参加殿试的过程我们无法全方位地还原，让我们看看当时的史书是怎么记载的：

抚州进士晏殊，年十四，大名府进士姜盖，年十二，皆以俊秀闻，特召试，殊试诗赋各一首，盖试诗六篇。殊属词敏赡，帝深叹赏。

由此可见，对这次召试真宗皇帝不但相当重视，而且进行了特意安排。

为什么这么说呢？

先看看两位神童的考题就可见一斑。姜盖的任务是写六首诗，而晏殊却要写一首诗和一篇文章。考题不同看似是个小问题，其实这里面的学问很大。从广义上讲，写文章要比作诗难度更大。这次考试，形式和题目当时是由谁定的我们不得而知，但由此可以明显地看出，它是根据考生的不同量身定做的。

皇帝能考晏殊一篇文章，体现的是他对晏殊的重视。文章写得好与不好，不但需要文字技巧，而且得有观点。

说白了，皇帝不但想考考晏殊的文才，还想看看他的见地。

答题过程很顺利。

评卷的时候，几乎所有人都给了晏殊好评，连皇帝本人都叹服不止。就在这时，一个拦路虎跳了出来。

这个人就是在历史上鼎鼎大名的寇准。说实话，虽然名气大但寇准这个人比较怪，有名的狡黠固执。当时寇准正担任宰相，地位如日中天，他不但对南方人有成见，而且歧视很深。在这之前，他不断在工作中旗帜鲜明地给人贴地域标签，更是利用一切可能的机会不遗余力地黑南方人。

寇准是老资格的保守派，不但位置高、功劳大、资格老，除了这一身份，他还是太祖皇帝的连襟。

换句话说，他是最名正言顺坚持太祖皇帝观点，反对重用晏殊的人。

关于这桩公案，史书也记载得很是具体：

宰相寇准以殊江左人，欲抑之而进盖，帝曰："朝廷取士，惟才是求，四海一家，岂限遐迩！如前代张九龄辈，何尝以僻陋而弃置邪！"乃赐殊进士出身。盖同学究出身。

既然是陪着皇帝玩儿，即便是假戏真做，也总得挑出一名神童来吧。寇准的意思是选姜盖，因为晏殊是江南人。结果，真宗皇帝没有同意。

置宰相的反对于不顾，由此可见，真宗皇帝从一开始对晏殊就是真爱。

真宗不顾寇准的反对，坚持赐赏了晏殊"进士出身"。而与之形成鲜明对比的是，同考的另一名"神童中的神童"姜盖只得了个"同学究出身"，两个人的身份差了不止一个段位。

就这样，召试在有惊无险中过了。

晏殊涉险过关，另一名神童姜盖史书没有再提，因此我们对他此后的人生轨迹亦无从知晓，但至少有一点是肯定的，从那以后姜盖再也没有过什么出色的人生表现。

你觉得晏殊同学就这样轻松过关了吗？

那你又错了。

更大的考验还在后面。

也许是觉得一次考试无法准确地判断一个人的真才实学，也许是怕自己看走眼，也许是太喜欢晏殊了，过了没两天，皇帝又组织人员，针对晏殊专门安排了一次考试。

既然是专门组织的考试，而且只考一个人，这次考试可以参考诸葛亮舌战群儒的场面。

皇帝专门交代，这次考试不但形式要改，而且科目也要改。如此兴师动众地再专门组织一场考试去考一个孩子，大臣们都有点儿蒙。

可惜当时谁也没坐下来，认真地想想皇帝的用意。

晏殊第二次考试的内容是诗、赋、论各一篇，这是针对成年组的考试标准。

而晏殊果然真就不是白给的，面对以皇帝为首的众多考官，他一如既往气定神闲地答题。答到最后，他却出人意料地来了一个神来之笔。

据说，当做到论述题的时候，晏殊看了看题目，将笔一放，起身下跪不紧不慢地告诉皇上说：皇上，这道题我不能答。

真宗一愣：什么情况？

晏殊不紧不慢地说：尊敬的皇上，为了应试我曾不断地刷题。区区不才，您出的这道题我刚刷过，请皇上换道题吧。

皇上傻了。他没想到晏殊会来这一手。他拒绝的理由很简单也很有效：我不想投机取巧。

至于那道题晏殊到底有没有刷过，不管是当时还是时至今日，都已无从考证了，其实真相已经不重要，重要的是这一举动彻底让皇帝刮目相看了。

好感刹那间爆棚。

真宗皇帝因讶生喜，下令给晏殊改了一个题目。

交卷以后，不管形式、内容还是观点，晏殊的文章均得到了群臣极高的赞赏。甚至连贵为九五之尊的真宗皇帝，都一连叫了好几个好才肯停下。

有如神助

通关完成。

下面该考虑的是任命问题了。

真宗皇帝最初给晏殊任命了一个什么官职呢？

既然这么喜欢，虽然不敢说高官显要，至少应该任命他一个比较说得过去的职位吧？

如果那么想，你就大错特错了。

宋真宗给晏殊任命的第一个官职寒酸得说不出口：*擢秘书省正字，秘阁读书*。

什么概念？先不着急说晏殊这一职务，让我们先说说宋朝的官制。

宋朝官员的正式任命，一般都由两部分组成。这两部分一是官阶，二为差遣。官阶是官员的级别或待遇，差遣才是他担任的实际职务。

晏殊的官阶为"*秘书省正字*"，"*秘书省*"即国家图书馆，"*正字*"的工作是校雠典籍，刊正文章，说白了就是负责国家图书馆典籍文章的校雠和刊正工作，官职为从九品。

这一官职有两大特点：一是清水衙门，天天与书为伴；二是品阶低而且俸禄低得可怜。从这一点儿来看，看不出什么赏识和优待呀？

如果这么想，你又大错特错了。各位请牢牢记住晏殊入仕时这个职务，下面的故事很快会派上用场。

再说说晏殊的差遣："秘阁读书。"

从字面意思理解，秘阁读书就是在皇家藏书阁读书，用今天的话说，晏殊步入仕途第一个角色就是在皇家图书馆公费上大学。

秘阁，指宫廷藏书阁，即皇家藏书馆和宫廷阅览室。端拱元年（988），晏殊出生前的第三年，以倡导"开卷有益"而著称的宋太宗在崇文院置秘阁，收藏三馆书籍真本及宫廷古画墨迹等，并设置了"直秘阁""秘阁校理"等官职。

这里是皇帝的私人图书馆，能在这里读书是一种什么样的待遇，你懂的。

看来，真宗皇帝真是太喜欢这个神童了。之所以没任命他显要的官职，一是因为晏殊年龄太小，皇帝很清楚，让这个 14 岁少年去复杂的官场打拼为时尚早。说白了，皇帝既是拿他当后备人才培养的，更是拿他当自己孩子看的。

也许，这也正是当初他大张旗鼓复试晏殊的真正原因。

能在皇家藏书阁读书，是多少文人士子终其一生都无法实现的梦想！而刚刚14 岁的晏殊，轻轻松松就得到了这一机会。人和人不能比，不服不行。只是，任命晏殊的时候，不食人间烟火的真宗皇帝忽略了一点：神童也要穿衣吃饭，晏殊能领到的工资太低了。这是后话，同时也会引出一个精彩的故事，暂且不提。

这还不算完，任命下达以后，真宗皇帝又下了一道命令："命直史馆陈彭年视其所学及检察其所与游者。"

什么意思？

派人监督。

仔细分析一下，真宗皇帝追加的这个命令共交代了两件事：一是"视其所学"，即看看他都读什么书；二是"检察其所与游者"，即看他平时都结交什么人，真是赤裸裸的监督并约束哇！

真宗皇帝处心积虑地让陈彭年做这件事干吗？

其实，皇帝的意图很明白：变相派老师。

归根结底皇帝的目的也只有一个：好好培养，防止跑偏。成名容易的人，往往眼高手低不堪大用，这是聪明人的通病。

这个陈彭年是什么人？皇帝为什么会派他给晏殊当老师呢？

在宋朝，史馆、昭文馆和集贤院称作三馆，其官员皆称馆职。这样的官衙虽是清水衙门，但凡进入秘阁或馆阁者都是有学问的人，坐的虽是冷板凳，却

"为文臣清要之选"。因为皇帝时常来秘阁读书，这些馆阁官员可以经常见到皇帝，需要为皇帝挑选推荐书籍，皇帝在读书时有什么疑问，还要悉心解答。

在某种意义上说，馆阁官员也是皇帝的文学侍从。如此一来，君臣之间就有很多交流的机会，在交流中甚至可以捕捉到一些最高层的秘密，更有被天子赏识的可能。而一旦得到了皇帝的赏识，一步登天的机会就降临了。当时有很多官员都是通过这一平台，后来得以成为宰执大臣的。

再来说说陈彭年。说到陈彭年，这个人可不简单。

在大宋朝，论起学问来陈彭年绝对称得上一位公认的大咖，他最大的成就是编写了规范汉字读音的《广韵》。虽然居官至贵，但陈彭年一直居住在很简陋的地方。据说，他做官所得的俸禄和赏赐全用在了买书上。

后来，陈彭年一路升迁，官职也升到了副宰相。虽然因为奉迎皇帝大搞封建迷信活动，他被后人归入了"北宋五鬼"序列。

学问好人品好，这些都不是最重要的，最最重要的是这个陈彭年是晏殊的抚州老乡。同乡之谊，无须多说。

以严谨认真著称的陈彭年对这个小老乡十分赏识，他一面负责地为晏殊做学问领路，一面向皇帝如实地禀告着晏殊的一言一行。

史书记载，真宗听了陈彭年的禀报后，**"每称许之"**。

一个天子的称赞，从来不会是白白的称赞。进入秘阁读书的第二年，15 岁的晏殊便获得了一次召试的机会。这次召试已经不同于原来他参加的童子举，这是晏殊作为官员身份参加的第一次正式召试。

召试，制举的一种，是古代选拔官吏的一种特殊方式，即由皇帝亲自将一些特殊人才、重要人才或信得过的人才召来身边进行面试。哪怕是折桂夺魁的状元郎，若要进入内阁也要经过召试一关。说白了，召试即皇帝亲自组织的、有目的的面试，其大概类似于今天的邀请招标。

这次晏殊召试的岗位是"内阁中书"。

宋朝内阁置中书若干人，职事繁杂，如典章法令的编修、撰拟、记载、翻译、缮写等，还有宫廷膳食、祭祀礼仪等，皆由中书们各司其职，实际上，这一职务就是皇帝的侍从。

请放心，晏大才子的考试一向没有悬念。

经皇帝亲自面试，晏殊顺利通过。通过以后，晏殊先是担任了太常寺奉礼郎，不久又升光禄寺丞，一个小小的少年，竟在两年之内两获升迁。

有如神助的人生

顺风顺水的人生千篇一律，糟糕倒霉的命运各有不同。

正式步入仕途的晏殊，已经开始在正确的人生路上快速前行。很快，他的机会又来了。

公元 1009 年，即晏殊 18 岁这年，晏殊又被破格召试了一次。

这次召试的岗位，对晏殊的一生来说绝对是一个至关重要的岗位：学士院。晏殊应聘的具体岗位是"集贤校理"，即在集贤院校理经籍。

走上坡路的时候，连空气都是甜的。召试顺利通过，晏殊在集贤校理的岗位上干了两年。两年以后，晏殊又升任著作佐郎。

唐宋在中书省设著作局，郎二人，从五品上；著作佐郎二人，从六品上。

晏殊进步之快已为世所罕见。从六品上，著作佐郎的级别在官场已经不能算低了。一名神童，在登科入仕之后，仅仅用了五六年时间，年方弱冠就冠冕堂皇地穿上了六品朝服，在一帮头发胡子花白的朝廷大员中走来走去，看来，晏殊还真能对得起当初张知白的举荐。

然而，这一切都只是晏殊在官场初级阶段的牛刀小试。他还需要不断的努力，因为很快就会有更重要的岗位等着他。

讲到此处，人们不禁纳闷儿，为什么幸运总会落在晏殊头上呢？

弄明白这个问题其实并不难，先让我们来看看他每天都在做什么吧。说起来可能会让你感觉不可思议：晏殊每天只有两件事，除了上朝，就是读书。

说到这里，我们有必要介绍一下当时的社会背景。那几年天下太平，国家富庶，大宋几乎达到了垂拱而治的境界。天下安定，百姓安居乐业，文武百官每日退朝之后都呼朋引伴，宴饮游乐，享受人生的盛筵。

听起来又有些不可思议：文武百官都疯了吗？竟敢公然出入游乐场所大吃二喝？

不是你想的样子。

文武百官之所以敢这么做，是因为皇帝有命令：时天下无事，许臣僚择胜燕饮。当时，流连燕饮是皇帝特许百官的社会活动。

而晏殊却没有随波逐流。每天按部就班地下朝之后，他便回到家里，或苦读诗书，或与兄弟们讨论学问，凡是有关吃喝玩乐的事情，一概不去参加。

这份定力，不是随便哪个人能有的。

做事光有努力是不够的，做官也一样，必须得到能决定你命运的人的赏识，你才能进步。晏殊人生的幸运，很大一部分要归结于他总能得到这种赏识。而他总能得到这种赏识也是有原因的，一是他自身的出色，二是因为他的与众不同始终被一个人关注着。

晏殊数年如一日地埋头苦读，在京城的灯红酒绿中坚持着自己的良好操守。很快，他又有机会站到了他人生最重要的一块跳板上：太子舍人。

太子舍人，即太子身边的陪伴。太子的陪伴……这可真是一个让人浮想联翩的位置，其炙手可热我们无须多说。史料记载，当时觊觎这一职位的大有人在，跟晏殊相比，背景大的、学问大的、功劳大的人比比皆是。

一个刚出道的毛头小子，有什么资格担任这么重要的职务？

果然，当提拔晏殊为太子舍人的想法刚传出来，就遭到了几乎所有大臣的反对。

反对的声音甚嚣尘上，就在这时那个重要的人站了出来。他神色淡定地说："近闻馆阁臣僚无不嬉游燕赏，弥日继夕，惟殊杜门与兄弟读书，如此谨厚，正可为东宫官。"

说这个话的不是别人，正是当朝皇帝宋真宗赵恒。

理由很充分，再说皇帝一席话，谁敢不听？

结果，太子舍人被晏殊轻松拿下。

虽是这样，力排众议的真宗本人心中却还有疑问：这不合常理呀！晏殊这小子每天除了读书别的啥都不干，难道就没有一点燕游之情吗？他是不是装样子给我看的？

皇帝决定亲口问问。史载，面对皇帝这一问题，晏殊在拜谢皇恩时给出了一个拍案叫绝的回答：

臣非不乐燕游者，直以贫，无可为之。臣若有钱，亦须往，但无钱不能出耳。

各位，当你面对疑问不好解释时，请你一定记起这个故事。

这个故事告诉我们，面对外界质疑，最高明的办法不是直接回答，而是转移焦点，用一个看似相关却不是原因的说法将问题的方向转移。只有这样，才能做到既不言而辩，又能让对方无话可说。

晏殊给皇帝这个答复简直是一个神来之笔的回答，它绝对称得上是一个精绝到既无懈可击又面面俱到的答案。

晏殊以一番人同此心、心同此理的实话实说，既诚实地正视了自己的内心，又坦诚地正视了人性和欲望。唯有如此回答，才能既打心眼里叩动天子的心弦，又让那些嬉游燕赏的同僚显得情有可原。

我不是不喜欢吃喝玩乐，我也不是不随波逐流，而是我没钱去玩儿。

确实，从入职起晏殊的俸禄一直不高，这也成了他不肯随波逐流最高明，同时也是最无懈可击的理由。

说话做事都不影响别人，是晏殊精明之中的高明，智商之上的情商。

服了。

认真分析起来，真宗皇帝这个问题看似简单，其实很难回答。如果进行解释，解释来解释去，怕是不但解释不清，还会影响到满朝同僚。

标榜自己清高吗？说群臣低级趣味吗？好像流连燕饮本来就是皇帝的命令。

如果这么一说，群臣怎么看？皇帝怎么看？

晏殊的回答真是绝到家了。能在短短几年之内混到这个位置，这个少年果然不是白给的。

能给出这样一个精绝的答案，说明他已经练出来了。此时的晏殊不但智商满满，而且已经情商四溢，无论是对天子微妙心态的把握，还是对同僚的兼顾，他都已经修炼得游刃有余、炉火纯青。

这样的人，想不进步都难。

厚积薄发

迁任太子舍人以后，晏殊进入了厚积薄发的沉淀期。年近而立的他，没有再像以前一样进步得让人眼红。

这个沉淀期不是太短，也不是太长，整整十年。

在这十年的时间里，晏大才子的日常工作主要有两项：一是陪太子读书，二是时刻准备应对皇帝的召见。他恪尽职守地认真完成着自己该做的工作，而这一工作最大的好处，就是成功地避开了真宗晚年大臣们争权夺势的旋涡。

不声不响地，30岁之前，晏殊成功地晋升翰林学士，太子左庶子。

翰林学士谁都知道是怎么回事，即皇帝身边的文学侍从。庶子则为太子侍从官之一种，"以左右庶子分隶之"，官职正五品。

庶子是比照朝廷左丞右相设置的机构，类似影子内阁，以便使太子提前明了并掌握他日后统治的朝廷是一个怎样的政治框架。

真宗皇帝把晏殊放在这个位置，明眼人不会看不出他的良苦用心，皇帝这是在给自己的接班人培养宰相。直到这时，当初面试晏殊的那些朝廷大员才明白，这个局早在十几年前皇帝就已经布下了。

在太子身边工作的时间里，年迈多病的真宗皇帝经常召见晏殊。每次将要召见之前，皇帝都会差人在巴掌大小的纸片上写下他要问及的种种政事，晏殊则用蝇头小楷一五一十地写上自己的意见。答奏完毕之后，晏殊会连同底稿一起将它们密封好，呈交给皇帝。这些都是国家的最高机密，而晏殊的谨慎缜密也让真宗皇帝更加信任。晏殊的奏答，很多都被真宗采纳，成为国家的政策。

如此一问一答之间，这个14岁就应召入试的神童终于快历练出来了。

宰相的位置指日可待。

然而，命运和生活却总是不如人们想象的那般美好。

还没来得及对晏殊启动更大的重用，"膺符稽古神功让德文明武定章圣元孝皇帝"宋真宗赵恒驾崩了。

这对晏殊来说绝对算得上一个重大的打击。

公元1022年，大宋乾兴元年，真宗皇帝赵恒久病不治，于延庆殿驾崩。说过"书中自有黄金屋，书中自有颜如玉"的真宗皇帝算得上一位和蔼的好皇帝。

尽管在当政的晚年，因重用王钦若、丁谓、冯拯为宰相，生出了伪造天书、五鬼用事这样的方向性错误，同时出现了神道设教、大兴土木的劳民伤财之举，但在他当政的前期，也曾重用李沆、吕蒙正、寇准、王旦等名相。他一手造就了咸平之治的繁荣，同时也经历过澶渊之盟的屈辱和惊险。虽然其一生作为不大，过失不少，但总体来看，他当政的时代还算清和。

皇帝驾崩，哀荣至极。

而对于晏殊来说，真宗皇帝之死等于直接给了正在上升期的他当头一棒。这件事对晏殊的影响和打击简直太大了。晏殊能平步青云地一路升迁，相信不知有多少人眼红。按照真宗皇帝的部署，即使在有生之年不能把晏殊扶上相位，至少也得进入中书吧。

然而，这一切都没来得及实现，他就死了。

晏殊很难过。

晏殊真的很难过。

他这种难过绝对是真心的。由真宗皇帝的死，他开始回忆往事的点点滴滴。自己当年能从一个不谙世事的孩子走到今天，所依靠的，说实话只是皇帝一个人的赏识，越想起这些，晏殊越觉得难过得无以复加。

自己能做点儿什么呢？晏殊很茫然。

此时的晏殊，一没有身份，二没有位置。尽管自己是太子身边的人，尽管太子马上就要继承皇位，但没身份没位置就没有话语权。

晏殊实在不知道自己能做点儿什么。

他只好茫然失措地等。

就在晏殊没来得及从悲伤中走出来，同时也没来得及想明白接下来的路该怎么走时，伴着新皇帝的上任，他的人生便在改元的洪流中被裹挟着揭开了新的一页。

新旧交替的关键时期，没有了老皇帝的支持，晏殊能在纷繁复杂的朝堂斗争中找到自己的位置吗？

传位之争

说到这里，我们有必要介绍一下大宋朝前四任皇帝的皇位继承情况。

太祖皇帝赵匡胤，陈桥驿黄袍加身，从一名武将突然成了皇帝。也许因为皇位来得太突然，赵匡胤对整个王朝继承人的规划严重不足，以至于自他以后，接连几代皇帝都在皇位传承上遇到了一些麻烦。

这一问题首先出现在赵匡胤自己身上。

按照传统，皇位继承最名正言顺的做法是传位于子。赵匡胤有四个儿子，长子赵德秀和三子赵德林夭折，不在考虑范围之内。赵匡胤驾崩之前，他的次子赵德昭和四子赵德芳都满面红光，身强体壮。也就是说，赵匡胤当时有两个儿子，而且都有资格继承他的皇位。可惜的是，他这两个儿子不但没能得到皇位，而且没几年全死了。

继承赵匡胤皇位的是他的弟弟赵光义。至于赵光义得位正与不正，烛影斧声和其他纷杂的传说已经太多，我们已经无法还原也无法知道当时的真实情况。既是这样，我们只能从史书中了解他接棒哥哥皇位的过程。虽然这些事情都是宋太宗自己的史官记录的。

史书记载："冬，十月，帝不豫。壬子，命内侍王继恩就建隆观设黄箓醮。是夕，帝召晋王入对，夜分乃退。"

"癸丑，帝崩于万岁殿。时夜四鼓，皇后使王继恩出，召贵州防御使德芳。继恩以太祖传国晋王之志素定，乃不召德芳，径趋开封府召晋王。见左押衙荣泽程德元坐于府门，叩门，与俱入见王，且召之。王大惊，犹豫不行，曰："吾当与家人议之。"久不出。继恩促之曰："事久，将为他人有矣。"时大雪，遂与王雪中步至宫。继恩止王于直庐，曰："王姑待此，继恩当先入言之。"德元曰："便应直前，何待之有！"乃与王俱进至寝殿。后闻继恩至，问曰："德芳来邪？"继恩曰："晋王至矣。"后见王，愕然，遽呼官家，曰："吾母子之命，皆托于官家。"王泣曰："共保富贵，勿忧也！""

之前那些铺垫无须多说，更无须深追太祖的死因，信息量太大，仅从一个

"乃不召德芳，径趋开封府召晋王"和"后见王，愕然"便能看出，至少晋王前来即位不是本来的计划和安排。

而晋王即位后是怎么安排嫂子和侄子的呢？

嫂子的境遇不用多说，大家可想而知，而太祖皇帝那两个有资格当皇帝的儿子，没过几年竟然全都死了。看到这里，我们只能呵呵，呵呵。

风水轮流转，当轮到太宗皇帝为自己选接班人的时候，也同样遇到了一些问题。

人在做，天在看，一报还一报是不争的轮回。

本来，最有希望接替太宗皇位的是他的大儿子赵元佐，但年纪轻轻的赵元佐却莫名其妙地疯了，动不动就拿刀子捅人。心智不健康而且不是正常人，太宗当然不能把皇位传给他，于是，他只好将皇位传给二儿子赵元僖。

赵元僖被立为太子以后，宋太宗心里一块石头终于落地。对这个二儿子，太宗皇帝怎么看怎么顺眼。吊诡的是，还没活到二十七岁赵元僖竟突然死了，而且死因不明。

没有选择的选择，太宗只得将皇位传给他一直不太看得上眼的、文弱的三儿子，即我们的真宗皇帝赵恒。赵恒当时的名字叫作赵元侃，他最初的本名叫赵德昌，也许为了辟邪，太宗一连为他改过好几次名字。被立为太子以后，生怕再出二儿子那样的意外，太宗又下令给儿子改名为赵恒。

到了真宗这一代，皇位的传承更加被动。虽然后宫一连为他生了六个儿子，但一二三四五却个个夭折，最后只剩下了老六一根独苗。从结果的唯一性来看，这根独苗算得上是一位福大命大的真命天子。可笑的是，这根独苗只知道自己的亲爹是谁，却不知道自己的亲娘是谁，这是另一个故事。

这个老六就是此时将要即位的皇帝、仁宗皇帝赵祯。赵祯初名赵受益，当上太子以后按惯例改名为赵祯，将要荣登大位的他当时只有 13 岁。

让一个不谙世事的孩子来执掌一个庞大的王朝，注定会让人不安。

与群臣的不安相比，更让他们担忧的是当时的政局。

一朝天子一朝臣，随着权力的交替，自己能在大洗牌中得到一个什么位置，几乎是每一个朝堂大员当时最关心的事情。

当时主政的宰相有两个人：一个是丁谓，另一个是冯拯。冯拯无能，对什么事情都装聋作哑。丁谓擅权，凡军国大事别人根本插不上话，且早已经将朝政大权掌握在自己手里。新皇帝上任以后朝政怎么运转？丁谓会不会继续专权？如果丁谓继续专权，接下来该怎么办？各位大臣怎么处理彼此之间的关系？

国之将兴，必有贤良；国之将败，必有妖孽，这是一条千古不变的道理。此时的大宋朝，在这皇位传承的重大历史时刻，每个人都无时无刻地不在关注着自己的命运，同时也争取着属于自己的机会。

实际上，丁谓专权这一局面早在几年之前就已经形成。

晚年的真宗皇帝体弱多病，唯一的继承人年幼，眼看着皇帝天天在生死边缘等着咽气儿，以丁谓为首的一些别有用心的人开始勾结宦官，大肆地排除异己、构陷大臣，就连寇准这样有名的强人都被他们赶出了朝堂，其他人那当然更不是对手。因此，在真宗执政的晚期，大宋朝堂上下就已经邪正不分、群魔乱舞了。

五鬼用事

真宗晚年的政坛可谓精彩纷呈、好戏连台。

晏殊静静地陪伴在太子身边的那几年，正是北宋政坛臭名昭著的五鬼交通的黄金时期。

北宋五鬼，一个遗臭万年的称呼，尽管这一称呼是后人送给他们的称号，但这仍不足以描述这五个人祸国殃民的事情。下面就让我们介绍一下这五个名留史册的牛人。

无一例外，这五个人都是北宋官场能力超强的顶级神人，他们全部身居高位，声名显赫。

北宋五鬼第一鬼：王钦若。

王钦若，字定国，江西新余人。王钦若于淳化三年（992）31岁进士及第。入职以后，历任秘书省校书郎、太常寺丞、翰林学士、左谏议大夫、参知政事、刑部侍郎等职。

王钦若深得宋真宗信任，在成为五鬼之首之前，他最出色的表演就是在辽萧太后攻宋的时候，积极怂恿宋真宗逃跑。

当时，辽军刚刚打到澶州，距离京城还有几百里，中间还隔着黄河。王钦若却力主宋真宗迁都升州，也就是今江苏南京。当时战争的形势是辽军虽战无不克，但宋朝在黄河以北有著名的杨家将、折家将，这些人都是抗辽主力，战局结果还不明朗，而且辽军也是孤军深入。而身为参政的王钦若竟然闻声就让皇帝迁都，由此即可见其做人做事的风格。

要知道，迁都在历代都是一件大事，不到危亡时刻或者特殊时刻，根本不会提迁都的事情。王钦若力主迁都，让宋真宗做个逃跑皇帝。如不是宰相寇准力排众议不让真宗迁都，真宗就成为宋朝的第一个逃跑皇帝了。

除了动员皇帝逃跑误国，王钦若另一项伟大的功绩是曲迎帝意，一手制造了真宗晚年的天书事件，并劳民伤财地建造存放天书的宫殿。这一事件在大宋朝一直持续了十几年时间。要知道，皇帝住的宫殿才不过是皇宫，而天书存放的宫殿建设标准要比皇帝住的地方还好。王钦若一手导演的这场政治活动最终把北宋的国库掏空了。

曲迎帝意得到重用后，王钦若大肆排除异己，他谗言挑唆真宗罢了寇准的宰相，并陷害了多名朝廷重臣。祸乱朝纲，误国害民，任用奸佞，罪魁祸首的王钦若当仁不让地被称为北宋第一鬼。

北宋五鬼第二鬼：丁谓。

丁谓，字谓之，江苏苏州人。丁谓小王钦若4岁，和王钦若是同榜进士，入职后历任户部判官、工部员外郎、盐铁副使等职，后出任右谏议大夫、权三司使、枢密直学士，礼部侍郎、参知政事、工刑兵三部尚书。

丁谓在祸国殃民的成就上仅次于王钦若。五鬼中如果说王钦若是总导演，丁谓则是一名称职而且非常出色的执行导演加后期总导演。丁谓本是博学多才之人，他精通天象占卜、琴棋书画和诗词音律。

一个这样的人，如果好好地干些事情，相信丁谓必会名垂千古。但当官以后，为了争权，丁谓挖空心思，什么事情都肯做而且没有底线，坑害了不少的良臣贤士。比如一代名相寇准，虽然跟王钦若你死我活地斗，却是被丁谓陷害，最终一贬再贬客死他乡的。

请大家注意一下用词，之于寇准，王钦若是排挤，丁谓是陷害。虽然都是伤害，这有着本质上的不同，其中意思大家自己体会。

丁谓也是天书事件的主要策划人。他鼓动真宗大兴土木，强征劳力，坑害了无数百姓。同时，脑洞大开的丁谓是工程界不可多得的天才，修建玉清宫时，他的聪明才智得到了前无古人后无来者的体现。

大中祥符二年（1009）四月，丁谓负责修建玉清昭应宫。工程规模宏大，规制宏丽，建筑分为2610区，共计有3600余楹。工程除了建设资金以外还有三个难题：一是盖皇宫要很多泥土，京城中空地很少，取土要到郊外去挖，运途很远，需要花很多的劳力。二是修建宫殿需要大批建筑材料，这些材料都需要从外地运来。当时主要的运输方式是漕运，京城唯一的漂流汴河在郊外，而且离工地很远，从码头运到工地需要找很多人搬运。三是工程上原有很多碎砖破瓦等垃圾，如果清运出城，同样很费事。经过周密思考，丁谓制订出一套科学的施工方案：首先，从施工现场向外挖了若干条大深沟，把挖出来的土作为施工需要的新土备用，以解决新土问题。其次，从城外把汴水引入所挖的大沟中，利用木排及船只运送木材石料，解决了木材石料的运输问题。最后，等到材料运输任务完成之后，再把沟中的水排掉，把工地上的垃圾填入沟内，使沟重新变为平地。

一举三得，不仅节约了时间和经费，而且使工地秩序井然，使城内的交通和生活秩序不受施工太大的影响。工程原先估计用15年时间建成，而丁谓征集动用数万工匠，严令日夜不得停歇，结果只用了7年时间便建成。

一个如此绝顶聪明的人，他却没将自己的聪明用到正道上。好人的聪明，会对社会的贡献更大，坏人越聪明其危害就越大。史书一向不以聪明论英雄，丁谓光荣地被称之第二鬼，也算是名正言顺。

五鬼第三鬼：林特。

林特字士奇，福建宁德人。林特本是南唐的降臣，经宰相吕蒙正推荐得以受到重用。真宗时期任三司使，主要管理国家的财政收入。在三司使任上，林特加重百姓赋税，敛财有方，仅新茶法一项每年就给朝廷带来茶税数百万两白银。林特一生最大的成就，是出色地为真宗晚年劳民伤财的活动提供了强有力的保障和支持。

林特是丁谓的忠实爪牙，担任监修玉清昭应宫的副使，负责征收百姓钱财，然后交给丁谓去建造玉清昭应宫。

史料记载，玉清宫的修建实际耗时8年，共有两千多区，包含长生崇寿殿及3610间房屋，花费白银近亿两，放到今天折合人民币约200亿元，约为北宋两年岁入。其耗资之巨大，奢华之程度，远超秦始皇的阿房宫。

竭天下之财，伤生民之命，这句话是后人对修建玉清昭应宫的总结。秦始皇修阿房宫引起民间起义，而玉清昭应宫对百姓的迫害是阿房宫的数倍。由此可见当时这一活动害民之深，为此活动积极敛财的林特被称为第三鬼。

客观地说，在三司使的职位上林特不得不这么做。但身担此任，必须要有明辨是非的判断能力，称他为第三鬼，不冤。

第四鬼陈彭年，字永年，江西南城人。

这个名字是不是很熟悉？没错，他就是晏殊入道时的恩师和领路人。

陈彭年本是南后主李煜儿子的伴读，南唐灭亡后，陈彭年科举中进士，得以进入官场。陈彭年是一个纯粹的文化人。这个人有点儿刻薄，颇有些恃才傲物，而且比较喜欢讽刺人。因为毛病多，所以一直不怎么受人待见，而且因为自己的臭毛病曾先后遭贬好几次。

太宗继位以后，看陈彭年为官清廉，在被贬期间还外出打工赚钱养家，便重新起用了他。后来于真宗时期，陈彭年官至工部尚书、参知政事。

工部是负责土木工程的部门，因为帮助建造玉清昭应宫，曲迎帝意，所以陈彭年也被后世认为是奸邪之辈，称第四鬼。虽然他做过的坏事不多，但是名声很坏。

一个人在一生中有些错误是绝不能犯的。陈彭年做了一辈子明白事，只做了这一件糊涂事，结果还是被永远地钉在了耻辱柱上。

第五鬼刘承珪，字大方，江苏淮安人。刘承珪是一个宦官，这个人非常有作为，曾经平定暴乱、详定权衡法，还主持编写过史书。他对北宋时期的经济、政治、军事、文化都有一定的贡献，算是一个很有作为的官员。

但还是那句话，坏人的能力越强危害越大，刘承珪也是天书事件和玉清昭应宫的主要参与者之一。因为是宦官，他是其他四鬼和皇帝沟通的绿色通道，试着想一下，如果没有他，其他四鬼做起事来绝不可能这么得心应手、为所欲为。

奉迎真宗封禅，大兴土木，劳民伤财，既然有此大过，称他为第五鬼也不冤枉。

结合五个人的经历和当时的政治背景，他们都是一心迎合皇帝封禅并大搞封建迷信活动的人。制造迷信事件，大兴土木，搜刮民脂民膏，举国家之力用在毫无意义的事情上，同时又排除异己，陷害忠良，深为老百姓痛恨，因此他们被后人"光荣"地称为北宋五鬼。

真宗皇帝的晚年，正是这五个人倒行逆施大展身手的鼎盛时期。在真宗皇帝驾崩前的很长一段时间里，大宋的朝政已为丁谓把持，这一局面也是丁谓努力奋斗的结果，丁谓是打败了众多竞争对手才赢得这一局面的。

在丁谓担任宰相以前，上溯至名相王旦退休之后，在这一时期担任宰相的共有向敏中、王钦若、寇准和李迪四个人。

能当上宰相，人人都不是白给的。经过不屈不挠的斗争，丁谓熬死了向敏中，赶走了王钦若和寇准，并将死对头李迪贬出了京城。对手都已经被丁谓干掉，遍视朝堂上下丁谓已经没有对手。

一个多么可怕的局面。

面对这么复杂的局面，晏殊能杀出一条血路吗？

让我们再次把关注的目光转回到公元1022年。

祸起萧墙

此时，天书事件和泰山封禅已经过去了整整六年。

从公元1020年2月起，真宗皇帝就因为有病开始不上朝了。皇帝不能上朝，自然不能对称地听到来自各方的声音，因此出现了一些偏听偏信的情况。

真宗皇帝病入膏肓，一代贤相王旦已经去世好几年，他在朝中的影响已日渐式微。老臣寇準因丁谓陷害，被赶出朝堂，去雷州当司户参军去了。宰相王钦若被贬，另一名宰相冯拯没什么学问，更是一点担当也没有，只是一味地奉承丁谓。在这一背景下，丁谓成了当政的头号人物，他牢牢地把朝政把持在自己手里。以他为首的一伙人诡秘交通，行踪诡谲，搞得举国上下怨声载道。

打遍朝堂没有对手的丁谓好不得意。

真宗皇帝驾崩时，有实力跟丁谓犯罪集团做斗争的大臣几乎一个都没有。

其实，不是没有人敢和丁谓斗争，只不过他们不是死了，就是被赶出朝堂再也没有说话的机会了。

众臣和丁谓的斗争始于公元1018年。

最先旗帜鲜明地和丁谓斗争的是寇準。除了寇準，敢于和丁谓硬磕的还有两个年轻人。一个是咸平五年的状元、山东人王曾，另一位是景德二年的状元、河北人李迪。两位状元郎都是青年才俊，不但识才高远，操守品行也是世间一流。入仕以后，这两个人颇受真宗重用。

最先受到重用的是李迪。

李迪虽然比王曾出道晚，但他比王曾大了10岁。中状元时，比李迪更年轻的王曾只有25岁。因为年龄，李迪却比王曾早一步获得提拔。李迪进入中书是天禧二年，48岁，当时李迪担任的具体职务是吏部侍郎兼太子少傅、同中书门下平章事。

可惜，李迪当时担任的只是集贤相，即排位最低的宰相，位置在丁谓以下，话语权有限。因看不惯丁谓的所作所为，两个人经常针锋相对地互斗。直到有一次，上朝的时候两个人竟当着皇帝的面吵了起来。结果两个人各打五十大板，李迪和丁谓同时被贬出京城。

李迪被贬是真的被贬，他被贬到了郓州担任行政长官，而贬到河南府的丁谓没过几天就大摇大摆地官复原职了。

李迪被贬时，状元王曾刚刚受到重用，开始担任参知政事。因资历太浅，王曾还不具备跟丁谓斗争的实力。

只有寇準是唯一能与丁谓抗衡的人。

虽然寇準毛病不少，比如喜欢自以为是，喜欢戴着有色眼镜看人，比如狡黠狭隘，但他总归是一个忠臣。

五鬼用事的时代，老寇準已经年近六十。他艰难地在夹缝中挣扎着，费了九牛二虎之力，好不容易将王钦若赶出了朝堂。就在他准备进行下一步计划的时候，寇準却得罪了一个不该得罪的人，导致自己满盘皆输，甚至把命都搭进去了。

那是公元 1020 年，当时寇準还担任着宰相。事情的起因是有人打官司，状告刘太后的娘家人抢夺田产："时帝不豫，艰于语言，政事多中宫所决，谓等交通诡秘，其党日固。刘氏宗人横于蜀，夺民盐井，帝以皇后故欲舍其罪，准必请行法。"

皇后刘娥的娘家人抢夺别人的盐井，被受害方告了。

对方能量挺大，一直告到了中央。

一开始，因为被告是皇后的娘家人，真宗皇帝不想追究，宰相寇準却不答应，史载："准必请行法。"

如果事先知道后来发生的一切，相信寇準当初绝对不会说这句话。一心主持公道的寇準严重低估了刘皇后的能量。

刘皇后不是个简单人。她原本是蜀人龚美的妻子，龚美是个银匠，小两口靠银匠的手艺漂居于京城。不知怎的，小银匠的妻子竟跟当时还是太子的真宗皇帝好上了。小银匠的妻子将太子迷得五迷三道，小银匠只好将妻子拱手让出。后来，两个人历尽千难万阻，甚至偷鸡摸狗地隐忍了十五年，最终才修成正果。

由此可见这个女人的心术和手段。后来凭着自己的努力，刘娥竟一步步当上了皇后。敢于挑战一个这样的女人，其后果可想而知。

寇準不答应，皇后能答应吗？

皇后当然也不答应。

两个人谁也不肯让步，于是寇準跟皇后开始了一场意义非凡的死磕。

以此事为导火索，阴谋、阳谋、栽赃陷害、放虎归山、阳奉阴违、暗度陈仓等所有的手段都被无所不用其极地用上了。真宗晚年这场宰相和皇后这场斗争绝对是一场最高级别的智慧、计谋与手段的斗争。当朝的大臣几乎全部牵连在内，他们精彩的表演在大宋朝的朝堂上下盘旋飞舞，让人看得眼花缭乱、目不暇接。

说到这场斗争，有一个非常重要的人不能不提，这个人就是当时担任枢密使的曹利用。

曹利用，字用之，赵州宁晋（今河北宁晋）人，北宋大臣、将领，官至宰相。

曹利用劳苦功高，在澶渊之盟时立过大功，曾长年跟着寇準做副手。曹利用是武将出身，寇準一直看不上，因此也不怎么待见他。二人共事的时候，只要发生争议，寇準便斜着眼睛看他，动不动就以权压人。不但如此，寇準还经常毫无顾忌地告诉别人说："曹利用一介武夫，根本就不识大体。"

骂人不揭短。武将出身的曹利用本来就自卑，寇準的蔑视更让他受伤。时间一长，曹利用开始对寇準怀恨在心。

丁谓对寇準的恨更不必说。聪明且不安分让他总想取而代之是内因，外因是寇準也一直看不上他，特别是因为溜须事件被寇準当众嘲讽以后，丁谓更是对老寇恨得牙痒痒，丁谓无时无刻不想搞掉这个老顽固。

有共同的理想就有共同的目标，两个志同道合的人一拍即合。虽同仇敌忾，但两个人苦于一直找不到合适的机会。

因为皇后娘家人被告一事，丁谓和曹利用发现苦等的机会终于来了。

寇準坚持法办皇后娘家人，让丁谓和曹利用同时看到了希望。因为皇帝的一贯支持，刘皇后绝对是真宗一朝任何人都不敢惹的人。不知死活的老寇準敢跟皇后死磕，他们一定要利用好这个机会。

正考虑如何利用好这个机会的时候，他们不约而同地想起了一个可以利用的人：翰林学士钱惟演。

钱惟演不是凡人。

钱惟演是降宋的吴越王钱俶的儿子，出身高贵，不但有学问而且有职位，当时他正担任大宋朝的枢密副使，同时还是翰林学士，皇帝的文学侍从。最主要的是，钱惟演的妹妹嫁给了刘太后的弟弟，刘太后是一直拿他当娘家人看的。

除此之外，钱惟演还有一个地球人都知道的唯一梦想，那就是有朝一日能进入宰相班子。这些年为此他想尽了一切办法，而且不择手段。最近，他一直在极力交结丁谓，想让丁谓替自己在皇帝面前说几句好话。

既担任皇帝文学侍从，又是皇后娘家人的钱惟演绝对是一个可以利用的人。

结果，三个人一拍即合，决定联手把寇準除掉。

虑事不密

你最喜欢的，一定是那个你困了能给你送枕头的人。

刘皇后也一样。

几个送上门来的超级帮手，她怎能不拍双手欢迎呢？

尽管结成了同盟，但还是找不到合适的机会。

不要急，寇老西儿做事一向粗线条，相信不会没有机会。

当以丁谓为首的几个人密谋怎么利用皇后干掉他的时候，寇準也没闲着。

寇準敏感地觉察到，当时的朝政已经到了十分危急的关头。天书事件和修造宫观愈演愈烈，虽然陈彭年和刘承珪已死，王钦若又远贬他乡，朝中只剩下丁谓和林特。但丁谓的权势越来越大，眼见皇帝身体一天不如一天，老成谋国的寇準做起了一个更为长远的打算。

有个宦官叫周怀政，是真宗身边的内侍。真宗病重以后，周怀政一直不离四周地在身边伺候。周怀政是个有正义感、很有远见同时也很有担当的人，他也很替皇帝和国运操心。

某日，也许终于感觉到自己来日不多了，真宗竟突然跟周怀政说起了想让太子监国的想法。

身为宦官，周怀政做事一向比较有分寸，不然他做不到这个位置。对于王位继承的事，周怀政不敢多言，但听到这一消息，他在第一时间出宫，将这一消息告诉了寇準。

周怀政的本意一定是想让寇準做好提前准备，太子即位是必然的，如果寇準能多占一些主动，自己日后的功劳可想而知。

正不知如何是好的时候，周大宦官送来了这么重要的消息，寇準自然喜出望外。既然皇帝有此打算，机会来了。寇準迫不及待地上了一封密奏，密奏的内容是恳请皇帝许太子监国。一向不讲武德的寇準在奏疏中没忘了捅对手一刀：丁谓是奸邪小人，将来绝不能让他辅佐太子，皇帝一定要另择贤良。

接到这一密请，真宗皇帝没有表态。周怀政和寇準都觉得，既然皇上没反对，就可以理解为默许。于是，寇準一厢情愿地开始秘密操办太子监国的手续。

这件事情是秘密进行的。皇后不知道，宰相团不知道，以丁谓为首的小集团当然更不知道。一旦密立成功，诏书一下，木已成舟，扳倒丁谓一伙指日可待。

寇準密令翰林学士杨亿起草太子监国的诏书。杨亿为翰林学士，负责内制。之所以安排杨亿起草这份关键的诏书，寇準的本意是想让杨亿替代丁谓。

事情过于重大，接到密令以后，杨亿不敢怠慢。生怕事情泄露，直到半夜时分他才敢起床起草诏书。为谨慎起见，起草诏书时杨亿关上房门，让左右家人全部退下，那份诏书是他自己一个人点上灯烛悄悄完成的。

事情做到这一步，看似做得滴水不漏。密诏写好之后，只等皇帝一批，便大功告成，谁也无法改变了。

眼看太子监国的计划指日可待，大功告成在即，寇準却掉链子了。

古人说过一句话，叫作夫事以密成，语以泄败。

一个这么重大的机密，竟被寇準喝醉酒给说出去了。

这一事件第一时间传到了丁谓耳朵里。

记录这一事件史书用了四个字："被酒漏言。"

命里一尺，难求一丈。寇準纵是千算万算，总归不如天算。

因为寇准的不严谨，他和周怀政密立太子的计划被丁谓摸得一清二楚。丁谓一听大惊失色，忙召来曹利用和钱惟演商量对策，并在第一时间将这件事向刘皇后做了汇报。

刘皇后一听也倒吸了一口凉气：怪不得这段时间寇准老老实实，原来是在背地里搞事情。这还了得！

在古代，类似行为是死罪。

刘太后、丁谓、曹利用和钱惟演在惊恐之余，立即做出了决断。他们当然不会放过这个置寇准于死地的好机会。

至于几个人是如何进行内外勾结，又怎么向濒死的真宗皇帝汇报的，外人不得而知。

此时的真宗皇帝一会儿清醒一会儿糊涂，不管谁说什么都觉得有道理。枕边风往往是最有杀伤力的武器，刘皇后添油加醋地在他面前说起了寇准往日的种种不是，同时又总结出寇准密谋太子监国把持朝政的险恶用心。结合寇准一向对自己的顶撞，以及自己当下的身体状况，真宗皇帝又翻出了多年之前澶渊之盟的旧账。看来这个寇准果然一向不把自己的生死当回事。

真宗皇帝觉得皇后说得很有道理。这些年来，澶渊之盟的阴影始终在他心头笼罩着。仔细想想，这个寇准确实是太不像话了，立太子监国，置自己于何地呢？

真宗皇帝甚至因此联想到了伊尹、霍光、王莽等几个史上有名的操纵废立的大臣。

真宗越想越气，寇准完了。

自古以来，虑事不密导致翻车的教训比比皆是，每个人都会为自己说话做事不严密付出代价。很快，在他政治对手的操作下，寇准立太子监国计划破产。

接下来的一连串打击，让老迈之年的寇准已经无力招架了。

至于怎么处理寇准，好在太祖皇帝定下了不杀文臣的祖训。虽不杀文臣，但已经病入膏肓的皇帝早就忘了自己跟寇准的约定。皇帝先是批准了丁谓的请求，寇准罢相。至于下一步怎么处理他，皇帝一时还没有主意，总之先免职再说。

事情过于重大，必须马上处理。而起草处理这一事件文件的过程也颇有曲折。

这天天黑时分，半是清醒半是糊涂的真宗皇帝竟将晏殊召进宫内起草文件。皇帝告诉了晏殊罢免寇准的原因，问晏殊处理文件怎么写合适。

一听这事晏殊头都大了。他不敢蹚这个浑水，当然他也确实没有蹚这个浑水的实力。急中生智的晏殊小心翼翼地对皇帝说：皇上，臣主外制，负责外官任命，罢免宰相不是我职分。

皇帝想想也对，挥手让晏殊退下，遂命人召来他的超级顾问、翰林学士钱惟演。

作为当事人的钱惟演自然心知肚明，见到皇帝以后，钱惟演便开始历数寇准多年以来以功臣自居，种种专横跋扈和目中无人的不是，请求皇帝深责其罪。

真宗皇帝此时或许还有一丝垂怜，他没有表态，而是问钱惟演：相位免了，给他安排个什么职位合适呢？

钱惟演举出不久前处置王钦若的例子说：太子太保吧。

真宗皇帝想起了寇准往日的种种功劳，觉得不能用对待王钦若的做法来对待寇准，就说，太傅吧。

想了一会儿又说道：在待遇上，一定要优厚一些。

钱惟演说：您看给他个什么封号呢？说着，钱惟演从袖子里拿出君上赐臣子的册子让真宗皇帝看。

真宗皇帝看了半天，在小国中挑了一个"莱"字，寇准封莱国公的称号就这样定了下来。

封号定下来以后，钱惟演又不失时机地建议说：皇上，这样一来，内阁中书就剩下李迪一个人了，怕是应该再任命一个吧？

皇帝叹了口气，却肯定地说：先这么办吧。

罢免宰相事关重大，又属于被误召，晏殊当晚没敢回家。万一事情泄露，这个责任他可担不起，于是当晚晏殊就住在了学士院里。

后来还发生了一件意味深长的事情。寇准罢相以后，真宗皇帝想让当时唯一的宰相、集贤相李迪当首相。李迪坚决推辞，皇帝没有答应。听说这事儿，有点儿急于上位的皇太子来了个神助攻：皇上您用我的宾客当宰相，真是千恩万谢。

当时，李迪的另一个身份是太子宾客。也就是说，李迪是太子的人。

听到这话，真宗皇帝心里好不是滋味儿，他强作欢颜怪腔怪调地对李迪说：看看，你自己说说这事儿你能推辞得了吗？

一言兴废

虽然罢了寇准的宰相，但这件事情却远远没有结束。

因妄议朝政，寇准被免去了宰相职务，降为太子太傅，并加了个莱国公的称号。这一结果不能让丁谓满意，身居后宫的刘皇后也不能满意。

他们都觉得对寇准处理得太轻了。

很快，机会又来了。

罢相以后，给寇準报信的周怀政天天坐卧不安，既吃不下也睡不着。虽然事情没追究到他头上，但自己做的事情自己知道。

越是这样越是不安。

人就怕走进死胡同，一旦钻进死胡同，就只能顺着一个方向走，哪怕碰得头破血流。在这种反复煎熬中，周怀政铤而走险地做出了一个重大决定：杀丁谓，起用寇準，奉真宗皇帝为太上皇，同时请太子即位，顺便也废掉刘皇后。

政变！赤裸裸的政变。

有了这个想法以后，大宦官周怀政心中竟豁然开朗了。那段时间，周大宦官每天想的都是事成之后的拥立之功，说不定还能弄个名垂青史……真是越想前途越光明。

当机立断，说干就干。

想做事就得找帮手，事关重大，周怀政先找的是自己人。他第一个将这一想法告诉了他的弟弟周怀信，兄弟共谋以后，他们又秘密召集了几个信得过的同事，其中有杨崇勋、杨怀吉、杨怀玉等几个人，几个不知死活的人开始商议具体的实施细则。

和周怀政共谋的这四个人的身份我们不用一一解释，平头百姓是兴不起什么风浪的。很快五个人商定好，约定当月二十五日动手。

主谋周怀政做梦也没想到的是，前脚商量好的事，后脚就被人给卖了。

在约定动手的前一天——请注意是前一天——杨崇勋、杨怀吉将这一计划告诉了丁谓。

丁谓一听，慌得连衣服都来不及换，乘上一辆女人乘坐的马车跑到枢密府，找曹利用去了。

丁谓为什么先找曹利用呢？

因为曹利用是枢密使，有兵权。

第二天就是二十五日了。

第二天，文武百官按部就班地上朝。朝堂上，枢密使曹利用当众将周怀政搞政变的事报给了皇帝。真宗皇帝一听怒不可遏：这还了得！

还没来得及动手的周怀政见东窗事发，忙招呼约好的兵丁行动。哪知道他的同党早就被曹利用的人一网打尽了。

真宗脸色铁青，气得说不上话来。

谋逆必杀，刻不容缓。

当众砍了周怀政一干人等，丁谓提出，这件事一定要问责太子。丁谓这么不依不饶，搞得真宗皇帝本人也没有主意了。一是此时他还不清楚太子有没有参与这件事，二是毕竟父子情深，该怎么办呢？

宰相李迪不紧不慢地站了出来："皇上请您好好想想，您有几个儿子？！"

史载：帝大悟，由是东宫得不摇。

太子没有处理，气昏了头的真宗却余怒未消，他眼前又浮现出寇凖那张堆满核桃纹的老脸和倔强狡黠的表情。盛怒之下，刚刚被罢为太子太傅的寇凖又被赶出京城，降为太常卿、知相州。不但寇凖被贬，连他的女婿枢密直学士王曙也被远贬汝州。

粉碎这次政变以后，真宗皇帝随即对他的内阁班子进行了一次大清洗。据说当时具体的过程是这样的：

砍了周怀政以后，生气归生气，真宗皇帝还算个明白人，他准备好好反思反思这件事。

于是，官场老油条、翰林学士钱惟演应召而至。

真宗皇帝不知道钱惟演早就是丁谓一党，推心置腹地跟钱惟演讲起了自己内心的郁闷。钱惟演认准了"不能让落水狗上岸"的理儿，告诉真宗说：我听说寇凖还不老实。罢相以后，他不断地结交拉拢大臣，一心想让您重新起用他。另外，我还听说他找了一些懂天文的、会占卜的，是不是图谋不轨我不知道，但现在满朝文武，甚至是你身边都有他的人。我怕这些人团结起来混淆视听，早就想着皇上是不是该放他一个外职呢。

听说这话，真宗皇帝虽有些不信，但还是问道：你说这话有什么依据吗？

钱惟演说：听说寇凖本来已经写好了请示想去河中府，可是一见您没任命李迪为首相，又加上有人答应一定会再起用他，他的表章明明写好了，却一直不肯上交。

身体虚弱的真宗皇帝气儿又上来了，愤愤地说：那就遂他的愿，让他去河中府！

钱惟演虽喜出望外，却不动声色：请皇上早日任命李迪吧。

听到这里，真宗皇帝很久没有说话。在他心目中，李迪并不是大宰相最合适的人选，但遍视朝野，竟没有一个真正中意的人。

想了半天，真宗皇帝还是左右为难，便问钱惟演：遇到这种情况该怎么办才好。

钱惟演说：如果确实没有合适人选，不如先多选几个参政。

皇帝叹了口气：参政也不好选啊。转而又问：现在比李迪位置高的都有谁？

钱惟演说：比李迪位置高的有三个人，曹利用、丁谓和任中正。

皇帝听了，又是很长时间没有说话。

钱惟演大概看出了皇上对这三个人也不怎么称意，便建议说：冯拯属于老臣，跟寇準不大一样。

皇帝听了还是没有表态，想了一会儿说：你看张知白怎么样？

钱惟演没想到皇上想用张知白，忙说：张知白当个参政还可以，当宰相怕是不合适。

真宗皇帝点点头，算是默许了钱惟演的看法。钱惟演又说：如今满朝上下都是寇準的人，他女婿王曙现在还是太子宾客，没有一个人不怕！我这么说皇上您别怪，虽然知道说这话可能惹祸上身，但出于忠心，我不敢不说。

钱惟演的话意味深长，皇帝想了老半天才说：这一点你不用担心。

钱惟演见好就收，忙磕了个头退下了。

相关人员的任命很快就下来了：李迪为吏部侍郎兼太子少傅、平章事，兵部尚书冯拯为枢密使、吏部尚书、同平章事，二人同时执掌中书。

谁也没想到冯拯会被任命为宰相，真是让人大跌眼镜。

史料记载，本来真宗皇帝是想任命冯拯为参政兼吏部尚书的，在起草任命诏书时出了点儿小意外，让冯拯误打误撞地当上了宰相。

据说，任命冯拯的时候，负责书写诏书的杨亿——这个人以前不止一次顶撞过真宗皇帝——说：皇上，这不是该我干的事儿。

按规定，任命参知政事的诏书由负责外制的知制诰起草。当时杨亿身为翰林学士，又称内制，只有任命宰相、枢密使和三司使的诏书才由他起草。

皇帝强压怒火说：那你该干什么呢？

杨亿没有正面回答，而是说：任命枢密使或平章事的诏书才由我写。

皇帝一听又火了：那就任命他为枢密使！

有点儿荒唐了。对宰相的任命变成了跟秘书置气。

杨亿，老子任命他为枢密使，这下你能写了吧？

少见。

且不说真宗皇帝为什么跟杨亿赌气，他一怒之下将冯拯任命为枢密使，不想此时枢密使竟同时有了三个人：曹利用、丁谓和冯拯。诏书下发以后，曹利用和丁谓纷纷递交辞呈。这才发现自己荒唐的真宗皇帝心烦意乱，他召来晏殊，想问问这件事该怎么处理。

哪知道，一向被他寄予厚望的晏殊竟也现学现卖地学起了杨亿：皇上，这不是该跟我商量的事儿。

破鼓万人捶。

又是一记闷棍。

由此可见晚年的真宗皇帝糊涂无能到了什么地步。见是这样，他不得不再次召钱惟演入宫商议。

好在钱惟演顺情说好话，他顺着皇帝的意思，又讲了一套高论。钱惟演首先肯定了真宗皇帝的做法：冯拯原来就任过参政，让他当枢密使是合适的。但中书只有一个人，太少了，皇上可以从曹利用和丁谓两个人中挑一个进入中书。

皇帝问：你认为谁合适呢？

钱惟演说：丁谓文臣出身，我觉得比较合适。曹利用赤胆忠心，有功于国家，也不是不可以。

真宗皇帝听了，觉得钱惟演说的不是没道理，于是按钱惟演的建议照章全办：以枢密使、吏部尚书丁谓平章事，枢密使、检校太尉曹利用加同平章事。

就这样，真宗皇帝在有生之年对他的内阁班子进行了最后一次调整。艰难地斗倒了寇准之后，丁谓才一步步走上了他权力的顶峰。

归根结底，钱惟演并不是个太坏的人，更不是那种坏到骨子里的人。真正坏到骨子里的人天生包藏祸心，比如王钦若，比如丁谓。王孙的出身和饱读诗书让钱惟演更擅长见风使舵。但一个这样的人往往是没有主见的，跟着好人做事他是一个好人，跟着坏人做事他就变成了坏人。随波逐流且左右逢源，也许这本来就是他的人生哲学。总之，钱惟演充其量是一个没操守、没品格的多面派，虽长袖善舞却始终无法得到别人的尊重。后来丁谓失势，钱惟演果然又千方百计地排挤丁谓以求获免。

钱惟演还是一个可怜的人，因为特殊的身份，也许唯有这样他才能活下去，谁强扶谁只是他的自保之道。钱惟演没有担当，一个这样的人是不值得托付的。真宗皇帝去世后，钱惟演果然没得到重用，因此他也没能实现自己进入中书的梦想。

刘太后摄政不久，钱惟演像一块抹布一样，被用完就扔掉了。

昏着儿迭出

不甘心的寇准却还在寻找反击的机会。

很快，感觉皇帝待他不公的寇准又祭出了一记昏着儿。他一方面向皇帝奏报丁谓和曹利用种种鬼鬼祟祟的举动，另一方面对李迪的见死不救恼到了极点。

寇准官虽降了，但资格在那里摆着，因此他还是有一定话语权的。老寇一向不是吃素的，他向皇帝上奏说："臣若有罪，当与李迪同坐，不应独被斥。"

拉人垫背，寇准这一做法很不光彩，这也是他日后为人诟病的主要原因之一。也许，此时的寇准真有些良心失迷了。

真宗皇帝将寇凖和李迪一起召至殿前。

寇凖本就没理讲三分，而且是恶人先告状，结果三说两说，李迪竟跟寇凖当着皇帝的面吵了起来。两个人的骂战精彩绝伦，既相互攻击，又攻击别人，王钦若、丁谓，甚至连死了好多年的陈彭年也被扯了进来。

李迪是状元出身的正人君子，遇到这样的事情只能自认倒霉。不吵说明你理亏，吵你就中了圈套。结果两个人一吵，把本来就已经病得半死的宋真宗又气了个七窍生烟。

国威何在？皇威何在？真宗皇帝一气之下把两个人都赶出了殿外。知道寇凖难缠，他单独召李迪觐见，生气地说："寇凖远贬，你和丁谓、曹利用也都贬出去！"

李迪心里窝囊，便莫名其妙地怼了一句："谓及利用须学士降麻，臣但乞一知州。"

而真宗帝沉吟良久，神色竟渐渐平和下来。

最终，真宗皇帝又改了主意，结果是除了寇凖其他人都没贬。

朝堂上下打成了一锅粥，堂堂的中枢大臣针锋相对，公然地你争我斗，不但毫无人臣之礼，而且不顾及斯文体面，这对始终把体面放在第一位的大宋王朝不啻于一记响亮的耳光。

大家斗了半天，等尘埃落定之后，最终发现只有自己输了，不知道此时此刻那个曾在澶渊城指挥千军万马的寇凖作何感想。

寇凖老了，真的老了。他真的不该得罪那个不该得罪的人。

然而，这并不是事情的结束。

将寇凖赶出京城以后，丁谓、李迪、曹利用、冯拯四个人共同执掌朝政。丁谓和曹利用不用多说，两个人是多年的盟友，冯拯则需要好好讲一讲。

冯拯，字道济，孟州河阳人。这个人平生没什么大的建树，也没什么大的过错，最大的一个特点是贪财而且没什么学问。不但他没什么学问，他一家人都没什么学问。因此，他家中的生活极度奢靡。虽然也是进士出身，但其在读书做学问上没什么建树。

老子尚且如此，儿孙自然就不用多说。多年以后，冯拯被人冠了一个"毛驴宰相"的称号。

据传，冯拯去世当天，恰好京城一农家有头毛驴降生。这头毛驴卧下以后，肚皮上隐约竟有"冯拯"二字，而且越长越明显。人们纷纷传说这头毛驴是冯拯投胎转世，引得百姓竞相围观，一时传为笑谈。

冯家的子孙听说，引为大耻，但还是不相信此事，决定去一看究竟。后到了农家一看，果然如此。冯拯后代只好将那头毛驴买下来。哪知道农家就是不肯卖，冯家的后人只好出了高出市场价一百多倍的价格将毛驴买下。

尽管这样，冯拯转世为毛驴的消息早已不胫而走。至于高价买下的那头毛驴是杀掉吃了还是当祖宗一样供着，外人就不得而知了。后世有人评价，说这是有人故意欺冯家后人不读书、没文化。这个故事的真实性我们不去追究，只是冯拯死后被如此编派，也多是与他不学无术、政声不良有关。

一个这样的冯拯，加上狼狈为奸的丁谓和曹利用，李迪在两府的势单力孤可想而知。

接下来的1021年比较平和，丁谓却又做了一件缺德带冒烟儿的事儿。

这年11月，丁谓的好盟友、带头大哥、已经被贬为山南东道节度使、同平章事、判河南府的王钦若因身体多病，数次上表请求回京就医。接到他的奏表，丁谓不但没有上报，还派人给王钦若捎了个信儿说："皇上多次跟我提到你，应该是很想见你一面。你上报一下赶紧来吧，皇上肯定不会怪罪的。"

王钦若喜出望外，来不及多想便让儿子给河南府写了一封信，偷偷返京了。

在宋朝，没有朝廷的文书，被贬官员私自回京属于大罪。不知大祸临头的王钦若却还喜滋滋地蒙在鼓里。很快，王钦若因擅自回京被人告发，问起责来丁谓却不认账了。丁谓一面弹劾王钦若，说他擅离职守无人臣之礼，一面命令御史中丞薛映对此事进行严查。

王钦若心里那个苦哇，知道自己被好兄弟阴了，他只好老老实实地认罪。

最终，王钦若被降职处分，断送了重返朝堂的一切可能，他的儿子王从益也受到了处分。

既坑对手又坑队友，是丁谓一贯的拿手好戏。

你争我斗

时间终于到了1022年。

这一年史称乾兴元年，这个年号仅仅用了一年，就因为真宗皇帝的死给改了。

1022年是改元的一年，病了这么多年，真宗皇帝本想借着改元的春风沾沾喜气，可是，这一年号并没有给病入膏肓的真宗皇帝带来一点点好运。

这年二月，为展示大宋王朝的皇恩浩荡，三位两府大臣丁谓、冯拯、曹利用都被封了国公。丁谓封晋国公，冯拯封魏国公，曹利用封韩国公。

真宗皇帝想用这种方式让他的大臣们鞠躬尽瘁，自己也捎带着多活上个一年半载。可惜没过多长时间，心怀美好愿望的他就驾崩了。

最高权力的交接，也绝对是一次强者生存优胜劣汰的大洗牌。

当时，大宋朝唯一的接班人只有12岁，毫无疑问，权力的顺利交接需要依靠皇后和大臣们来完成。真宗皇帝死前曾留下遗诏，不像他大伯太祖皇帝，没留下什么话就不明不白地死了。

史书记载，真宗皇帝对后事交代得很具体，最主要的部分是："**皇太子即皇帝位，尊皇后为皇太后，淑妃杨氏为皇太妃。军国大事兼权取皇太后处分。**"

既然有遗诏，那就按遗诏的意思照单全办，相信这一点在任何人那里都没有疑问。但是具体执行起来，又出了一些意外状况。

百官以宰相为首，当时的宰相班子只剩下了丁谓和冯拯两个人。宣示先皇遗诏时，早已大权独揽的丁谓说，应该去掉遗诏中的"权"字。

什么意思？字面意思很好理解，丁谓的主张是军国大事都由皇太后处分，而不是"权处"。可别小看这个"权"字，如果去掉它，遗诏就变成了"军国大事兼取皇太后处分"。这样一来，只要太后活着一天，军国大事就得全部无条件地听命于她。

呵呵，呵呵。

丁谓看似是为太后预定了有生之年一切权力的可能，实际上，大宋朝朝政早已经是丁谓说了算了。皇太后一介女流，政务处理起来哪有那么方便？一旦这么公示天下，今后一切还不都是丁谓说了算？

丁谓此计可谓一举两得，既讨好了太后，又给自己铺了路，这个如意算盘打得真不错。

真宗皇帝驾崩时，朝野上下几乎全都是丁谓的人，在这之前仅有的几个政敌全被他干掉了。因此，丁谓这一提议没一个人表达什么看法，大家都在瞪着眼睛看着。

就在丁谓将要得逞的时候，一个叫王曾的参知政事突然站了出来。

王参政状元出身，在知识分子群体中威望很高。王曾说："**皇帝冲年，政出房闼，斯已国家否运，称权尚足示后；况言犹在耳，何可改也！且增减制书有法，表则之地，先欲乱之乎？**"

王曾这话是什么意思呢？

皇帝年幼，不能亲政，政令暂时由太后处理并从后宫下达，这对国家来说已经是大大的不幸了。

王曾话讲得很清楚：让皇太后暂时处理朝政，已经说明了先帝的真实意思。

丁大宰相，先帝尸骨未寒，他的话刚刚说过去你就忘了吗？怎么可以把这个"权"字去掉呢？再说，增减制书文字是有要求有规矩的，丁相公你是想先乱了规矩吗？

也许是根本没想到有人敢反对自己，王曾的突然出现让丁谓有些准备不足；也许是王曾将帽子扣得太大，丁谓怕将自己绕进去；也许因为心虚不敢直面指责，面对王曾理直气壮的责问，丁谓这个绝顶聪明的人竟没能接上话来。

见丁谓不说话，别人也不敢随便说话。

第一回合王曾赢了，最终的结果是"权"字不能去掉。

接着，王曾说出了他的另一个观点："尊礼淑妃太遽，须它日议之，不必载遗制中。"

王曾的意思是给淑妃的待遇太仓促了，可以改天再重新商议，这事儿没必要写进先皇遗诏。

听到这里，丁谓终于找到了反驳的理由。丁谓没好气儿地说："王参政你怎么回事儿？你一会儿不同意改，一会儿又要改。说不改的是你，说改的也是你。我看，先皇遗诏按你的意思随便改算了！"

本来，王曾想继续跟丁谓争辩自己的事实和理由，他站在朝堂上四下看了看，丁谓身后站着很多人，满朝大员竟没一个人肯给自己帮腔。好在关键问题已经解决，册封淑妃只是件小事，王曾只好作罢。

这是一个典型的老成谋国的案例。虽然，这一年担任参知政事的王曾只有45岁，他的人生还远未到德高望重的高度，但他却是唯一一个敢站出来反对丁谓的人。

虽然没能成功地阻止淑妃封后，好在遗诏中至为关键的"权"字得以保留下来。面对权势熏天的丁谓敢据理力争，而且能斗争胜利，这一件事已足以让王曾名垂青史。

若干年后，王曾去世，仁宗皇帝亲赐王曾的谥号为"文正"。

从善如流

接棒真宗皇位的，是大宋朝在位时间最长的天子，仁宗皇帝赵祯。

赵祯在位四十二年，史称宋仁宗，他即位这一年才刚刚13岁。一个孩子，对于军国大事不可能有什么远见卓识，更不可能宏观全面地处理他遇到的各类问题。在接下来的十年时间里，这个当时世界上最富庶的王朝的最高统治权将由一个女人来执掌。

这个女人就是原来小银匠的妻子，此时的皇太后刘娥。

刘娥的上位史我们已经简单讲过，而关于她更为人所共知的是一个叫"狸猫换太子"的千古传奇。

在传说中，真宗的两个妃子刘妃和李妃同时身怀六甲，谁能生下儿子谁就有可能被立为正官。久怀嫉妒之心的刘妃唯恐李妃生下儿子，和总管郭槐定计，在接生婆尤氏的配合下，趁李妃分娩之机，将一狸猫剥去皮毛，换走了刚出世的太子。

为绝后患，刘妃命宫女寇珠勒死太子。寇珠于心不忍，暗中将太子交付宦官陈琳。陈琳将太子装在提盒中送至八贤王处抚养。

真宗看到被剥皮的狸猫，以为李妃产下妖物，将其贬入冷宫。不久刘妃临产，生了个儿子，被立为太子，刘妃也被立为皇后。

六年后，刘皇后之子病夭。真宗已无子嗣，只好将八贤王之子（实为当年被换走的皇子）收为义子，并立为太子。

一日，太子在冷宫与生母李妃偶遇，母子天性，两人都心有感应。刘皇后得知后严刑拷问寇珠，寇珠触阶而死也没有说出真相。怕事情败露，刘皇后在真宗面前进谗言，真宗下旨将李妃赐死。一名叫余忠的小宦官甘愿替李妃殉难，私自放出了李妃。另一名叫秦凤的宦官将李妃接出，远送陈州，秦凤也因此自焚而死。

李妃在陈州无法生活，只落得住破窑、靠乞食为生。幸亏包拯在陈州放粮，得知真情，与李妃假认母子，将李妃带回开封。

此时，真宗已死，李妃的儿子做了皇帝。包拯趁进宫之机将李妃带入宫中，李妃得以与亲生儿子仁宗见面，并说出了真相。后来，包拯又设计让郭槐供出真相。太后刘氏知道阴谋败露，自尽而死。

这个狸猫换太子的千古传奇就是由这个女人一手导演并制造的。但传说跟事实差距太大。当时的事实是仁宗的生母是刘皇后的一名宫女，因真宗偶然临幸，生下一个儿子。刘皇后将李妃生下的儿子抱走并据为己有，而且将李妃打入冷宫。仁宗直到即位很多年以后才知道事情的真相。仁宗皇帝知道真相的时候，李妃早已经死了。这里面既没有包拯什么事，也没有八贤王什么事儿。当时包拯还没有考中进士，根本不可能参与这件事，传说中的八贤王早在很多年前就已经死了。

传说，总是怎么热闹怎么编，不必认真。

在传说中，那个被她以一只狸猫换来的太子，就是此时的仁宗皇帝赵祯。一个太子和他生母的命运让天下人唏嘘不已的同时，刘皇后本人也留下了一个像女巫一样阴暗而邪恶的形象。

在历代皇后中，刘皇后是一个极具传奇性的人物。从她的身世、她与真宗皇帝皇子时代的浪漫爱情、从一个银匠的媳妇晋升为帝国皇后的经历，伴着狸猫换太子在民间的广为流传，关于她的故事成了一个传奇接连一个的传奇。在这些传奇的背后，无不昭示着这个女人本身就是一个不可思议的传奇。

刘皇后是宋朝第一位摄政的太后。从她开始，宋代女主临朝称制开创了先河。其实，太后摄政在宋朝之前早已是一件习以为常的事情，比如西汉刘邦的皇后吕雉，唐中宗的皇后武则天，晋惠帝的皇后贾南风，跟这些前辈比，刘娥有一个最大的优势，那就是她手中握有先皇的遗诏。

因此，刘太后摄政是名正言顺的。

然而，事情的微妙也正是出在真宗皇帝的遗诏上。

我们讲过，关于太后如何摄政，立遗诏时宋真宗显然也防了一手。真宗皇帝在遗诏中命刘后"权听政"，在这里，这个"权"绝不是权力，而是暂时代理的意思。"军国重事，权取处分"，字面意思很明显，刘太后的权力是暂时性、代理性的。但这一措辞同时也给刘太后留下了既可以想象，同时也可以最大化利用的空间，当然这同时也是刘后比较心虚的地方。

真宗临死前留下的只是一个方向性的决定，至于它如何具体实施，宋真宗没有说。

既然没说明，理所当然地留下了很多可以操作的空间。因此，在当时不但刘太后需要面对这一问题，在王朝的权力交接之际，主宰朝政的宰相丁谓、执掌军事的枢密使曹利用等人也同时面临着这一问题。

史书记载，当时的大臣们都心怀鬼胎，都在千方百计地想打好自己的牌："各欲独见奏事，无敢决其议者。"

既然太后处分已经不可改变，但这一精神如何贯彻、具体怎么执行，包括流程怎么设置、每一步的实施细则如何制定，绝对都是至关重要的细节。

事情一旦定下来，大家都要承担其带来的一切后果。

而对于当时的大臣来说，个个都想独自向太后上奏言事。言下之意，他们都想利用刘后实现专擅朝政的可能。因此，在实施细则的制定上，宰执大臣也都各有用心。

真宗驾崩之前，那个"将相兼荣谁敢比"的元老宰相寇準已被刘后、丁谓和曹利用三个人联手扳倒了，满朝文武已无一人拥有寇準那样崇高的威望，也就没有了制衡宰相丁谓和枢密使曹利用的力量。

眼看朝廷将要陷入大臣擅政的危局——这是宋太祖开国以来一直高度警惕和防范的，此前的赵普、寇準等都因其有擅政之嫌而屡遭罢黜，而此时丁谓和曹利用都有这种可能。尤其是丁谓，曹利用毕竟是武将出身，能力有限且不能服众，朝臣们在丁、曹二人威慑下，或唯唯诺诺，或在背后窃窃私语，但谁也拿不出一个让所有人都满意的章程。

在特殊的历史关头，往往都会有特殊政治天赋的人出现。而一个有特殊政治天赋的人，一般都有敏锐的第六感官，越是在众人都感到棘手的某个节骨眼上，越是能捕捉到某个政治机会，这个机会随时有可能擦肩而过，也随时有可能唾手而得，就看你能不能抓住。

第一个抓住这个机会的人并不是晏殊。

我们已经讲过，第一个抓住机会的人是参知政事王曾。晏殊不是不想在这重要的关头大显身手，只是他的身份和地位决定了他有限的话语权。

虽然没在第一时间抓住机会，但晏殊也很快就找到了为数不多的宝贵机会。

在讨论摄政和论执政的具体章程时，晏殊提出了自己的一番建议。

这是一个十分高明、其实并不新鲜但却能得到几乎所有人认可的建议："**群臣奏事太后者，垂帘听之，皆毋得见。**"

表面上一看，这还真不是个有多少创意的点子，垂帘听政早在唐朝武则天时就出现了："**时帝风疹不能听朝，政事皆决于天后（武则天）。自诛上官仪后，上每视朝，天后垂帘于御座后，政事大小皆预闻之，内外称为二圣。**"

那么，晏殊建议的高明之处又在哪里呢？

我们不妨以历史事实为依据分析一番。

晏殊的谏言，一是正中刘后的下怀，让刘后产生了某种政治联想，这也是有史实为证的。看看仁宗即位后使用的两个年号就明白了。仁宗使用的第一个年号"天圣"，将这两个字拆开，就是"二人圣"，如唐之"二圣"，意即太后与当今天子同为圣上；再看看当时使用的第二个年号"明道"，一个"明"字，明明白白就是天子与太后日月同辉的意思。

这是关于年号问题，再者，当时刘太后也许真有效法武则天，以女主登基的政治联想，她曾试探性地问过几位心腹大臣："**唐武后何如主？**"结果，一个以耿直著称的朝臣给了她一个直截了当、让她断送了自己任何联想的回答："**唐之罪人，几危社稷！**"

史料记载，刘太后闻听此言，脸一沉，良久默然。自此以后，她再也没提过类似的话题。这说明刘太后当时虽有一定的野心，但她的信心不够，也许是她已经预感到自己效法武则天的难度实在太大，便放弃了这一想法。不过，以她摄政十余年的权势，后世也常以她与汉之吕后、唐之武后相提并论，但史称她"有吕武之才，无吕武之恶"，从后世的评价来看，她还算做得没那么过分。

且不说刘太后如何浮想联翩，只说晏殊当时的谏言所达到的效果。

很明显，刘太后对"垂帘听政"这一建议是非常赞赏的，这是一种不失体面的、既能体现自己威严且能同时和群臣保持一定距离的处理朝政的方式，只是群臣谁也没能讲出来。晏殊敢第一个站出来，说出这番既能让太后满意，又能让群臣无法反对的话，足见他当时的智慧、担当、魄力和勇气。

而群臣也都觉得这主意还不错，至少可以以此阻隔太后和丁谓、曹利用这两位宰执大臣过于亲密、过于直接的接触。选择这种方式的意义并不在于太后和群臣之间隔着一道薄薄的帘子，而是以"群臣奏事太后者，垂帘听之，皆毋得见"，阻止了丁谓和曹利用各欲独见奏事的可能。

单独当面说和大家一起当面说，效果当然不一样。

如此一来，太后称善，群臣亦称善。

在一片从善如流的称道声中，估计晏殊又该得到提拔了。

两种正确

果不其然，刘太后垂帘听政后，晏殊很快就得到了提拔。不日，晏殊的官职由正五品直接升为正四品，同时他身份也变成了右谏议大夫兼侍读学士。

宋代官员的品秩一向烦琐，每一个品级又分为多个层级。以九品官为例，九品官可以分从九品和正九品，而"从九品"还要分从九品下、从九品和从九品上三个等级。如果对宋代的官制不大了解，你很难了解宋朝的官场生态，更难了解当时官场的生存法则。晏殊这一职务的提升，虽然表面上是从正五品升到了正四品，看似提拔了一级，实际上却是一连跳了好几级，这就是所谓官场超升。

按说，这下晏殊该满意了吧。但是，刘太后还不满意。

众所周知的原因，刘太后对真宗皇帝的感情很深，真宗皇帝喜欢的人她当然要喜欢。最让刘太后欣赏的是，他敢于在关键时候旗帜鲜明地保持立场，像这种能把事儿做到她心眼儿里的人，绝对值得栽培。

同时相信刘太后也很清楚，当初真宗皇帝是拿晏殊当宰相来培养的。既有先皇器重，又是太子旧臣，到现在却还只是个四品官，刘太后总感觉有点儿太委屈他了。

总而言之，那段时间，刘太后总感觉对晏殊的恩惠不够。

过了没几天，大权独揽的刘太后又下了一道命令，给晏殊加官给事中。随后又将他升为正三品的礼部侍郎。

这下该够了吧？

不，仁慈的刘太后觉得还不够，还是太亏待晏大学士了。未几，她又一次下令，将晏殊超升为枢密副使。

枢密副使是个什么概念？

宋朝官制，中书、枢密、三司分掌朝廷的政、军、财三务，三者互不统属。宰相之权为枢密使、三司使所分取。宋初战事较多，枢密使的权力常常比宰相还大。当时的中书称作东府，枢密院称为西府，西府最高长官即枢密使。北宋时期枢密使经常不设，由枢密副使或知枢密院事行使权力。

这个位置，你懂的。

这是晏殊第一次跻身两府大臣之列。两个月后，枢密副使晏殊再获圣眷，官加刑部侍郎。

此时的晏殊真称得上官运亨通了，在如此短的时间里，能从五品太子舍人如坐火箭般升职，世所罕见。不难看出摄政之初，主母刘太后对晏殊可谓是恩重如山。

如果这样发展下去，宰相位置已指日可待。

同时可见，决定一个官员命运的不一定是他的政绩，更重要的是他的政治策略。一个下属，若能提出一个让主要上级正中下怀又能让众人一片叫好的政治策略，是一种多么高明的政治智慧。一旦拥有了这种政治智慧，再加上上级的赏识，一个人自然会平步青云，而且很快就会抵达属于他的政治高度。

然而，青云之下便是深渊。如果把握不好，也很有可能会一个跟头栽下去。

这种不幸很快就在晏殊身上发生了。

超升枢密副使不久，也许幸福来得太突然，晏殊有点儿飘，他犯了一个绝对称得上"一失足成千古恨"的超级错误。

莽撞之祸

刚升任枢密副使的晏殊就遇上了这样一个难题。

事情起因是刘太后想提名一个叫张耆的人担任枢密使，在征求大臣们的意见时，身为枢密副使的晏殊带头投了反对票。

晏殊为什么要反对擢升张耆为枢密使，而这件事的后果为什么这么严重呢？

让我们看看张耆此人有何来头。

张耆，初名旻，字元弼，开封人氏。在一个以文驭武的文治盛世，此人非科班出身，刘太后为什么如此青睐，且一心想让他当主管朝廷军事的最高长官呢？

史载张耆"年十一，给事真宗藩邸"。意思是说，当年真宗皇帝还是襄王的时候，张耆就已经是真宗藩邸的一个小马弁了。

这个小马弁可不简单。真宗登基后，因天子的宠幸张耆步步高升，竟连任天雄军兵马钤辖、武信军节度使、同平章事，并出判陈州。

真宗驾崩以后，摄政的刘太后竟突然又要将这样一个小马弁出身的武夫超升为枢密使，凌驾于群臣之上，怎能让晏殊服气又怎么能让群臣服气？

可惜持反对意见的人都只知其一，不知其二。

起步早，身为先皇亲信只是张耆得以重用的表面原因。

太后的提议一说出来，晏殊旋即以"以文驭武"的大宋基本国策为依据，第一时间上疏，坚决反对张耆任枢密使。

晏殊的反对有理有据，理直气壮。

虽然只是一个小马弁，但张耆却是刘太后的大恩人。他不知道，刘太后之所以能有今日，倚仗的几乎全是张耆一个人的功劳。

当年，不守妇道的民妇刘娥与襄王赵元侃还处在偷鸡摸狗阶段的时候，事情不知怎么就传到了太宗皇帝耳朵眼里。太宗大怒：贵为皇位继承人，竟然与一名银匠的妻子私通，真是既鬼迷心窍又不成体统！

太宗下令，命人将刘娥从襄王身边赶走，并逐出京城。

圣命难违，棒打鸳鸯。被逐出襄王府的刘娥既不死心又无处藏身，是张耆冒着杀头的危险将她收留在自己家中。

据说，刘娥在张耆家一藏就是十五年。在这十五年里，两个有情人经常掩人耳目偷鸡摸狗般地约会。张耆冒着风险，一直为他们创造条件并提供各种方便。直到太宗去世，刘娥才被即位的真宗召进宫内，后来经过个人的一步步努力，才有了今天。

大恩人，绝对的大恩人。

刘太后之所以能有今天，全仗着张耆一个人的功劳。

滴水之恩，当涌泉相报。

刘太后是个知恩图报的人，她提拔张耆，是为了报恩。

从世态人情上来看，刘太后做得没错。但是，执掌国家大权不能考虑个人的世态人情，不能将国家利益当成个人私情的回报。

刘太后没有考虑大宋的江山社稷，为回报个人私情，她轻描淡写地把堂堂大宋的最高军事长官当成了个人恩赐。

这是头发长见识短的一种体现。

晏殊并不了解刘太后急于报恩的迫切心情。

他只是觉得张耆担任枢密使不合适。

结果正确

如果说垂帘听政的建议正中太后下怀，晏殊这次上疏则是直戳了太后最隐秘的心疾。晏殊聪明一世，糊涂一时，因不知太后与张耆的这一段隐私，就没头没脑地弹劾起张耆来了。

太后千想万想，没想到她刚提拔的晏殊会站出来反对她。明明刚升了他的职，他却马上来拆台，这是刚飞了没几天翅膀就硬了吗？

太后恼了。

晏殊这个脸打得确实有点儿响。

不过，刘太后也不是一般的妇道人家。虽然脸上挂不住，城府极深的她并未因此将晏殊立即罢黜。既然晏殊反对提拔张耆名正言顺，她也需要找到一个同样理直气壮的理由，将晏殊罢黜得心服口服。

小子，别得意，看老娘怎么慢慢收拾你。

最终晏殊的反对没起到任何作用，张耆成功地升任枢密使。

刘太后对晏殊的态度开始慢慢冷淡起来。天圣三年（1025），不知日月，晏殊奉命陪太后去玉清宫上香。

懿旨来得过于仓促，晏殊出门时忘了带上当时一个绝对不能少的政治道具——朝笏。

这还了得，晏殊忙打发仆人回家去取。

等仆人赶回来，太后的辇驾没有等晏殊，而是早已经出发了。被晾在当场的晏殊感到一个大臣的体面与尊严丧失殆尽，从仆人手中接过朝笏，气急败坏地对着仆人就是恶狠狠的一击。

那名可怜的仆人怕耽误了大人的事情，一路上是跑来的。此时正张嘴直喘粗气，脸上突然挨了一记猛击，顿时嘴裂血迸，连血一起吐出了两颗打断的门牙。

透过这一血腥的历史细节，一向温文尔雅的晏殊亦如他那突然的一击，一下就凸显出了他急躁、狰狞而残忍的另一副面目。

关于这件事情，有后人为晏殊百般辩解，说他情急之下的举动有抚州地域水土和人文的因素，他无法摆脱抚州人骨子里的狷急、刚简和固执。

但这绝对是一个不可原谅的举动。

他对下人太狠毒了！

想想当时的宋太宗、宋真宗，对他们那些侍从、马弁一贯是多么的仁慈呀。

晏殊对下人如此狠毒，让很多朝臣都非常愤怒。赵宋王朝是一个崇尚仁治的王朝，岂能姑息这种心狠手辣的不仁之人？

很快，晏殊的不仁遭到了御史弹劾。御史曹修古抓住这一把柄，接二连三地进行封章劾奏。

刘太后看了御史义愤填膺的奏状，既为倒霉的仆人而悲，又因晏殊之举而愤，顺理成章地下令将晏殊"罢知宣州"。

这一罢免不但晏殊心服口服，也让朝野上下都连口称是。

而盐在哪儿开始咸的，醋在哪儿开始酸的，只有当事人自己知道。

一个少年得志、一路青云直上的神童，在入朝二十年后，终于栽了一个大跟头。

也许他真应该到地方上去磨炼磨炼了。

这也是晏殊第一次被贬，他第一次离开了象征着北宋权力中枢的京城。

贬知宣州数月之后，仁慈的刘太后似乎也渐渐冷静下来了，念及晏殊往日的种种好处，毕竟在她垂帘听政的合法性上起到了关键作用，刘太后心软了。

惩戒需要分寸，善于权谋的刘太后心里很清楚，从本质上来讲晏殊应算是可用之人，他犯的错误不是什么原则性的大问题。于是，她下令给晏殊挪了一下地方：迁南京留守。

北宋时期的南京，位于今天河南省商丘市睢阳区，此地可算是北宋王朝的龙兴之地。宋太祖赵匡胤在后周时代曾任归德节度使，治所就在宋州，开国以后，他便将"宋"当成国号。宋真宗景德三年（1006），为追念太祖"应天顺时"缔造大宋之伟功，将宋州升为应天府，又于大中祥符七年（1014）正月再升应天府为南京，从此宋州得以位居北宋陪都的地位。

作为陪都，南京的显赫政治地位自非宣州可比，而南京的应天书院，更是当时全国一流的高等学府。

晏殊文人出身，自然热衷于兴教办学。到南京上任后，在做好本职工作的同时，将兴教办学工作开展得有声有色。他积极地筹措资金，增辟学舍、扩大规模，先是在书院的建设上进行了大手笔的投入。学舍建好之后，又处心积虑地开始了延揽名师，广招学子的筹划。

当下最为迫切的工作，就是物色一位既年富力强又学富五车的大学者来执掌应天书院的教务工作。晏殊做事一向要求很高，他要给应天府的学子们物色一名真正能担此大任的人。而胜任这一职务，需要的不但是满腹经纶的学问，同时还需要无可挑剔的人品、高尚的操守、良好的声誉和崇高的人望。

遍视天下，谁来担任这一职务最合适呢？

第二章　名门望族

宰相碑

晏殊去世的 1055 年，京城里还发生了一件不大不小的事。

之所以说它不大不小，是因为这件事本身很小，小得甚至都不值得被记入史册。之所以能提起它，是因为在某种意义上，它又绝对称得上一件值得大书特书的事情。

这件事于国于民虽然看上去不怎么重要，但对一个家族，却有着极其重要的里程碑式的意义。

这一家族就是鼎鼎大名的王氏家族。

王姓，自古以来就是中华民族一个非常重要的姓氏。遍观史册，每个姓氏和家族都有自己独有的传承和起源。王姓，很多年里都被称为中华民族第一大姓，自然更是有着他们遥远、光荣而辉煌的历史。

王姓得姓始祖被认为是周灵王的长子太子晋。因是太子，太子晋又被人们称作王子晋。不幸的是太子晋这个人不怎么招人喜欢，不但爱说直话，而且做事毫无顾忌。因此，他没能在太子的位置上更进一步。

太子晋不但没能继承父亲的王位，而且被贬为平民。

对一个太子来说，如果继承不了王位，太子身份必定成为他的累赘。

史载太子晋被贬以后，郁郁不乐，未及三年而薨。

太子晋死后不久，他的父亲周灵王也驾崩了。太子晋的弟弟贵嗣位，是为周景王。周景王荣登大宝以后，太子晋的儿子宗敬登朝入仕，并被任命为司徒。

此时已是周朝末年，王室衰微，天下大乱，担任司徒没多久宗敬便请老致仕，带着自己的家人避世而居。

因为是王族的后代，人们称他们一家人为"王家"。慢慢地，以宗敬为首的这支族人以"王"为氏。

先秦时期，这支王姓族人生活在今天的河南洛阳一带。秦末汉初，王姓十八世孙、秦朝大将王翦及儿子王贲、孙子王离北征燕国、东平楚地、南下吴越，攻无不克战无不胜，为大秦扫平六国立下了赫赫战功。

始皇帝嬴政驾崩以后，秦二世胡亥继位。胡亥先是矫诏赐死公子扶苏，后夺取了蒙恬的兵权，王离也被降为大将军。王离的两个儿子王元和王威为躲避战乱，分别迁徙到山东琅邪和山西太原，王氏家族逐渐形成了琅邪王氏和太原王氏两大分支。

随着历史的发展，这两支王氏后人不断壮大。又是若干年后，大名府莘县出了一个叫王祜的能人。他能文能武，才华出众，于五代十国时期先后入仕晋、汉、周三朝，一时荣耀无比。

战乱平息，北宋立国。王祜顺应历史的潮流归宋，太祖皇帝赵匡胤拜其为御史大夫，王祜举家迁至京城，于开封城内落户。

定居开封以后，王祜和他的儿孙们为王氏家族开创了一番前所未有的辉煌，同时还为王氏家族立了一个新堂号：三槐堂。

因此，王祜被尊为三槐王氏的开堂始祖。

至于三槐王氏到底起源于琅邪王氏还是太原王氏，直到今天仍说法不一。因年代过于久远，此事业已无从考证。

让我们把时间定格到公元1055年。

此时，距离王祜举家迁到京城已经是八十多年前的事了。

这天，某日不详，权知开封府的王素王大人郑重其事地给仁宗皇帝上了一封奏表。内容说的却不是什么军国大事，而是请皇帝批准，允许他给死去多年的父亲王旦立碑。

王素是谁？王旦又是谁呢？

当时权知开封府的王素不是别人，他是三槐王氏得姓始祖王祜的孙子。

王素是个忠臣，在人才辈出的大宋虽然不是很突出，但后人对他的评价却一向不低。根据相关记载，王素做过两件名留史册的事情。

第一件事是劝谏皇帝勿贪女色的：

王德用进二女子，素论之，帝曰："朕真宗皇帝之子，卿王旦之子，有世旧，非他人比也。德用实进女，然已事朕左右，奈何？"

素曰："臣之忧正恐在左右尔。"

这是史书对这件事的记述。史书记事，往往隐晦但不失真，即我们经常说的信息量太大，为了详细了解这件事情的来龙去脉，我们再看看关于这件事当事人王素的儿子是怎么记载的：

先公为谏官，论王德用进女口。仁宗初诘之曰："此宫禁事，卿何从知？"先公曰："臣职在风闻，有之则陛下当改，无之则为妄传，何至诘其从来也？"仁宗笑曰："朕真宗子，卿王某子，与他人不同，自有世契。德用所进女口，实有之，在朕左右，亦甚亲近，且留之如何？"先公曰："若在疏远，虽留可也。臣之所论，正恐亲近。"仁宗色动，呼近挡曰："王德用所进女口，各支钱三百贯，即今令出内东门了，急来奏。"遂涕下。先公曰："陛下既以臣奏为然。亦不须如此之遽，且入禁中，徐遣之。"上曰："朕虽为帝王，然人情同耳。苟见其涕泣不忍去，则恐朕亦不能出之。卿且留此以待报。"先公曰："陛下从谏，古之哲王所未有，天下社稷幸甚！"久之。中使奏宫女已出东门。上复动容而起。

——王巩《闻见近录》

王巩，字定国，著名画家，王素儿子、大文豪苏轼的好朋友。

如果对王巩了解不多，请看看苏轼的《定风波·南海归赠王定国侍人寓娘》，这篇非常有名的作品就是苏大文豪专门为他的好友王巩写的：

常羡人间琢玉郎，天应乞与点酥娘。

尽道清歌传皓齿，风起，雪飞炎海变清凉。

万里归来颜愈少，微笑，笑时犹带岭梅香。

试问岭南应不好，却道：此心安处是吾乡。

怎么样？熟悉吗？

大文豪心目中的朋友有好多类，其中有两个朋友让他一生感到荣幸。这两个人分别是出身世家的王巩和出身皇族的赵令畤，而王巩则是他最亲密最知己的好朋友。在古代，看人不看成就，看出身。能让大文豪以相识为荣幸最终成为知己，王巩一定不是凡人。

从王巩的记述中，可见王素和皇帝的私人关系很好，是那种可以坐下来谈心的关系。皇帝甚至都一直跟王素攀关系、套近乎。敢管皇帝的私生活，一能说明王素的胆量和直率，二是可以看出他在皇帝眼中的位置。对于事情的处理同时可以看出王素处理事情的周到和全面。

第二件事说的是王素的远见卓识：

治平元年（1064）秋，西夏寇掠静边砦，西陲告急。召素拜端明殿学士，复知渭州。渭州民越境欢迎，夏人闻之，解围而去。素治军有方，将士听用，夏人怯畏，西境稍安。羌人献土以归。素曾与诸将饮宴堂上，忽传言：寇来！边民惊入城。诸将曰："使奸人亦从而入之，将必为内应，合拒勿内。"素曰："若拒之东去，关中必摇。吾在此，敌必不敢犯我，此当有奸言。"乃下令："敢称寇至者斩！"有顷，候骑从西来，人传果妄，诸将皆服其明。

从史书记载的两件事情可以看出，王素绝不是一般人，但这都不是王素最重要的人生标签。

王素最重要的人生标签是：他是宰相王旦的儿子。

自古至今，即便是在大宋朝官拜宰相的人多了。宰相的官职虽大，但放到历史长河里，一个宰相也没什么了不起的。为什么要这么强调王旦的宰相身份呢？

因为王旦跟别人不一样。

王旦这名宰相，当得确实了不起。

接下来，我会对王旦的事迹进行一一讲述。在讲王旦之前，我们先来说说王素上表的原因。

既出身相门又官居高位，相信王素做事一定很有分寸。即使他的父亲贵为宰相，为他立碑充其量只能算是件私事、家事，再说他父亲也已经死去三十多年了。王素为什么这么郑重其事地向皇帝汇报呢？

事若反常，必有其因。

这件事一定大有来头。

不必想那么多，从道理上分析，王素这么做的原因似乎只有一个字：值。

没错。

不但王素觉得该这么做，满朝文武都觉得该这么做，连贵为九五之尊的仁宗皇帝赵祯也觉得该这么做。

问题又来了：一个已经去世整整三十八年的宰相，为什么一直没有立碑呢？为什么给他立碑必须得皇帝亲自批准呢？

学士文

过于复杂的事情，我们可以先不讨论问题，也不解释原因，直接说事情的结果。

接到王素的奏请，仁宗皇帝赵祯大手一挥慨然应允，还亲自写下"全德元老之碑"六个大字，命王素将它刻在碑额，以示皇族和朝廷对他父亲的肯定和褒奖。

接着，仁宗皇帝又诏命大学士欧阳修写一篇碑铭以作纪念。

就是那个被宋代文人捧为祖师爷、脾气牛得没边儿、将任何人都不放在眼里而且动不动就怼人的欧阳修。

欧阳修这么牛的人，会写吗？

命题作文是历代文人最反感的东西。写好了难出彩，写差了更丢人。号称北宋文坛和官场双料牛人的欧阳修更是反感。他一向自负文才，眼高于顶，从不把任何人放在眼里。按说，接到这一任务欧阳修应该不卑不亢地拒绝才对。

欧阳修当时在文坛的名望已如日中天，他的文字已经不能用一字千金而是用万金难求来形容。据说，为了求他一篇文章，有多少人抱着重金在门外求见，他甚至连眼睛的余光都不瞥一下。

出人意料的是，欧阳修不但非常愉快而且喜出望外，简直如获至宝地接下了这一任务。

皇帝亲自下令固然是一个因素，但这不是事情的根本原因。

没多久，欧阳大学士成文一篇，名曰《王公神道碑铭》。

之所以如此突出欧阳修当时在文坛的位置，是因为他是一个为数不多的实现了传统文人梦想的人物：文坛官做得最大，官场文章写得最好。虽然有人认为他的学生苏轼的文学成就远超于他，但自古以来文无第一，到底哪个更强我们不必争论。

无可争议的是，当时欧阳修确实是名副其实的文坛第一人。

写这篇文章让欧阳修费了不少脑筋。

费脑筋不是因为大学士江郎才尽，而是他不敢轻易下笔。客观地说，为了完成这篇作文，欧阳修从一开始就很谨慎，包括从哪个角度立意、从哪个事件起文，使用哪种写作手法，都是举足轻重的关键。

还有一点，他要写的人已经去世三十八年，但知道其人其事的大有人在。这个人太重要了，如稍有差池，必会贻笑大方。

王旦去世那年欧阳修刚刚十岁，那时候他还在母亲的监视下用芦苇秆在沙土地上练字呢，因此，两个人并没有交集。饶是如此，却不妨碍博学广才的欧阳大学士写出一篇上好的纪念文章。

欧阳修遍访故人，翻阅典籍，经过仔细而认真的梳理和推敲，洋洋洒洒地提笔行文：

公讳旦，字子明，大名莘人也。公少好学，有文。太平兴国五年，进士及第，为大理评事。右谏议大夫赵昌言参知政事，公以婿避嫌，求解职。太宗嘉之，改礼部郎中。公为人严重，能任大事，避远权势，不可干以私，由是真宗益知其贤。钱若水名能知人，常称公曰："真宰相器也！"若水为枢密副使罢，召对苑中，问谁可大用者，若水言公可，真宗曰："吾固已知之矣。"

公在相位十余年，外无夷狄之虞，兵革不用，海内富实，群工百司各得其职。故天下至今称为贤宰相。

贵为文坛第一人，又身居高官，欧阳修一向自视很高，他十分爱惜自己的文字，自己的文章不允许别人改动一个字。前几年，他为大哥兼好友范仲淹写了一篇碑文，竟被范纯仁那个"不肖子"删去了一段，至今让欧阳修都耿耿于怀。范纯仁是晚辈，不计较就不计较了，但从此以后欧阳修决定不再理他。

想到这里，欧阳修叹了一声。给王旦写碑文虽然是命题作文，但要写的对象太重要而且名望太高了，他可不敢草草交差。

欧阳修定神凝思，极尽心力地一直往下写着。

这篇碑文虽着字不多，但大文豪的水平不是盖的，他用短短的几百字就已经将王旦于国、于朝、于公、于人高风亮节的一生记述得精彩纷呈：

公于用人，不以名誉，必求其实。苟贤且材矣，必久其官，而众以为宜某职然后迁。其所荐引，人未尝知。寇准为枢密使，当罢，使人私公，求为使相。公大惊曰："将相之任，岂可求邪！且吾不受私请。"准深恨之。已而制出，除准武胜军节度使。准入见，泣涕曰："非陛下知臣，何以至此！"真宗具道公所以荐准者，准始愧叹，以为不可及。

公与人寡言笑，其语虽简，而能以理屈人，默然终日，莫能窥其际。及奏事上前，群臣异同，公徐一言以定。大中祥符中，天下大蝗，真宗使人于野得死蝗以示大臣。明日，他宰相有袖死蝗以进者，曰："蝗实死矣，请示于朝，率百官贺。"公独以为不可。后数日，方奏事，飞蝗蔽天，真宗顾公曰："使百官方贺，而蝗如此，岂不为天下笑邪？"日者上书言宫禁事，坐诛，籍其家，得朝士所与往还占问吉凶之说。真宗怒，欲付御史问状。公曰："此人之常情，且语不及朝廷，不足罪。"真宗怒不解。公因自取常所占问之书进曰："臣少贱时，不免为此，必以为罪，愿并臣付狱。"真宗曰："此事已发，何可免？"公曰："臣为宰相，执国法，岂可自为之，幸于不发而以罪人？"真宗意解。

公务以俭约率励子弟，使在富贵不知为骄侈。兄子睦欲举进士，公曰："吾常以太盛为惧，其可与寒士争进？"至其薨也，子素犹未官，遗表不求恩泽。

铭曰：烈烈魏公，相我真宗。相所黜升，惟否惟能。执其权衡，万物之平。

碑文写好以后，不出意料，赢得了从皇帝到士林到孝子到文坛的满堂喝彩。

孝子王素叩谢之后，于京城东门外的王氏宗祠开始给父亲立碑。王素差人将皇帝御书的"全德元老之碑"六个字隆重地刻于额顶，然后将欧阳修的碑铭刻于碑身之上。

竣工以后，王素又命人在祠堂院内植槐树三棵，并将宗祠命名为"三槐堂"。

二十四年后，王素的儿子王巩拜访他的好朋友大文豪苏轼，请苏轼为祖先题字。应王巩之请，苏轼题下"三槐堂"三个大字，并作文《三槐堂铭》一篇。

从那以后，王氏家族多了一个响当当的堂号：三槐堂。

宰相梗

自王素为父亲王旦立碑之后，这支王姓族人正式有了"三槐王氏"这一称呼。

你说王素上表奏请重不重要？你说这件事值不值得这么做？

而三槐王氏的诞生，在中华民族的宗族史上绝对称得上后无来者的闪亮登场。从没有一个家族拥有如此的辉煌，因为它的诞生，先后竟有仁宗皇帝、大文豪欧阳修、大文豪苏轼为其捧场并背书。

有了这些大人物的背书，这一家族在大宋朝的地位与荣耀可想而知。

可王素为什么非得要在宗祠内种三棵槐树，这支王氏族人又为什么会被称作三槐王氏呢？

说来话长。

事情还需要从王素的爷爷王祜说起。

王祜能文能武，算得上是一位能力超强的乱世神人。虽生于乱世，但王祜胸有大志且能力超强，曾先后在后晋、后汉、后周三朝都做过高官。宋太祖久慕其名，黄袍加身以后对王祜许以高官，王祜也顺理成章地归顺了大宋。

归宋以后，王祜颇受赵宋王朝的重视。他从御史大夫起，一直做到了兵部侍郎。

其实王祜最初的名字并不叫王祜，他的本名叫王景初，他从小就格外仰慕西晋杰出的政治家羊祜，索性改成了和他一样的名字。

按理说，一个像王祜这样的人才，在大宋朝应该能够有所作为的，比如同期归宋的范质、王溥、魏仁浦等，都受到了大宋朝的重用，甚至还当上了宰相。王祜有这个实力同时也具备这个能力，可惜，归宋以后他却始终没能活成自己想要的样子。

据说，本来太祖皇帝已经承诺让王祜当宰相，但同时也给他提了一个条件。

太祖皇帝给王祜提出的条件是让他先除掉符彦卿。

符彦卿，陈州宛丘人，将门之后，赵匡胤在后周时期的老同事，能征惯战，手握重兵。

天下太平以后，太祖皇帝一直怀疑魏州节度使、大将军符彦卿有不忠之心，命王祜前去调查。太祖的本意是借王祜的手除掉符彦卿。奉命以后，经过一番深入细致的调查，王祜却给了太祖皇帝一个毫无政治站位的结论：符彦卿没有谋反之心。

为了证明，王祜还信誓旦旦地以全家人的性命为符彦卿担保。

显然，这不是太祖皇帝想要的结果。

先不说当时符彦卿到底有没有谋反之心，王祜这件事做得太掉链子了。王祜哇王祜，朕派你去买棉袄，你却买了个雨衣回来！

王祜的调查报告让宋太祖很生气。最终符彦卿没造反，王祜的宰相也没当成。

而有点儿一根筋的王祜认为太祖要了自己，一气之下，回老家院子里种下了三棵槐树，并愤愤地对人说：我后世子孙一定有能当上三公的！

以三槐喻作三公，是王祐心里的宰相梗在作怪。

赌气归赌气，气话未必当真。但命运的神奇之处，偏偏就在于理想能够成为现实。

不久，王祐吹的牛居然实现了。

不必等到后世，甚至连孙子那一辈都不用等到，王祐的儿子王旦在真宗朝便当上了宰相。

神奇。

果然神奇。

子孙争气，祖上有光，王祐憋在心头的那口气终于长长地吐出来了。

王旦，字子明，大名府莘县人，生于公元 957 年。王旦少年勤学苦读，于大宋太平兴国五年（980）登进士第。入仕以后历任著作郎、同知枢密院事、参知政事，景德三年（1006）正式拜相。

严格地说，正式担任宰相的六年之前王旦就已经身居相位，但他的职位是参知政事，即我们常说的副宰相。

大宋沿用的是唐朝五代的政治体制，即采用群相制，因此宰相不止一人，其实在当时也没有宰相这一称呼，当时宰相的官名叫同平章事。

宋初的官制脱胎于晚唐和五代，中书为最高行政机构，中书全名叫中书门下，简称政事堂，又称东府。中书门下的长官叫中书令、侍中或同平章事。中书令是最根正苗红的中书长官，但这一头衔自后周的中书令冯道死后，就被当成亲王勋贵的荣誉头衔了。从某种意义上来说，冯道是最后一个被当作宰相任命的中书令。

侍中这一称呼朝廷也很少使用。即使是侍中，从太祖朝到神宗朝元丰改制，拜侍中的也只有范质、赵普、丁谓、冯拯、黄中庸五人。

因此，铁打的政事堂、流水的同平章事才是中书日常。所谓同平章事，全称同中书门下平章事，是一种低级差遣职衔，但它却是北宋大多数宰相的职衔。

要弄明白什么是差遣职衔，我们就还得弄明白什么是官什么是职。简单来说，官是用来领工资，职是用来荣誉表彰的，一个人的差遣才是他真正的工作。比如中书令是官，大学士是职，同平章事是差遣。提拔官员时，通常从这三个维度选择一到两项进行擢升。

根据工作性质的不同，同平章事也能分出高下。同平章事兼任集贤院大学士时，他就是集贤相；同平章事兼修国史时，他就被称为史馆相；当同平章事兼任昭文馆大学士时，他就是昭文相。同平章事的升迁惯例是从集贤相到史馆相再到昭文相，这也是一人之下万人之上的宰相的晋级之路。

同时，也不是所有的同平章事都能身兼馆职，而最顶级的昭文相也是少之又少，因此昭文相被称为首相、上相，它基本等同于上文提到的侍中，即大宰相。在宋朝，范质、赵普、丁谓等五人都在官拜侍中的同时，还获得了昭文馆大学士的高级职衔。

北宋宰相满员时共有三位，称上相、次相和末相，因为身兼馆职，因职事不同又称昭文相、国史相和集贤相，他们相关的职事分别对应中书的昭文馆、国史馆和集贤院。

王旦于公元 1000 年开始担任参知政事。在宋朝，参知政事是副宰相的角色，所以后世有人说王旦为相十八年，这一说法也是有依据的。

王旦为相十八年，执宰十二年，在以"铁打的社稷流水的宰相"著称的北宋，能够保持这么多年屹立不倒，足见其在官场捭阖自如的真功夫。多年以后，因年龄太大和身体有病王旦多次辞职，真宗皇帝却一直不肯批准，由此可见皇帝对他的眷恋。后来，直到终于病得路都走不动了，真宗皇帝才勉强同意了他的辞呈。结果没多久王旦就去世了。

王旦死后得到的谥号是"文正"。

对于这一谥号我们无须过多解释，他是大宋朝第二个得此谥号的人。在他之前，得到这一谥号的是名相李昉。

真君子

不知道久历沧桑的你有没有曾经遇到一个这样的人：无论做人还是做事，他始终都活在别人的仰望里。他说的每一句话、做的每一件事即使用最严格的标准去衡量，你都挑不出一点儿毛病来。

如果遇到过，恭喜你，这是你的福气，你应该继续保持和他的关系，顺便学学人家是怎么做到的。如果还没遇到，对不起，你的缘分不到，在你的人生路上继续努力吧！

王旦，就是一个这样典型的人。

无论生前还是身后，王旦所拥有的威望和他所得到的评价在大宋朝无人能出其右。甚至在整个人类史的历史长河中，能够达到他这一高度的也绝对是凤毛麟角。

王旦生活在一个人才辈出的时代，和与他同时代的那些鼎鼎大名的人物相比，王旦的最出色之处在于你几乎从他身上挑不出任何缺点，这一点是和他同时代的其他人都无法达到的。可以说，生前极尽荣华，死后少有微词是王旦人生最真实的写照。同样不可忽视的是，在伴君如伴虎的封建时代，王旦一生几乎没遭遇过任何贬谪，这一点不管是在当朝还是后世，更是一个别人无法做到的传奇。

也是因此，王旦可以称得上大宋朝德高望重的第一完人。

他的人生为什么会这么完美呢？

这需要从很多方面说起。

评价一个人，我们的第一习惯是先看他的人生成就，然后才会逐一去评价他的是非对错。人生成就代表的是一个人的能力，一个没有能力的人，通常不会受到别人关注。至于是非对错，仁者见仁智者见智，自有后世公论。

评价一个人、一件事，不能脱离这个人和这件事当时所处的历史背景。也是因此，同时代的人对一个人的评价最为客观，也最为直接。

因王旦生活的年代过于久远，关于他的人生事迹，均来自当时人们记载的史料。因此，这些内容基本客观，同时也是基本公正的。

不可否认，宋朝的价值观更看重的是一个人的品德，而非成就。因此，一个人的官声和人望主要取决于他的品行和操守。关于成就和品德的关系，王旦去世几十年后，一个同样被谥为"文正"的叫作司马光的人有一段很牛的话，这段话被记录在他的大作《资治通鉴》里。这段话原话是这么说的：

君子挟才以为善，小人挟才以为恶，挟才以为善者，善无不至矣；挟才以为恶者，恶亦无不至矣。愚者虽欲为不善，智不能周，力不能胜，譬如乳狗搏人，人得而制之。小人智足以遂其奸，勇足以决其暴，是虎而翼者也，其危害岂不多哉？多哉。夫德者人之所严，而才者人之所爱。爱者易亲，严者易疏，是以察者多蔽于才而遗留于德。自古以来，国之乱臣，家之败子，才有余而德不足，以至于颠覆多矣。

这段话讲的是朝廷的识人辨才之法，论证的是选用一个人如何在德与才之间取舍。

那应该如何去看德与才呢？

举一个很简单的例子。世所公认，让别人服气是这个世界上最难做到的事情。一个人即使再牛也会有不服的人，尤其是在北宋那个人人才华横溢的官场。官员们大都是科举出身，文人相轻，互不服气属于正常。在这样一个时代，能做到人人叹服绝不是靠有点儿真才实学就能实现的。比如大家耳熟能详的范质、王溥、吕端、寇准等，这些顶级大官都在某些方面让人颇有微词。而与他们同时代的王旦，却是一个几乎让任何人都挑不出毛病、能让所有人服气的人。

　　这一点王旦做到了。王旦不但做到了，而且做得很出色。他不但能让自己人服气，而且能让对手服气。举一个例子，他的政敌、以各种手段著称的王钦若，入职以后一直跟着王旦屁股后面混，因为王旦的约束与压制，王钦若迟迟不能拜相。王钦若很生气，但他最终也只是愤愤地说了一句"为王子明故，使我作相晚却十年"就算了。

　　要知道，王钦若在真宗一朝可是打败天下无敌手的存在。连号称大宋第一鬼难拿的寇準都栽到了他的手里。能让王钦若只是发发牢骚且心甘情愿地不去计较，普天之下怕是只有王旦一个人能够做到。

　　王旦能服众，靠的不仅仅是出众的学问、超强的能力和绝顶的智商。王旦之所以能够达到如此的人生高度，更多的因素还要归于他高尚的人格品德。

　　宰相的身份已经说明了王旦的能力，因此我们不必讨论他的成就，那就先从他的品德说起吧。

　　身为宰相，承上御下，最主要的工作无非是两类，执政和用人。

　　王旦素有雅量、善于知人，任事多荐用厚重之士，曾力劝真宗行祖宗之法，慎作改变。他一生掌权十八载，为相十二年，深得真宗皇帝的信赖。不管是在拜相以前还是在拜相以后，他一直都以崇高的人格魅力不断影响着身边的每一个人。

　　关于做人，王旦让人津津乐道的典故很多，最具代表性的是王旦和寇準之间的故事。

　　关于寇準无须过多介绍，众多的民间传说已经将寇準的形象在人们心中定格。一个这样的超级牛人在官场却是有名的滚刀肉，寇準做事一向不讲武德，经常给人挖坑，号称大宋朝第一鬼难拿，与他共过事却栽到他手里的大人物比比皆是。

　　王旦不幸与寇準同朝为官，两个人既是对手又是同僚。王旦人生的每一个阶段几乎都与寇準同步，寇準一贯唯我独尊，见人灭人，见神灭神，很多时候连皇帝都不放在眼里，而能让他彻底服气的，翻遍大宋的花名册似乎只有王旦一个人。

　　下面就让我们看看，王旦是怎么把寇準玩儿得恭恭敬敬、服服帖帖的。

鬼难拿

　　在北宋的官场，寇準绝对是一个奇葩的存在。

　　撇开功劳不论，数次拜相的寇準不但是一个老油条，同时还是一个将倚老卖老胡搅蛮缠做到极致的人物。

毫不客气地说，跟一个这样的人共事很难：论资格比你老，论功劳比你大，论职务比你高，而且他还很不讲道理。

寇準的难相处人所共知，先看看那些栽到寇準手里的人员名单吧：真宗皇帝、他的后宫嫔妃和一些皇亲国戚，王钦若、丁谓、曹利用，光宰相及以上的人员就有这些。

这些人无一不是当时大宋朝最顶级的牛人，可惜的是，或因政见不同，或仅仅因一些鸡毛蒜皮的小事儿，这些人都曾先后栽到寇準手里，而且都输得挺惨，很多人甚至连一个回合都没打下来，就被完爆了。

每当狭路相逢，寇準一向毫不客气，见人灭人见神灭神。他的自以为是且毫不顾忌让所有的人都头疼。

其中最有名的一个例子是丁谓溜须。

"溜须"一词想必大家都不陌生。这件事的主人公是寇準和大宋另一牛人、宰相丁谓。

丁谓担任参知政事的时候，寇準是丁谓的顶头上司。身为副手兼小弟的丁谓对寇準毕恭毕敬，唯寇準之言是听。某日宰相们在中书开会，开完会大家一起用餐。喝汤的时候，因为留着长长的胡子，寇準的胡须被汤水打湿了。

丁谓见状，忙起身用袍袖为寇準擦干了胡子。

寇準当众笑道："参政，国之大臣，乃为长官拂须耶？"

一席话说得丁谓既羞又恼，从此对寇準怀恨在心，这就是"溜须"一词的由来。

而丁谓，一个著名的绝顶聪明却不肯把聪明用在正道上的人，一旦被他恨上，他会无所不用其极地利用各种手段对付你。遍翻史册，唯有几百年后大明朝号称小阁老的严世蕃可以与其媲美。

下属不是你的奴才，小人也有尊严。

士可杀，不可辱，奸臣也一样。

虽丁谓行有不当，但这样对待一个绝顶聪明的后生、晚辈兼下属，寇準所作所为也真是没谁了。

而这只是寇準性格的一面。

凡事先讲道理，讲不过就吵，吵不过就以势压人，如果以势压人不行，就摆老资格。如果摆老资格还不行，就在皇帝面前撒泼，这是寇準对付人的一贯套路。

尽管如此奇葩，但后世对于寇準的负面评价却不多，主要还是因为他为人刚正，而且做事一向出于公心。性格上的缺陷和做事风格不是评价一个人好坏的主要依据。也许，另类的为人处世，正是寇準独特的政治智慧。

王旦与寇準先后拜相，但寇準比王旦要早先一步。寇準于 1004 年正式拜相，寇準拜相时王旦担任的是参知政事，是寇準的下属。后来，王旦也于 1006 年正式拜相，但他的位置却在寇準以下。

不久，寇準犯错接连被贬，王旦却一直担任着宰相。

王旦比寇準大四岁，论起功劳和资格来，寇準却要老得多。因此，一开始寇準就对这个虽然多吃了几年盐，但资历比他浅的文臣老兄并不怎么友好。

王旦不以为意。

据说，寇準曾多次向皇帝反映王旦的短处。而王旦，却总是在皇帝面前称赞寇準。

皇帝实在看不下去了，对王旦说："你虽然称赞寇準的优点，而他总是反映你的过错。"

王旦说："道理本来就是这样。我在宰相的位置上坐久了，处理政事的过失必然会多。寇準对陛下没有任何隐瞒，更体现了他的忠心与正直，这就是我看重寇準的原因。"

王旦从不跟寇準计较。大宋官员常朝不保夕，升贬如家常便饭。寇準罢相后，宅心仁厚的王旦曾多次在皇帝面前重新推荐寇準。

寇準由宰相罢为枢密使时，王旦任职中书。中书有文件送到枢密院，格式上违反了制度规定，寇準直接拿着中书的文件向真宗汇报，王旦因此被皇帝责备，中书一干人等被责罚。被责罚以后，王旦只是拜谢，不做任何解释。

说实话，别人有错误不指出来，等着看别人的笑话，这类事情寇準做得不少。

有初一就有十五。

不久，枢密院有文件送往中书，文件中也犯了同样错误。中书这些官员是干吗吃的？跟那些枢密相比，中书人员可是专业选手中的专业选手，他们坐等的机会终于来了，兴奋的下属拿着文件给王旦看，意思是要王旦也照单报送给真宗。

报复的机会来了。

接到下属送来的文件，王旦却安静地说："送回枢密院。"

寇準接到中书送回让纠错的文件，很惭愧。见到王旦，寇準不免夸赞并感谢，但王旦不做任何回应，就像这件事情没有发生过一样。

好老兄

后来，大错不犯、小错不断的寇準又被免了枢密使。

寇準不甘心，想东山再起。想来想去，寇準觉得还是王旦能帮自己，他不好意思出面，便托人私下找到王旦，求王旦向皇帝推荐他做地位极高的赠官：使相。

寇準真是既能屈能伸，又沽名钓誉爱慕虚荣。人人都不能免俗，此处文字省去若干。

寇準这一想法让别人看起来可以说荒唐至极，连一向温文尔雅的王旦都感到不可思议：使相这么高级的任命，而且只是个荣誉性称号，只能是由皇帝主动赠予，哪有自己去求的呢？

可笑归可笑，王旦没有直接拒绝。于公，他保持着一个大臣的完美操守，于私他秉持着一个人该有的君子之风。王旦不动声色地对来人说："我不接受私人请托。"

寇準得到消息以后，尊严扫地的他气得骂娘没骂娘不知道，心里的怨恨和失落是可想而知的。于是，他又多次传播王旦的坏话。

在官场混久了，谁没几个朋友？何况是王旦。

听到这些话，王旦一律不予计较。

虽将请托委婉地拒绝了，王旦却深知寇準虽有缺点，却是不世之材，想要个荣誉称号只是沽名钓誉罢了，他的能力和品格还是无人能比的。不久之后，王旦很认真地在皇帝面前推荐了寇準。

不久，寇準出任节度使，并同中书门下平章事，再次拜相。

寇準入朝向真宗拜谢，无不感激却怪腔怪调地说："如果不是陛下了解微臣，哪能到此！"

皇帝听出了寇準话里有话，便告诉了他事情的来龙去脉："之所以这次起用你，是因为王旦的大力推荐。"

听到这里，寇準才知道盐咸醋酸是怎么回事。从那以后，这个大宋"第一鬼难拿"对王旦才有了真正的愧服。

寇準服了。

一个人肯这么对你，你怎能不服？

而王旦对寇準的"厚"，却远远不止这一两件事。

宰辅之职，哲学一点说是"燮理阴阳"，即让国家社稷阴阳和谐，人才各得其用，万物各得其所。王旦撇开寇准的"小德"亏惭不论，能够以大宋国运为考量，故推荐寇准不遗余力。

寇准是个不拘小节的人物。在外郡任职时，有一次为了过生日，建造了一个巨大的喜棚，大宴宾客，所用的服饰奢侈不说，还出现了制度僭越。

寇准一向得罪的人太多，又一次被人告发。

真宗很不愉快，对王旦说："寇准这厮事事都想仿效朕，这可以吗？"

王旦很安静，仿佛在听一件无关紧要的小事。他缓缓答道："寇准贤能是贤能，但对他的'傻呆'你说有什么办法！"

一番话，真宗心里疙瘩全消，也说道："这个人确实是'傻呆'。"

结果，一场可能上升到政治高度的灾难因一句话消弭于无形之中。一代名相，为护持大宋的人才和元气，为推动大宋帝国"敛天地之杀气，召天地之和气"，王旦堪称不遗余力。

而寇准人生最后一次拜相，也是缘于王旦的临终推荐。

当时，经再三恳请，真宗皇帝终于批准了王旦退休。病重的王旦被人用轿子抬入禁中谢恩。谢恩时，因为病重，皇帝特许王旦的儿子和近侍搀扶着他。在延和殿，君臣讨论起了未来的宰辅人选。

真宗问："爱卿现在病情这么重，万一身有不违，朕该将天下事托付给谁呢？"

王旦一面感谢皇帝的信任，一面还是觉得任命宰辅应该皇上自己拿主意，就说："知臣莫若君，惟明主择之。"

见王旦推辞，真宗再三问，王旦就是不回答。

老谋深算而又不失分寸的王旦知道，皇帝只是征求他的意见，目的并不是让他推荐人选，他知道皇帝应该有自己的中意人。当时，名臣张咏、马亮都是储备的人选。

见是这样真宗只好问："张咏如何？"

王旦不回答。

真宗又问："马亮如何？"

王旦还是不回答。

真宗再三恳求道："爱卿试着说说你的意思嘛！"

王旦这才勉强坐起，费力地举起朝笏："以臣之愚见，宰辅一职，莫若寇准。"

真宗流露出失望的表情对王旦说："寇准性情刚猛、偏执。爱卿再想想，还有谁？"

王旦肯定地说："他人，臣所不知也。"

说罢王旦请求道："臣病得厉害，不能这样硬撑了，请允许臣回府。"

这次君臣对答不久，王旦就死了。真宗思前想后，最后还是按照王旦的推荐将寇準任命为宰相。

一个这样的好同事、好老兄，寇準能不服吗？

宰相风

在这个世界上能让寇準服气的人确实不多。

连寇準这样的刺儿头都服了，其他人更不用说。其实，王旦不仅对寇準如此，对其他下级同僚和官员小吏，他更是把"宽以容人、厚以载物"做到了极致。

说几件小事。

当时有一位都尉官，好与士人交游，经常在工作之余招朋引伴流连燕饮。有一天，这名都尉招呼从官一起喝酒，为了尽兴，还召了几名官妓。

宋朝的官妓是合法的。被选为官妓者不仅要才艺色齐全，还要有情趣，懂风情，能和才子们吟诗作词，打情骂俏。朝廷规定，官员饮酒可以召妓，但这些官妓大都卖艺不卖身，官员不得胁迫官妓陪睡。同样，官妓侍寝官员也是违法的。

这场酒一直吃到夜半时分，真是有点儿不靠谱了。

此事似"有伤风化和官场体面"，于是有台官准备弹劾。王旦的好友杨亿在上朝的闲暇跟王旦说起了这件事，王旦没发表意见。

等退朝后，王旦用红笺写了一首小诗给了这名都尉，并且注明以未能参加这个风流夜会为遗憾。

第二天，真宗将台官弹劾都尉的章疏拿出来给王旦看。

王旦说："臣知道这个事，也曾经给都尉写了诗，遗憾的是臣没有去参会。人们总说天下太平，但太平是什么样子呢？人们不知道。这事可能就是太平之象吧！"

真宗一听也是，多大个事呀！于是这事便过去了。

满满的大臣之风，满满的厚德长者之风。

还有一件事情，说是有一位官员要到江淮去做转运使，临行前向宰相王旦辞行。王旦没多说什么废话，只是说："东南民力已经很困乏了！"这位转运使退出后感慨道："这可真是宰相应该说的话啊！"

说话做事点到为止，给人留面子，是王旦高明的政治智慧和个人情商。

另一位官员调到江西路去做转运使，来向王旦辞行。

北宋时期，转运使为一路的最高行政长官，掌管一路的财赋、监察。

王旦说："国家专卖这事利益很大呀！"

结果，这位转运使在任期间，总是想起王旦这句话，从不敢以权力谋求私利。后来大家争相夸赞，都说这个转运使"识大体"，而这一切都得益于王旦的谆谆教导。

王旦的宽厚不仅体现在用人方面。据相关记载，有一天真宗皇帝作了一首《喜雨》诗，拿给枢密院和中书省的官员看。王旦看后对副手王钦若说："皇上诗中误写了一个字，是不是要呈进去改过来？"

王钦若说："一字之误，没大妨碍，不必改了。"

王钦若背后却把诗中有误的事告诉了真宗。真宗有些不高兴，对王旦说："昨天的诗中有误字，为什么不告诉我？"

王旦只是说："我拿到诗稿还没来得及细看，未能及时奏明皇上。"并一再向真宗请罪。后来，大臣马知节忍不住将真相告诉了真宗，真宗看着王旦，不住地点头。

王钦若，这个不断给人挖坑，一向以心逆而险行事的人，后来有幸被尊为北宋五鬼之首，也是当过宰相的人。在担任宰相之前，王钦若曾在王旦手下工作多年，他一直觊觎宰相的位置，但王旦就是不肯提拔推荐他，弄得王钦若意见很大。

尽管王钦若心胸狭隘，有仇必报，但对于他的老上司，王钦若也只是限于发出个无奈的感慨就罢了："为王子明，迟我十年做宰相！"

如果这个"拦路虎"换作旁人，想必一定不会是这个结果，比如王钦若拜相以后对待寇准的手段，就是最好的证明。

身为一人之下万人之上的大宰相，在日常工作的处理中难免会遇到不同意见。龙图阁待制陈彭年曾很生气地对王旦说："平常议事时，有些奏章未经皇上过目你就擅自批复，恐怕别人有议论。"

对此王旦只是一笑，并没有过多的解释。

陈彭年心中不平，向皇帝做了汇报。真宗说："自东岳封禅之后，我已明确告诉他遇小事可以自己做主，你们要好好地维护他。"

陈彭年这才明白，王旦这么做原来是受了皇帝授权，忙向王旦道歉。

王旦却说："我正需要大家的监督和帮助。"

学问通天、眼高于顶的陈彭年叹服不已。

还有一件事，有个善于占卜的人向皇帝上书，胡乱议论宫中的事情，真宗皇帝震怒，想将他处死。抄家时，发现了不少朝中官员向他寻问吉凶的书信，真宗更加生气，下令将这些官员一律交监察御史问罪。

王旦忙劝阻说："占卜吉凶，是人之常情，况且又没有议论朝廷，不应问罪。"

真宗余怒未息，根本听不进去。王旦取出自己曾用过的占卜书交给真宗说："我年轻时也常做占卜之事，如果占卜者都应治罪的话，请连我一起惩办吧。"

见王旦这么说，真宗才消了气，赦免了那些可能受牵连的官员。

宽与严

王旦的好脾气在朝中是出了名的。

经常可以见到这样的人，在不同的场合他会有两副不同的面孔。在单位，他是和蔼可亲的领导，处处担当有度体恤下情。回到家里却喜欢摆架子要规矩，一副冷冰冰的面孔，如不食人间烟火般的不近人情。

王旦却不一样。有史料证明，他不但在工作中厚德行事，在家里也一样。

据说，宰相府的下人们曾暗中议论老爷到底有没有脾气，私下里搞了个小试验。

一天中午吃饭的时候，下人们故意在盛给王旦的肉羹汤里撒了点锅底灰。

王旦生性干净，看到肉羹汤里有灰，只是低头把饭吃了，没有喝汤。

下人问："老爷今天为什么没喝汤？是不是做得不好？"

王旦说："没什么，我今天只是有点不想吃肉。"

第二天，下人做饭时又故意在盛给他的米饭里弄了点脏东西。不喝汤可以，总不能不吃饭吧！王旦见了，把碗推到一边，并没有显出一点不高兴，只是说："我今天不想吃米饭，是不是可以另外做点粥？"

下人们听了，面面相觑，都服了。从此，相府的下人们一心一意地全力做事，以报答王旦的友善。

能对下人如此，这是王旦待人宽厚的一面，但王旦并非对所有人所有事都一味的宽厚。该严的地方，王旦同样也严得让人无话可说。

王旦提拔过很多人，但从不轻易提拔任何人，更是不徇私情。

张师德，状元出身，太宗朝名臣张去华的儿子。既是名门之后，又有文才，张师德很想去中书省任知制诰，于是就两次到王旦家来"拜访"。

按理说，这种拜访再正常不过了。可惜，张师德一连两次都没能见着王旦的面。张师德认为有人在王旦面前毁谤，王旦是故意不见他。张师德找到父亲的好朋友、另一名宰相向敏中，想让向敏中在王旦面前帮他说说话。

朝廷议论选拔人才时，宰相王旦摇摇头叹息着对向敏中说："可惜了，张师德这个人。"

向敏中已受人之托，忙问王旦何出此言。

王旦说："我多次在皇上面前推荐张师德，说他是名家子弟，很有士子的操行。没想到他却两次到我家中，这可不好。本来已经状元及第了，前程已定，就应该静候。他这么为名利奔走，让那些没有门路求官的人怎么办？"

向敏中忙"提醒"王旦说："是不是有人在你面前谮毁他？"

王旦笑了："我这里哪里有人敢轻率地毁谤人！登我之门，是张师德待我轻薄。"

向敏中位置在王旦之下，但还是想坚持一下自己的意见："如果知制诰有了空缺，拜托您想着这事儿。"

本来是个顺水人情的事，点点头也就过去了，敷衍一下也顺理成章。王旦却连顺水人情都不肯卖："暂且缓缓吧，要让张师德知道奔竞无效，以此来劝诫那些贪图进用的人，更因此而激励一下世俗的浮薄。"

向敏中哑然。

从这件事可以看出，身为百官之首，处处懂得保护和提醒别人，知人善任却又不徇私情，一名宰相能够做到这一步，其口碑可想而知。

另外，身为宰相，识人有方，看人一针见血更体现着王旦过人的智慧。以己之力压制并约束王钦若只是其中一个例子，北宋五鬼的另一鬼丁谓，也曾与王旦同朝共事多年，在王旦的有生之年，这两位后来权倾一时的人物都没能翻起什么风浪。

据说，有一次王旦与好朋友翰林学士杨亿品评人物。杨亿问："丁谓以后当会怎么样？"

王旦说："有才能是有才能，说治道就未必。将来他在高位，让有德行的人帮助他，可能得以终身吉祥；如果他独揽大权，必定被自身牵累。"

后来，丁谓的人生果如王旦所言。

大家长

王旦当上宰相以后，亲朋好友都很高兴，大家都觉得沾光的机会来了。

可是没过多久，他们都发现自己有点儿一厢情愿了。

比如，王旦的二女婿苏耆。

苏耆是太平兴国五年状元苏易简的儿子。他出身名门，颇有才学，有个比他更著名的儿子大文学家苏舜钦。苏家祖孙三代皆以文称，当年，苏耆凭真才实学考中了进士，可因岳父王旦的"照顾"，殿试时被放在了进士以外的明经、贤良方正、直言极谏等杂科，这一结果将直接影响将来实授官职。

知枢密院事陈尧叟知道内中情由，感觉有些看不过去，便向真宗皇帝介绍了有关情况。

真宗问王旦："此人如何？"

真宗皇帝显然是想给王旦一个机会，只要他说一句话，这个面子皇帝一定会给的，苏耆一定会被安排在进士科。

在女婿苏耆充满期望的目光注视下，这位老泰山却神色淡然，站在一边默不作声。苏耆只好讪讪而退，他人生中一个重要的门槛就这样错过了。

等从皇宫里出来，陈尧叟埋怨王旦说："这个时候你只要说一句话，苏耆就能入选，为什么闭口不言？"

王旦说："国家以才选士，自有一定标准，我身为宰相，岂能自荐亲属？"

同样倒霉的还有王旦的大女婿韩亿。

韩亿很有才能，曾经写了一篇政论文章参加应试。真宗非常欣赏韩亿的才华，准备亲自召见并晋升他的官职。

王旦一看被召的人是韩亿，不但没有说好话，而且极力辞谢，对皇帝说：这个人我了解，没那么大本领，干不了那么大事。竟生生给拦下了。

后来，韩亿按惯例准备去蜀都任职，真宗皇帝知道他是王旦的女婿，特意召见，赐给了韩亿太常博士的头衔，并改任洋州。王旦听说以后，坚决辞谢了皇帝的好意，并坚持让韩亿到四川就职。

不但没沾上光，还处处受牵累，女儿不高兴了。四川路途遥远，小两口想见个面该有多难啊，女儿气不过，便找老爸来哭诉。

王旦没有直眉瞪眼地批评女儿没有大局观，而是温和地劝道："韩亿入川以后，你就回娘家住，你妈正想你呢，有什么可忧虑的呢？我身为宰相，若求皇帝让自个儿女婿在朝中做官，岂不为天下耻笑？"

事情就这么结束了。

女婿说到底是外姓人，对自己的至亲骨肉，王旦也没显出有什么近情。

王旦的弟弟王旭久负才名，自王旦当上宰相以后，始终没能在政治上进步。即便别人推荐或论资排辈该升职了，王旭的升职任命也总是被他压下，因此王旭一生都没得到朝廷的重用。

有一次，王旭因公务被皇帝召见，应答得体，看问题也很有见地，给皇帝留下了深刻的印象。皇帝问起王旭的官职，发现他已是好多年没得到晋升了。

真宗不无感动地对王旦说："我还真不知道你的弟弟官职还这么低呀！你怎么就不说一声呢？"

王旦一不作解释，二是连一句话都不肯说。

遭受这一霉运的还有王旦的侄子王睦。

王睦是王旦哥哥王懿的儿子，是个好学上进的年轻人。王睦找到叔叔，表达了想让叔叔推荐自己为进士的想法。没想到叔叔拒绝得很干脆：

你就别跟寒门学子们争了。

史载旦曰："我尝以大盛为惧，岂可复与寒士争进？"

最让人不解的是，直到王旦去世，他最出色的小儿子王素甚至都没有步入官场。王旦去世时，后来担任权知开封府的王素还只是一介平民。

一个身居高位的人，能保持如此的高风亮节实属不易。而关起门来柴米油盐之类的俗事家务，王旦同样也做得让人折服不已。

宰相家中养着厨子，宰相府的厨子们可能有克扣肉食的毛病，小辈子弟们向王旦告状，说一家人吃肉总觉得不够饱。

王旦问："你们一天吃多少肉？"

子弟们答："一斤，但现在只能得到半斤。"

王旦又问："如果满一斤，能吃饱吗？"

子弟答："那就应该能吃饱了。"

王旦说："以后每天每人准备一斤半。"

王旦这么做不是惯着下人，而是他伟大人格在不计较小事上的表现。

还有一次，王旦上朝还没有回府，皇上便派人给他家里送来了十壶御酒。哥哥王懿可能是没喝过御酒，想取走两壶先尝尝味道。

王旦夫人说："酒是皇上赐给相公的，等相公回来再分吧。"

说着，王夫人将哥哥已经拿在手里的酒放了回去。

被伤了尊严的哥哥王懿大怒，一气之下拿棍子把十个酒壶全打碎了。

御赐的美酒流了一地。

王夫人很窝火，故意不让人收拾，要留着这个场面给王旦看看。

王旦下朝回家，听左右说清楚来龙去脉，对夫人缓缓说道："人生光景几许时？其间何用较计！"

还是只有简简单单的一句话，其他话一概不说，事情便不了了之。

请注意这个"不了了之"，它往往被人们认为是处理事情的消极态度，其实不然。不了了之在很多时候却是代表着"你知我知，你不说我也不说"这样一种极为高明的境界。很多事情没必要较真儿，没必要非得争个你死我活，较起真来也许是两败俱伤。

所以在很多时候，"不了了之"才是事情最好的结局，也是更高一个层次的境界。当事双方"难得糊涂"，何不乐而为之？

宰相智慧，不是盖的。

宰相器

尽管身居高位多年，但王旦一直自奉甚俭。

有一年，王旦家中宅门年久失修，坏了。修门时，他没有大张旗鼓地折腾，只是暂时在走廊下开了一个侧门，堂堂宰相骑马时就俯在马鞍上从侧门出入。大门修好后，再从大宅门进入，对此他根本不管不问。

他脑子里压根儿就没有这事儿。

后来，真宗皇帝听说他的宅子简陋，想为他修治一下。王旦想了一个很简单同时也很直接的理由拒绝了："臣这宅子乃是祖宅，为先人旧舍，不忍动。"

真宗皇帝这才没有替他翻盖宅院。

一个为他执鞭坠镫的控马卒到了任期，来向宰相王旦辞别。

王旦一看，不认识，就问："你给我控马多长时间啊？"

控马卒说："五年啦。"

王旦说："可我不记得你。"

控马卒遗憾地告别，转身离去。

王旦却突然招呼他回来，说："你就是某某某哇！"于是给了控马卒一笔丰厚的赏赐。

原来，这个控马卒每天牵着马走在前面，王旦在马上看到的总是他的背影。直到他辞别转身，再见他的背影王旦才想起他是谁。

不管做人还是做事，从不去关心那些自己不该关心的小事，这才是真正的成大事者不拘小节。

哥哥王懿早逝，王旦主动承担起了侍奉寡嫂的责任，同时，抚养弟弟妹妹们王旦也都尽了亲情。遇有朝廷赏赐，甚至包括他的俸禄，王旦都会拿出来与宗族共享。至于家中生计，王旦更是全部委托给弟弟王旭管理，此类事他一概"一无所问"。

有人有一副玉带，很漂亮，想卖掉，被王旦的弟弟王旭相中了。王旭兴冲冲地拿着玉带来给哥哥看。

王旦不动声色地让弟弟戴上，问："还能看到漂亮吗？"

王旭说："我系着它怎么能看到？"

王旦说："自己戴这么个沉甸甸的东西，让观看的人称好，这不也太劳烦了吗？"

听到这里，王旭赶紧将玉带退了回去。

真宗皇帝东封泰山之前，中书、枢密二府计划为官员"增饰车服"，以此来让这场法事显得更为盛大。碍于众意王旦没有反对，但他自己却没做任何准备，因为他自己根本不想做这件事。

担任副手的王钦若居心叵测，派人每天观察，看王旦会"增饰"什么。见王旦始终没有动静，王钦若就让人做了一副"绣鞯"，即刺绣精美的鞍鞯给王旦送去。王钦若附信说："前此二府曾议论此事，我怕大人忘记，已经让人做了这个给您。"

王旦让人按照市场价格付给了王钦若银钱，却将"绣鞯"搁置不用。

王钦若不见王旦使用，问起此事，王旦谦虚地拒绝说："我平时骑跨的，都是君上所赐，已经够华美了，岂可以更做奢靡、超越制度规定？"

王旦此举，一是他不喜欢虚荣，花里胡哨的东西在他眼中并非真美；二是他始终在用"克己"的功夫约束自己。自己怎么做自己说了算，至于他人，王旦从来不问。因此，他人格的至高之处就在于一向对自己要求严格，却从不用这种道德标准去要求别人。

这一点，也许才是他能够得到人们普遍尊重的原因所在。

自己当着宰相，却放着河水不洗船，王旦任用人才的公正和无私令人佩服；遭受误解时，从不为自己辩白或表功，而是心怀坦荡，让清者自清，浊者自浊，令当事者叹服；与人相交，真正地为人负责，不是图让人眼前高兴，而是考虑他未来的成长，纵是一时的误解，也会带来长久的感激；身为宰相，不轻易冲人发脾气，这不是令人轻蔑的软弱，而是让人敬重的修养，退后一步，留一分空间给别人，就会多一分敬重给自己。

风度，不是貌似潘安，也不是穿着高档，既不是"高富帅"也不是"白富美"，而是一个人博大的心胸、高尚的品德和儒雅的气质，同时也是一个人处处与人为善的崇高境界和时时欲己达人的品德修养。

王旦能在历史上以贤相著称，这或许才是他迷人风采的内因。

真远见

前面几件事说的都是王旦"修身、齐家"方面的事迹，"修齐治平"是传统文化中一个人的三观和人生任务，"修"和"齐"能做得这么好一个人已经足够出色，但这却也只是一个做人的闪光。下面让我们来看看"治"和"平"，看看身为宰相的王旦在处理国家事务时高明的远见和独特的智慧。

先说早年的。

辽国入侵，国家危在旦夕。真宗应寇準之请亲赴前线，王旦跟随皇帝出征澶州。皇帝出去打仗，也得有人看家呀，于是，便安排雍王赵元份留守东京。

正战事吃紧，留守的雍王突然得了急病，不能履职了。情急之下，真宗命王旦返回东京代理留守事务。

接到命令后，王旦没急着走，而是告诉皇帝说："请您召见一下寇準，臣有话要说。"

寇準到来后，王旦说："假如十天之后，我还没有接到前线的捷报，应当怎么办？"

真宗沉默了很久，说："那你立皇太子为帝。"

返回京师后，王旦直入宫禁，颁布严令，要求任何人不得走漏留守换人的消息。等到皇帝班师回朝，王旦的子弟、亲属都赶到郊外去迎接。突然听到背后有人大声地赶马，吃惊地回头一看，竟然是王旦。直到这时，家人才知道他早就已经回京了。

临危不乱，行事缜密，老成谋国，敢于担当，名副其实的宰相之材。

有一次，宫内发生火灾，王旦闻讯后，立即奔赴现场察看。皇帝伤感地对王旦说："两朝的积蓄，我从来不敢任意花费，这一回被一场火灾差不多全烧光了，实在太可惜了！"

王旦回答说："陛下富有天下，损失了一些资财，不必过分忧虑；所最应忧虑的，是政令或有不明，赏罚或有不当。我凑数当了宰相，天降如此灾殃，我有责任，应当罢免。"

随即，王旦上表请皇帝治自己的罪。皇帝也表示天降灾殃应由皇帝承担责任，下了罪己诏，并要求朝廷内外臣民多提意见，议论朝政。

后来又有人说，火灾是从荣王宫失火延烧进来的，并非天灾，请求将有关人员逮捕治罪，应定罪处死的有一百多人。

王旦为此独自奏禀皇帝说："当初火灾发生后，陛下已经下了罪己诏告知天下人，大臣们也都上了奏章承担责任。现在回过头来又把罪过归在别人身上，拿什么来显示信用？况且火灾的缘起虽然有个过程，既然蔓延到宫里来了，怎能说就不是天灾呢？"

相关人员全部赦免。

不但如此，王旦还具有高超的外交才能和不同寻常的政治远见。

东封泰山之前，辽国得到消息，派使臣请求在岁币之外再"借"些钱币。真宗不明白他们何以要到大宋"借款"，问起了王旦。

王旦说："东封事很紧张，车驾就要出发，他们这是在试探朝廷的意思，以为我们钱多得花不完。"

真宗问："既是如此，如何答对呢？"

王旦说："只需要用微小的数量表示我们并不重视借款这件事，即可。"

于是，有司报给辽国，可以在岁币三十万之外，分别再"借"钱币、布帛各三万，总六万；但要从第二年的数额内扣除。

本来想吃大户，对这一处理方式居心不良的辽国很惭愧。

第二年，诏令再下，说："辽国所借财帛六万，事情很微小。今年可以依照原定常数三十万给你们。但同时要告诉你们，以后不许如此。"

辽国因此知道大宋"有人"。

西夏对大宋一向反复无常，一面宣誓效忠大宋，一面又背叛大宋，当面一套背后一套。当时西夏的首领叫赵德明，有一次忽然来信，要向大宋求粮一百万斛。

朝议的意见是：赵德明总是违抗朝廷，应该下诏责备他；至于粮食，不给。

皇帝征求王旦的意见。

王旦说："请让有司在京师粮库准备百万斛粮粟，指定囤位，然后下诏要赵德明来取。即可。"

皇帝同意了王旦的说法，派使臣带着诏书出使西夏。赵德明得诏以后，哪里敢来京师取粮，图谋不轨的他惭愧地向来使下拜，说："朝廷有人。"

朝政议论王旦一向都是这样，话不多，但说出来往往朝议即定，事后看看，他还真就说得对。

有一次，天下闹蝗灾，几名近臣得到一些死了的蝗虫，在上朝的时候揣在袖子里。为了讨好皇帝，朝议时拿给皇帝看，说是蝗虫已经死了，蝗灾结束了。

皇帝大喜。

这时，有宰臣级别的官员提议群臣，此时应该向皇帝"称贺"，只有王旦不同意。第一宰辅不同意，此事只好作罢。

群臣和真宗尬在那里，多少有点让人扫兴。

几天之后，正在上朝，忽然间飞蝗蔽天，从大殿前密密麻麻地扫过天空。真宗见此情景，叹息道："假使那天百官称贺，现在飞蝗忽然而至，岂不为天下所笑！"

高明归高明，每个人一生都会犯下一些错误。有些错误属于私德，轻易不会引起人们注意，而有些错误却会被无限地放大，以至于成为一个人的人生污点。

王旦也不例外。

下面就让我们重点说说王旦仅有的一个人生污点。

评价王旦，这件事是一个绕不过去的话题。

这一污点的信息量很大。客观地说，这是一件虽与他有关，但罪魁祸首和始作俑者都不是他的事情。然而，当时身为宰相的他却难辞其咎。

这一事件我们在前文中曾不止一次提起过，它就是真宗朝的天书事件，以及由天书事件引发的神道设教、大兴土木等一系列迷信事件。

未谏阻

这一事件的起因说起来挺可笑，大中祥符五年（1012），大宋第三任皇帝真宗赵恒做了一个梦。

普通人做个梦，顶多醒来以后回忆回忆就算了。但这次做梦的人是皇帝，而且这个梦还很奇妙，事情就不一样了。

皇帝放个屁也是大事，更别说一个让他感觉颇有神迹的梦了。

真宗皇帝赵恒说，他在梦里见到了他从未见过面的太爷爷，被尊为赵姓始祖的赵玄朗。

这位从未谋面的太爷爷语重心长，一见面就开始给他讲故事。太爷爷说，他本是九名"人皇"中的一人，在远古时代，曾经转世为轩辕黄帝来统治人间；后唐时期，他再次奉玉皇大帝之命，于七月一日降世为人。他的使命是主管赵氏家族，并总治下界。

醒来以后，每当回忆这个梦，真宗皇帝就觉得幸福感满溢。他觉得这个太爷爷跟自己太有缘了，否则他怎么会跟自己讲这些呢？

自然而然地，围绕着这个梦，真宗皇帝赵恒开始了他人生的种种浮想联翩，并不断地将这一神迹讲给他的大臣们听。

结果，以这个梦为缘起，各种神奇的传说在大宋国朝堂上下流传。为了报答先祖的厚爱，并印证这一梦境的神奇和真实，真宗皇帝诏令对自己的太爷爷进行追封。

一开始，先是赵玄朗被封为"九天司命保生天尊大帝"，庙号"圣祖"，钦定"玄""朗"二字为汉字的避讳，从今以后各类文章中均不允许出现这两个字。另外，这两个字在任何人的名字中也不许出现，比如当时的名将杨延朗，就因此改名为杨延昭。

紧接着，他的太奶奶、赵玄朗夫人也被追尊为"元天大圣后"。

追封以后，意犹未尽的真宗皇帝总觉得自己对祖先的尊重还不够，他认为自己应该再做点儿什么，只是一时之间没有主意。

上有所好，下必甚焉。历朝历代，获得宠幸和赏识最佳的手段都是投其所好。因为真宗皇帝这个梦，一些善于把握机会的人开始千方百计地投其所好并大显身手。为了迎合皇帝这一想法，他们导演了一场举倾国之力而进行的迷信活动，这是后话暂且不提。

相信没有一个领导人不想国富民强，先说说真宗皇帝当时为什么要这么做。

究其根本，真宗皇帝之所以不断地向大臣们渲染他那个奇怪的梦，这是深有原因的。明白了原因之后你会发现，当时他到底有没有真的做过这个梦，其实并不重要。

那几年，宋辽刚订立澶渊之盟不久。澶渊之盟的实质，说白了就是"我给你钱你别再打我了"。虽然给辽国岁币美其名曰养军，尽管大家都不说，但其性质是耻辱的，这一点地球人都知道。

在澶渊之盟的背景下，宋辽议和对天无二日的中国中心论造成了巨大的冲击，因此澶渊之盟成了真宗皇帝的一块心病。签订这一盟约之后，真宗皇帝一直闷闷不乐。

一向见风使舵的枢密使王钦若见皇帝总这么闷闷不乐不是办法，便建议说："陛下以兵取幽蓟，乃可涤此耻。"

文弱的真宗很不愿意进行战争，没有同意。王钦若又建议说："惟封禅可以镇服四海，夸示外国，然自古封禅，当得天瑞希世绝伦之事乃可尔。"

什么意思？王枢密建议可以借助符瑞、进行封祀以昭示天命、粉饰太平。

真宗皇帝觉得王枢官的建议挺好，可行。按照惯例，封祀首先应该封禅泰山，但封禅泰山需要有祥瑞出世才能名正言顺。

当下没有祥瑞，名也不正言也不顺，朝廷怎么好意思突然说要封禅呢？

真宗征求王钦若的意见。王钦若说："天瑞安可必得？前代盖有以人力为之者。惟人主深信而崇奉之，以明示天下，则与天瑞无异也。"

王枢密一向是脑洞大开之人，不但有学问、胆子大，而且有的是办法，他懂得没条件需要创造条件也敢于没条件就创造条件。听了他的话，皇帝还是很犹豫：这不是自己骗自己嘛！信心有些不够，真宗皇帝就召来了龙图阁直学士、大学问家，号称杜万卷的杜镐。

皇帝做事很有一套，侧面问道："古所谓河出图，洛出书，果何事邪？"

　　杜镐并没有准确地揣摩出圣意，因此他没有问"圣上何出此言"，而是漫不经心回答道："圣人以神道设教耳。"

　　听到这一回答，真宗皇帝似乎明白了什么。

　　公元1008年即景德五年，为了宣示大宋国的中心地位，同时也为了宣示赵氏家族"受命于天"的合理性与正确性，真宗皇帝下定决心要封禅泰山。

　　在宋真宗之前，封禅过泰山的皇帝只有秦始皇、汉武帝、光武帝、唐高宗、唐玄宗五个人，因此，他光荣地成为第六人，也是最后一人。

　　为了铺垫和造势，真宗皇帝授意王钦若安排人制造祥瑞，与此同时，还积极地为封禅做着其他各方面的准备。

　　王钦若心领神会，在他的一手操作下，随着各地祥瑞不断出世，封禅的条件已经具备，机会已经成熟，真宗皇帝诏令改元，将这一年的年号改为"大中祥符"。

　　因此，这一年又被称为大中祥符元年。

　　这年正月，真宗皇帝下令召集王旦、王钦若等大臣，于朝元殿开御前会议。真宗在群臣面前装神弄鬼地说："朕去年十一月二十七日日夜将半，方就寝，忽室中光曜，见神人星冠、绛衣，告曰：来月三日，宜于正殿建黄箓道场，一月，将降天书大中祥符三篇。朕悚然起对，已复无见，命笔识之。自十二月朔，即斋戒于朝元殿，建道场以伫神贶。"

　　没过几天，据皇城司奏报，左承天门屋南角有黄帛曳鸱尾上，帛长二丈许，缄物如书卷，裹以青缕三道，封处有字隐隐，盖神人所谓天降之书也。

　　史载：王旦等皆再拜称贺。帝即步至承天门，瞻望再拜，遣二内臣升屋，奉之下。旦跪奉而进，帝再拜受之，亲奉安舆，导至道场，付陈尧叟启封。帛上有文曰：赵受命，兴于宋，付于恒。居其器，守于正。世七百，九九定。

　　至此，祥瑞已降，前提条件已经具备，封禅泰山已成定局。

　　丁卯，宋史载：紫云见，如龙凤覆宫殿。

　　戊辰，大赦，改元，群臣加恩，赐京师酺。

　　三月壬午，王旦阻止乏策，无奈顺水推舟，违心地动员了文武百官、藩夷僧道及耆寿父老等二万四千三百余人，连续五次联名上表请求封禅。于是，真宗顺水推舟地拜王旦为天书仪仗使、封禅大礼使。王旦奉命撰写了歌功颂德的《封祀坛颂》，其碑刻至今仍存于泰山岱庙中。

　　四月甲午，诏以十月有事于泰山，遣官告天地、宗庙、岳渎诸祠。

　　乙未，以知枢密院事王钦若、参知政事赵安仁为泰山封禅经度制置使。

　　丙申，以王旦为封禅大礼使，冯拯、陈尧叟分掌礼仪使。

庚子，幸元偶宫视疾。壬寅，御试礼部贡举人。

丙午，作玉清昭应宫。

六月乙未，王钦若一到乾封（今泰安县）即上言："泰山醴泉出，锡山苍龙现。"

十月辛卯，天书被载以玉辂，在前开路；王旦等文武百官随从；还有一大批供役人员，组成了浩浩荡荡的队伍。

己酉，五色云起岳顶。

庚戌，法驾临山门，黄云覆辇，道经险峻，降辇步进。先夕大风，至是顿息。

辛亥，享昊天上帝于圜台，陈天书于左，以太祖、太宗配。帝衮冕奠献，庆云绕坛，月有黄光。命群臣享五方帝诸神于山下封祀坛，上下传呼万岁，振动山谷。降谷口，日有冠戴，黄气纷郁。

壬子，禅社首，如封祀仪。紫气下覆，黄光如星绕天书匣。纵四方所献珍禽奇兽。还奉高宫，日重轮，五色云见。作会真宫。

癸丑，御朝觐坛之寿昌殿，受群臣朝贺。大赦天下，常赦所不原者咸赦除之。文武并进秩。赐致仕官本品全奉一季，京朝官衣绯绿十五年者改赐服色。令开封府及所过州军考送服勤词学、经明行修举人，其怀材抱器沦于下位，及高年不仕德行可称者，所在以闻。三班使臣经五年者与考课。两浙钱氏、泉州陈氏近亲，蜀孟氏、湖南马氏、荆南高氏、广南河东刘氏子孙未食禄者，听叙用。赐天下酺三日。改乾封县为奉符县。泰山七里内禁樵采。大宴穆清殿。又宴近臣、泰山父老于殿门，赐父老时服、茶帛。甲寅，复常膳。次太平驿，赐从官辟寒丸、花茸袍。

十一月戊午，幸曲阜县，谒文宣王庙，靴袍再拜。幸叔梁纥堂。近臣分奠七十二弟子。遂幸孔林，加谥孔子曰玄圣文宣王，遣官祭以太牢，给近便十户奉茔庙，赐其家钱三十万，帛三百匹。以四十六世孙圣佑为奉礼郎，近属授官、赐出身者六人。追谥齐太公曰昭烈武成王，令青州立庙；周文公曰文宪王，曲阜县立庙。

丁卯，赐曲阜孔子庙经史。辛未，幸河渎庙，加封。癸酉，曲宴永清军节度使周莹，赐兵士缗钱。丁丑，帝至自泰山，奉天书还宫。

大污点

最为可怕的是，在这场声势浩大的运动中，封禅泰山仅仅是一个开始。

泰山封禅以后，真宗皇帝想来想去，觉得仅封禅泰山还不够，不足以表达自己对祖先的敬意，便敕令专门修建一座宫殿，来奉祀玉皇大帝和天书。

接到这一命令，群臣哪敢不从？

真宗皇帝下令修建的这座宫殿叫玉清昭应宫，前殿用来存放和供奉玉皇大帝和天书，后殿作为祭祀赵玄朗的正殿。为了崇奉这位"圣祖"，真宗皇帝还下令在兖州界的曲阜附近建造了一座叫作景灵宫的宫观，以祭祀轩辕黄帝，即圣祖赵玄朗。

有史可查的是，在建造宫观的同时，泰山封禅的四年之后，真宗皇帝一行又浩浩荡荡地西至汾阴登坛祭祀后土、远赴亳州真源县（今河南鹿邑县）拜谒太清宫，大张旗鼓地进行各类崇道封神活动。

皇帝带头搞迷信活动是一个极其危险的政治信号。自古以来，上有所好，下必甚焉。为了响应朝廷这一举动，各地官员不失时机地开始进行各种迎合。见皇帝如此狂热，有反对意见的大臣也不敢多言，结果是上行下效，这一活动愈演愈烈。在这种病态的狂热下，那几年，奉祀天书营造宫观居然成了大宋朝的国家任务。

之所以会出现这种可怕的局面，功劳最大的有两个人，一个叫王钦若，一个叫丁谓。这两位皇帝身边的重臣一个是策划人，一个是执行人。换句话说，坏主意都是王钦若出的，坏事都是丁谓干的。关于他们在天书事件的所作所为，下面会有专门的章节予以介绍。

在王钦若和丁谓的推动下，这一轰轰烈烈的迷信活动在真宗一朝持续了长达十年之久。

凡举国之力，必劳民伤财。直到真宗乾兴元年（1022），刘娥临朝摄政，才下令将"天书"随同宋真宗一起下葬于永定陵，停止了天下宫观的营造活动，同时也彻底终结了这场扰动大宋王朝多年的、近乎疯狂病态的"天书运动"。

在这一系列事件中，有人鼓动、有人策划，但各个活动都需要得力之人主办。想来想去，真宗皇帝觉得宰相王旦是最合适的主办人选。

身为大宰相的王旦不但有能力，而且有身份，还有威望，主办这件事没有比他更合适的人。

于是，宰相王旦在天书运动中充当了头号负责人的角色。天书降临时，王旦是总管，天书仪仗使；封禅大典时，他是总管，大礼使；玉清昭应宫建成时，他是总管，玉清昭应宫使。不难看出，王旦从头开始参与了真宗一朝的"神道设教"活动，而且一直担任着头号负责人的角色，尽管这一职务仅仅是挂名。直到天禧元年（1017）病重罢相，却仍以太尉职务继续掌领玉清昭应宫使。

史载，王旦也曾数次反对真宗皇帝的神道设教事件，但发现事情已经不可更改，深有远见之明的他默默地以己之力承担了各类角色。与此同时，在这一事件过程中，他尽力保持着良好的操守与克制，也尽力控制并降低着这一事件对整个国家的影响。

但是，天书事件归根结底是一个不折不扣的造神运动和迷神活动。

评价一个人需要看他当时所处的历史背景。特定的人、特定的事，在特定的历史背景下往往有着特定的历史定义，这是一个人人认可的道理。但是，作为一人之下万人之上的中书宰相，历史赋予他的使命、责任和要求绝不会同于常人。尽管天书事件的总设计师是王钦若，但身为大宰相的王旦却一直担任总负责人，因为这一位置和身份，没能及时地制止天书事件的错误让王旦难辞其咎。这一说法尽管有些苛刻，却是评价王旦不可忽视的历史事实。

王钦若，这个在王旦死后才得以拜相并创造了众多历史典故的人，从来都不是一个省油的灯。他成功地让仁宗皇帝将"南人不得为相"的祖训抛在脑后，而借助这一事件，他也将自己善于逢迎、关于钻营的特长发挥到了极致。

对于天书事件，王旦不是没有后悔过。

天书事件开始的时候，王旦的老朋友，已致仕退休的宰相李沆曾告诫过王旦，一开始王旦没觉得这件事有多严重。后来，当他发现王钦若、丁谓等人的所作所为并为之后悔以后，事情已经刹不住车了。

此时，皇帝的狂热和执着已经不容许有任何反对的声音。王旦晚年十分后悔当初没有听从李沆的忠告，但他早已裹挟在这股洪流中，泥沙俱下，唯求自保了。天书事件劳民伤财还在其次，更为危险的是，这一活动把整个大宋朝的社会信仰都带到了沟里。

好在王旦在这一活动中还能尽量保持自己人格的独立。比如监修玉清昭应宫时，与王旦同行者为大宦官周怀政。此人是真宗皇帝非常依赖的宦官，做事精明果敢。后来真宗病重时，周怀政联系当朝重臣杨崇勋、杨怀吉，密谋刺杀佞臣丁谓，拥立仁宗皇帝，奉真宗为太上皇，最后事泄被杀。

王旦刚一接触周怀政，就预感到了此人气场上的某种危险性，或者也因为他是一名宦官，不愿意落一个"交结内侍"的污名，所以王旦始终对周怀政保持敬而远之的姿态，不做任何私人情感的联络。

周怀政倒是很愿意结交这位名动天下的宰辅，经常会找由头"请见"。王旦得到门人通报后，不能不见，就让随从们一起都来陪见。不但如此，他还会在后堂一本正经冠带整齐，等随从们都到了，才肯出来到大厅接见。

人们都认为王旦这种以礼相见、不通私情的做法有点过。等周怀政"谋逆"

事发，人们才意识到王旦的深谋远虑和识人之明。

与危险的人、倒运的人和小人相处，都需要特殊的智慧。

因此，虽然也做出过努力，但未能阻止真宗的天书封禅活动，作为既得利益者王旦颇受后世诟病。

晚年王旦屡请逊位，直到最终因病辞职，他仍以太尉的身份掌领玉清昭应宫使。虽然这一职务他曾数次推辞，虽然每次推辞的结果都是推辞不掉，但王旦因此却难逃"恋位"和"糊涂"之嫌。

典型的背锅人。

据说，王旦临终前最后悔的事就是未能阻止真宗"神道设教"行为。

王旦病重，真宗皇帝亲手调制汤药，派内侍一天三四次前来探望，还给他送来宫中的山药粥。王旦却告诫子弟说："咱们老王家，一向盛名清德，你们应致力于俭朴，以此保守门风，不要过于奢侈。我死后，不要厚葬，黄金财宝不得入棺。"

王旦留给家人的最后一句话是："我别无过，惟不谏天书一节，为过莫赎。我死之后，当削发披缁以敛。"

这就是人们所说的"人之将死其言也善"，同时也是"一失足成千古恨"这句话最真实的教训和印证。

真本质

其实，从骨子里来讲，从小就饱读圣贤书的王旦并不相信"怪力乱神"。

有史料明确记载，当年王旦进士及第后，曾出任平江（今属湖南）知县。据说，当地官舍一直有怪物占据，而且还时常弄些恶作剧，使人无法居住。

王旦到任前一晚，看守官舍的官员听见群鬼呼啸，说："相公到了，我等该避开离去啦！"从此怪物绝迹。

这类传说映射出的，不仅仅是"以正压邪"的评价，也包含了对王旦不信"怪力乱神"的清醒认识。

人在江湖漂，哪能不挨刀。赶上了那个时代，不情愿地做着不想做的事情，这是王旦无法逃避的人生悲哀。

王旦病重时，真宗皇帝多次牵挂这名德高望重的老臣，不但亲自探望，还多次赐药。王旦去世后，真宗下令停朝三日，并赠予其太师、尚书令、魏国公的荣誉，同时亲定其谥号为"文正"。

史载：己酉，太尉、玉清昭应宫使大旦卒。前数日，驾幸其第，帝手自和药并薯蓣粥赐之，复赐白金五千两。旦命家人还献，作奏毕，自益四句云："已惧多藏，况无所用，见欲散施，以息咎殃。"亟令异至内阁。有诏不许，还至门，旦已卒。

对于自己的后事，王旦也早有安排。让我们看看当时的人们是怎么记载的：

旦与杨亿素厚善，病革，延至卧内，请撰遗表，且言："忝为宰相，不可以将尽之言为宗亲求官，止叙生平遭遇，愿帝日亲庶政，进用贤士，少减焦劳之意。"仍戒之弟勿为厚葬。时年六十一。帝遽临哭之，废朝三日，优诏赠太师、尚书令、魏国公，谥文正，录其子、弟、侄、外孙、门人、故吏，授官十数人。及诸子服除，又诏各进一官。

咸平初，旦闻李沆之言，犹未深信，及见王钦若、丁谓等所为，欲谏则业已同之，欲去则帝遇之厚，乃叹曰："李文靖真圣人也！"祥符间，每有大礼，辄奉天书以行，尝悒悒不乐。临终，语其子曰："我别无过，惟不谏天书一节，为过莫赎。我死之后，当削发披缁以敛。"诸子欲奉遗令，杨亿以为不可，乃止。

临死之前，王旦告诉儿子说："我这一生没有什么别的过失，只有没反对迷信天书这一件事。这件事罪过太大了，至死我不能原谅自己。我死以后，你们把我的头发削去，葬服给我用黑色僧衣。"

看来，没能及时地劝谏并制止天书事件，是王旦临终前无法自释的追悔，直到临死他都无法饶恕自己这一过失。

对于王家的儿孙们来说，虽然遗言有些过分，但父亲的遗言儿孙们哪敢不听。

正当儿孙们想按王旦遗言为他下葬时，王旦的生前好友、翰林学士杨亿制止了这件事。他也认为这么做太过分了，天书事情不是王旦一个人的错。

杨亿当时还是真宗皇帝的文学侍从，他的话自然有分量，孝子们也就顺水推舟地听从了杨亿的安排。因此，王旦下葬时没有"削发缁衣"。虽没有削发缁衣，但王旦的丧事安排得极为简单，甚至连墓碑都没立，这也是死后三十八年人们才为王旦立碑的原因。

一个人，一生能做下多少能为人称道的好事似乎并不重要，重要的是他有没有犯下什么不可饶恕的过错。没能制止皇帝迷信天书不全是王旦的错，但身为宰相的他没能及时制止，在其位未尽其言，让王旦在晚年追悔莫及。他临死之前的悔悟，可以说是王旦伟大人格的最后一次闪光。

不可否认，在大是大非面前的暧昧态度让王旦得到了很多。虽然在临死那一刻都在忏悔，但天书事件的产生、形成和深远的影响，身为首相的王旦难逃其责。

小瑕不掩大瑜。

从整体来看，王旦总归还算是一个高尚的人，是一个纯粹的人，是一个处处与人为善并脱离了低级趣味的人，是一个待人以宽待己甚严的人，是一个和光同尘老于世故而又游刃有余的人。他的德高望重和高风亮节让后代士林不肯，同时也不忍对他评价过于苛刻。

犯过这么大的错误，王旦居然还能得到这么高的历史评价，一个更重要的原因就是在天书事件中王旦始终是被动的。

一等人忠臣孝子。作为臣子，顺应君父的意志是他的职责。虽然阶段性政治正确很可能成为政治不正确或结果不正确，但听从皇帝的命令绝对是阶段性政治正确，这也是他作为臣子唯一能做出的选择。

在天书事件以及因天书事件引发的一系列事件中，王旦既不是发起人，也不是策划人，而且也一直努力地约束并控制着事件的走向，但他的错误是没有旗帜鲜明地反对并将其制止。

并非罪魁祸首和主观上的不情愿，让不得已而为之的王旦为自己在天书事件中的角色多多少少挽回了一些颜面。

虽有过失，亦可理解，却不能原谅。

大家族

自此，我们终于知道了王旦死后三十八年都没有立碑的原因。

还有一点同样不可忽视，王旦去世的时候，神道设教活动还在如火如荼地进行。当时神道设教一事的争议太大，对后世的影响也太大了。因此对王旦没法进行客观的评价，墓碑当然也没办法立。

从欧阳修的纪念文章中不难看出，作为三槐王氏真正的起家人，王旦为三槐王氏家族的兴起开启了一个什么样的局面。

在古代，一个人的闪光往往会带动一个家族的兴盛。三槐王氏之所以后来能够成为一个举世公认的辉煌家族，十八年身居相位的王旦可以说居功至伟。

王旦能够如此深入人心，人设能达到如此的高度，其实还有一个更重要的原因，那就是历经多年的苦心经营，王旦给他的后世子孙织下了一张庞大的、坚如磐石、牢不可破的人脉网。

北宋初年，三槐王氏能够成为皇族之外的第一家族，更重要的原因是他们几乎与当时所有名门望族都有着不可分割的姻亲关系。

在王旦执政的那些年里，不但人人都以能登王旦之门为荣，而且人人又都以攀上他这门亲戚为最高的荣耀。

在当时，三槐王氏门生满天下，亲戚满天下是一个人所共知的事实。

先说说王旦的三个儿子和他们的姻亲。

王旦有三个儿子。

长子王雍，字子肃，以父荫为秘书省校书郎。后历通判郑州、京西转运使、淮南转运按察使、判户部勾院、两浙转运按察使。

王雍娶过两任妻子，长妻为大理寺李湘之女，继室为宰相吕夷简的长女。

王雍有两个儿子：大儿子王恪，娶了宰相向敏中的孙女；次子王整配赵氏，为大宋宗室赵宗讷之女。

王旦次子王冲，生平事迹史载不多，但他的儿女们却都不是简单人物。

王冲的长子王庆在西夏战场战死，王冲三子王靖虽不出名，但他的女儿们很有名，其中有两个女儿分别嫁给了宰相韩绛的儿子韩宗师，宰相晏殊的儿子、大词人晏几道。

另外，王冲还有三个女儿，其中有一个女儿嫁给了宰相文彦博的儿子文居中。

王旦最有成就的儿子是他的三子王素。王素，天圣五年（1027），通过考试进入学士院，赐进士出身。后通判颍州（今安徽阜阳）、怀州（今河南信阳）、许州（今河南许昌），迁太常博士。又试，得五品服，以尚书屯田中外郎，知濮州（今山东鄄城）。御史中丞孔道辅，荐其为侍御史。后孔道辅遭贬，王素出知鄂州（今湖北武昌）。庆历二年（1042）改兵部员外郎，知谏院，同判国子监。后与欧阳修、蔡襄、余靖一同为谏官。

王素娶过三任妻子，一为礼部尚书李维之女，二为给事中滕涉之女，三为宰相张士逊之女。三任妻子为王素生了九个儿子，能有九个儿子本身就是一笔巨大的财富，何况王素这九个儿子简直一个比一个牛。

长子王厚，娶的是副宰相张方平的侄女；二子王固，他的曾孙女嫁给了徽宗皇帝，国丈；三子王坚，娶了枢密使夏竦的孙女；四子王巩，娶的是副宰相张方平的三女儿，还和大文豪苏轼是好朋友；王素的五子王本，娶了仁宗皇帝的表弟太尉李璋之女；六子王硕娶的是秘书监刘几的女儿，七子王凝娶了宰相陈执中的孙女，八子王常娶的左谏议大夫孙锡的女儿，九子王奥娶的是宰相李昉的元孙女。

除了这九个儿子，王素的三位夫人还为他生下了七个如花似玉的女儿。长女适侍读吴安诗之子吴仰，次女适太府卿刘忱之子刘爽，三女适尚书右丞范纯礼之子范正已，四女适皇帝燕王赵俣，五女适刘大知，六女适祝时敏，七女适宗室赵不俗，一门显贵。

这简直是当朝最顶尖的牛人都挤到一个院子里，看得让人眼花缭乱。

然而，这都不是当时王家最耀眼的地方，最耀眼的是宰相府的几位女婿。

跟儿子们比，王旦的女婿们非但不逊色，反而更顶级。

王旦有四个女儿。

长女嫁灵寿人韩亿。韩亿，真定灵寿人，进士出身，后担任参知政事、副宰相。韩亿有八个儿子，全部高中进士，其中有三个都当上了宰相。

什么概念？自己体会。

王旦次女嫁苏耆。苏耆官运一般，但他却是苏易简的儿子。苏易简是大宋太平兴国五年的状元，一代名臣，官至参知政事、副宰相。苏耆有个出名的儿子叫苏舜钦，大文人，名望可与宋诗的开山祖师爷梅尧臣并驾齐驱。

不幸的是苏家人似乎有酗酒的基因，爷爷苏易简因嗜酒被弹劾，后来竟然喝死了。苏舜钦没能吸取爷爷的教训，后来也因酒犯错，被人抓住把柄遭弹劾罢职。

王旦三女嫁范令孙。范令孙是宰相范质的孙子，名门之后。范质是周世宗的托孤大臣，太祖时代的元老级人物，是对大宋立朝有拥立之功的重臣。

王旦四女嫁吕公弼，吕公弼官至枢密使，宰相级别，他的父亲是大宋另一名相吕夷简。

这几个女婿的身份是不是比儿孙们更显赫？

介绍完子女，再介绍一下王旦的兄弟们。在古代，一个人的成功不算成功，只有一个家族的成功才算成功。只有了解了这些，你才能真正明白三槐王氏兴起的原因。

哥哥王懿，除了打翻御酒之外，载入史册的事迹不多。

王旦的弟弟王旭，知应天府，任兵部郎中，虽官职不大，但他的儿子却很有名。

王旭的大儿子叫王质。王质，字子野，一代名臣。王质的儿子王恣，娶了名相李昉的孙女。

王质同时还和参知政事、副宰相范仲淹是至交好友兼儿女亲家。

之所以说是儿女亲家，是因为王质的两个女儿都嫁到了范家。王质长女嫁给了范仲淹的次子、宰相范纯仁，次女嫁给了范仲淹的长子范纯佑。当年范仲淹因弹劾宰相吕夷简被贬，没有一个人敢为他送行。王质不顾众人反对，毅然为范仲淹载酒送饯，此事让范仲淹大为感动，并在北宋政坛传为佳话。

王旭的第四个儿子王端，娶的是宰相李迪的女儿。

　　以上所有这些与王家有姻亲关系的人，都无一例外的是大宋朝的一流人物。而我们列举的这些，也仅仅是王家宰相以及宰相级别以上的姻亲。试着想想，当时出入王旦宰相府的都是些什么人物吧。

　　血缘关系是这个世界上最可靠的关系，把同僚都变成自己人，是消灭政治对手最有效的方式。

　　这一点，王旦做到了极致。

　　一个这样的家族，于国于朝，这是何等的显赫与荣耀？说实话，一个这样的家族想不名垂青史都难。人才济济，姻亲遍天下，才是三槐王氏得以繁荣昌盛发扬光大的最重要的原因。

　　之所以隆重地用这么长的篇幅介绍三槐王氏，是因为他们家族跟本书主人公有着密切的、不可分的姻亲关系。

　　在王旦打下了坚实的基础并启动了无与伦比的华丽开幕式以后，三槐王氏在后世子孙的努力下进一步发扬光大。长江后浪推前浪，前辈的积淀让儿孙外甥们在大宋官场上左右逢源。因为这一坚实的基础，三十年后、五十年后，三百年后甚至五百年后，三槐王氏逐渐繁衍成为影响力巨大的家族。

　　而此情此景，相信已经能够让那个在北宋政坛得心应手的老人得到安慰。

第三章　一代宗师

衣钵

> 翰林风月三千首，吏部文章二百年。
>
> 老去自怜心尚在，后来谁与子争先。
>
> 朱门歌舞争新态，绿绮尘埃拂旧弦。
>
> 常恨闻名不相识，相逢樽酒盍留连？

宋诗一首。

说起诗歌，其实大宋文化圈里更有名的是小令。小令，可以理解为如今人们常说的词。各类小令的创作，在有宋一朝绝对称得上巅峰般的存在。尽管这样，作为非主流的宋诗却也在北宋的文坛牢牢地占据着一席之地，其中不乏有很多精彩的上乘之作，比如这一首。

同样精彩的宋诗还有很多很多。说起宋诗，它的开山祖师爷，后人公认是北宋仁宗年间的梅尧臣。提起宋诗，梅尧臣可是一个里程碑似的人物。其实早在梅尧臣之前，北宋就已经有了很多写诗的大咖，不过这些人不是以诗闻名罢了。

再来看看这首诗。在说它之前，让我们先忽略一下它的创作背景和时代意义，仅从字面去品读一下。你不难发现，这是一首长辈写给晚辈的抒怀诗，字里行间满满的全是长辈人对一名后生晚辈的赞赏，同时还有很多嘉许、寄托和期望。

它的作者是谁？这又是写给谁的呢？

在精彩的人物出场之前，我们先卖个小关子：这是大宋王朝政坛文坛两个双料牛人之间的一次顶级对话。

先说说写诗的人。既然生于大宋长于大宋，唐诗宋词、小令一定是他的基本功之一。想了解作者，我们看一篇他的小令代表作：

> 去年元夜时，花市灯如昼。月上柳梢头，人约黄昏后。
>
> 今年元夜时，月与灯依旧。不见去年人，泪湿春衫袖。

写到此时，我想无须介绍，作者的名字你已经呼之欲出。

欧阳修。

对，没错，就是欧阳修。

在大宋朝文坛，欧阳修的牛无须多说。作为文坛盟主，当时有多少人挖空心思想拜在欧阳修门下，欧阳修连看都不看一眼。让你想不到的是，这个收到赠诗的年轻人却不卑不亢地把欧阳修给拒绝了。

这个年轻人是谁？为什么这么狂？欧阳修已经够牛了，这简直是比欧阳修还牛的节奏。

说实话，他确实是一个比欧阳修还牛的人。

正如诗中所说，这个人是他的后生晚辈。虽说是晚辈，但他是一个后来无论在文坛、政坛、私德还是志向，无论当时的名气还是后世的名声，跟欧阳修比一点儿都毫不逊色的人。

这个人的名字叫王安石。

写这首诗那年，欧阳修49岁，官居大宋朝正三品的翰林侍读学士。那段时间，他和他的同僚们刚刚奉诏修完二十四史之一的《唐书》。

欧阳修等人编的这版《唐书》又称《新唐书》。为什么叫它《新唐书》呢？因为有人曾在五代时期就给唐朝编了一部史书，当朝皇帝仁宗却对那部《唐书》很不满意。宋仁宗是一个无论什么都要求比较高的人，本朝人才济济，博学多识之人多得数都数不过来，仁宗皇帝突然动了心思，决定让人重写一下唐史。

换句话说，他要拿出一部不一样的唐史出来。

仁宗皇帝对这件事格外重视，也是因此，他对重写这部史书的要求很高。先后负责这一工作的人有大学士宋敏求、范镇、欧阳修、宋祁、吕夏卿、梅尧臣等各类大咖，最终这部书在欧阳修主持下完成。由宋祁、欧阳修挂帅重修的这部唐史，刻意改正了《旧唐书》"纪次无法，详略失中，文采不明，事实零落"的毛病。因成书较晚，后世管那本原来的唐史叫作《旧唐书》，欧阳修主修的这部唐史叫作《新唐书》。

能为前朝编史，没有点儿公认的真才实学是没有资格的，同时这一荣誉也是可遇不可求的。这一年，刚修完《新唐书》本就目中无人的欧阳修无论在官场、文坛还是学术界，声望已经如日中天。

欧阳修一向自视很高，几乎从不拿正眼看人。他肯纡尊降贵，主动给一个后生晚辈写诗，并寄予厚望，这绝对是一个人几辈子求都求不来的运气。谁也没想到，在这件事情上欧阳修会碰钉子。

欧阳修偏偏就碰上了钉子。

这一年，接到他赠诗的王安石还只是一个踏上政坛不久、人生和事业刚刚起步的年轻人。这一年王安石35岁，虽已崭露头角，职务也只是一名小小的京官：群牧司判官。

群牧司判官是个什么官呢？

听起来挺抽象，用一个比较通俗的叫法来称呼它吧，它大概类似《西游记》里的弼马温。

这样大家是不是都很熟悉了？

一个堂堂文坛大咖，风光无两的三品大员，为什么如此看重这个名不见经传的年轻人呢？

究其原因，还是因为欧阳修爱才。客观地说，名不见经传也只是当时的王安石还没有出名，但是他的文章已经得到了很多人的认可，若干年以后，王安石的人生成就说明了一切。

或者可以说，欧阳修之所以肯纡尊降贵，是因为这个人是王安石。

因此，我们不得不佩服欧阳修识人的独具慧眼。

当时，两个人的声望和地位绝不可同日而语。不出意外，文坛盟主的赏识会成为这个年轻人的跳板，他会顺理成章地接下前辈的好意，按照前辈的规划，在若干年之后接过文坛盟主的衣钵。

让人大跌眼镜的是，欧阳修的好意竟被王安石生生给拒绝了。

收到赠诗以后，王安石看似谦虚，实则不卑不亢地给欧阳修回赠了一首诗：

欲传道义心犹在，强学文章力已穷。

他日若能窥孟子，终身何敢望韩公。

抠衣最出诸生后，倒屣尝倾广座中。

只恐虚名因此得，嘉篇为贶岂宜蒙。

有些神仙打架的节奏。

是呀，大宋朝真是人才济济，一个牛到不能再牛的人遇到了一个比他更牛的人，而且这个人是个年轻人。

王安石的表现再次印证了后生可畏这个成语。读读他这首回赠诗你不难发现，看似谦虚而委婉，实际上王安石表达的只有一个中心思想：人各有志。

尽管王安石说得很委婉：承蒙厚爱，不胜感激，但对不起了老前辈……王安石执拗的性格此时已经可见一斑。

不卑不亢地拒绝了老前辈的一番好意，让王安石失去了一个直接接过欧阳修衣钵的机会。但金子总是会发光的，王安石就是牛，不接你的班，是因为我可以做得更好。不假经年，没有按欧阳修规划路线成长的王安石，通过一番艰苦卓绝的努力，不但在官场做到了飞黄腾达，达到了比欧阳修更辉煌的成就，而且文学成就也一点儿不比欧阳修逊色。最终，王安石也成功地跻身唐宋八大家之列，在文学史上占据了重要的一席之地。

宗师

北宋文坛神人辈出，欧阳修和王安石之间发生的这段往事，在文学史上被后世传为一段让人津津乐道的超级佳话。

说实话，这段佳话与本书关系并不大，之所以引用这段典故，主要是想告诉你当时北宋文坛很多鼎鼎大名的大咖都生活在同一个时代，而且他们之间发生过很多精彩故事。

在这些人里面，欧阳修是公认的盟主、霸主、带头大哥兼祖师爷。

既然说起了文坛，北宋另一个神一般的人物同样也无法不提，这个人就是终身视欧阳修为恩师的、被很多人认为文学成就远超过他的苏轼。

这两位超级大神同样也生活在同一个时代，而且他们之间有着更多的交集。

宋初的文坛绝对是一个神仙聚会的时代。苏轼，字子瞻，眉州眉山人。严格说来，苏轼要比欧阳修小两辈，这是因为他的父亲苏洵在欧阳修面前一直以弟子自视。当然，苏轼视欧阳修为老师客观上有三苏父子几乎同时出道的原因，也正是因为父子三人同时出道，欧阳修才与他们父子三人有了这段因缘际会。

欧阳修、王安石、苏轼，这三个不可世出的神人竟生活在同一个时代，而且他们之间还有这么多的交集？

没错。这不是传说，而是铁一般的事实。两座山不可能相遇，两个人总会相遇。宋代多少有点儿将文人们惯得不像样子，不但他们的地位很高，文坛的风气也很好，学术气氛自由兼容，这些大咖之间还经常互粉。宋初的众位大咖不像唐代的李白和王维，他们尽管生活在同一个时代，甚至都是同龄人，两个人却互相看不上以至于老死不相往来。

在这些人里面，欧阳修既是领袖，又是最有长者之风的一个。身为文坛和政坛的双料前辈，他不但带着大家好好写文章，而且在官场对其他人几乎都有过一定的提携和举荐之恩。

文坛祖师爷呀，请您收下我的膝盖。

不，先别急，如果我说王安石和苏轼只是他众多的学生之一，除了他们欧阳修还有许许多多出色的门生，而且他还有许多门生在文坛都属于超一流的存在，你相信吗？

不管信与不信，欧阳修绝对是北宋文坛的泰山北斗。唐宋八大家，宋独占六席，这六个人几乎同时生在同一个时代。除了欧阳修本人，其他五个人不是他的晚辈就是他的门生。王安石和欧阳修的关系不用再说，三苏父子更是集体拜在欧阳修门下，而唐宋八大家之一的另一个牛人曾巩，则是欧阳修自认为最正儿八经，同时也是他最得意的学生。

可以很严肃地说，在北宋是欧阳修带着自己的一帮弟子改变了当时的文风，进而带动了整个北宋文坛的蓬勃发展，这也是他们师徒都得以跻身唐宋八大家之列的原因。

文才出众，门生遍天下，以自身的优秀带出了一批优秀的学生，这是后人眼里欧阳修最大的人生成就。

而文学成就却只是欧阳修众多成就的一部分。没有哪项成就可以成为一个人的全部，欧阳修也一样。

如果深入地了解一些你会发现，一个人伟大其实是由若干平凡构成的。只有将这些平凡组在一起，才是一个人完整的一生。欧阳修也一样。在北宋，神一般的欧阳修真正的社会身份是一名官员，他活得根本就不像人们想象的那么神。其实，欧阳修活得不但不像人们想象的那么神，他不但没有那么高大上，而且还活得很世俗很普通。

为什么这么说呢？

首先，欧阳修的人生不可谓不起伏跌宕丰富多彩，因为他将一个人可能经历的事情全都经历过了。

欧阳修的人生起点很低。在成名之前，虽然经过数年的寒窗苦读，自负文才的他却屡试不第。好不容易找到成功的窍门之后，他画风一变，立即投身名门，靠吃软饭才得以金榜题名。

然而在成名之后，他的表现却让人大跌眼镜。中进士以后，欧阳修不但没有成为人们期盼的凤凰男，而且一度活得非常颓丧。在很长的一段时间里，穷人乍富的欧阳修无所顾忌地放飞自我，他不思进取、不务正业，喝花酒写艳词，简直成了一个不可救药的堕落青年。因此，欧阳修早年的很多表现简直都可以用不堪入目来形容。

同时，靠走岳父的后门成功以后，从小没接受过正规系统化教育的欧阳修开始暴露出他种种人格上的缺陷和复杂多重的人生短板。

在官场，他既一身正气又俗不可耐，只要自己认准的事儿从来不考虑对错或后果，只要自己开心，常一言不合就是非不分地攻击别人。

因此他一生狂妄，尽管他不是没有这个资本。他经常标榜自己，动不动就给人贴上奸邪小人的标签。在骂人的时候，他从不看自己身上的毛病。常会义薄云天地为兄弟两肋插刀甚至大义灭亲，同时却做着很多忘恩负义过河拆桥的事情。

在个人操行方面，他经常被打脸。一方面帷薄不修绯闻不断，另一方面却又以正人君子自居。因此，他经常受别人指责而且经常被人瞧不起，甚至很多人都认为他做人有问题，但他自己却一点儿都不在意。

一个这样的人往往会被认为是不成熟的表现。然而，正是这种愣头青的做法和一塌糊涂的名声，间接地成就了欧阳修独特的人生。他一生当过小官也当过大官，曾起起落落很多次。比如他从过军、修过史，当过主管军事的高层领导，当过副宰相，同时还当过皇帝身边的文学侍从。虽然位高权重，文学成就无人能敌，但因为自身的这些毛病，虽然在文坛有着别人无法望其项背的成就，但在有生之年，他却始终无法得到士林的普遍认可与尊重。

因此，在北宋讲究体面斯文的官场，欧阳修算是一个十分另类的存在。

最能让欧阳修名垂史册的，是他别人无法望其项背的文学成就。能为前朝修史是古代文人最高的荣誉。为了给前朝修史，宋初朝廷专门设了史馆，召集了很多大咖组团进行创作。堂堂二十四史中，欧阳修一个人就参与编修了两部。其中《新唐书》欧阳修是主修人之一，而另一部《五代史》则完全是他自己在工作之余的个人作品。

然而，一个人在文坛和学术上的杰出贡献无法彻底掩盖一个人的人生污点。

欧阳修的人格有着极其复杂的多面性，这也许与他小时候的人生经历有一定的关系。他的世俗从他的文学作品里也能看出个一二。比如说，他既能写得出"然禽鸟知山林之乐而不知人之乐，人知随太守游而乐而不知太守之乐其乐也"，写得出"醉翁之意不在酒，而在乎山水之间也"这样散淡和超脱的意境，写得出"所守者道义，所行者忠信，所惜者名节。以之修身，则同道而相益；以之事国，则同心而共济；终始如一，此君子之朋也"这样自信和精绝和大义凛然，同时却还写得出"江南柳，叶小未成阴。人为丝轻那忍折，莺嫌枝嫩不胜吟。留着待春深"这类让人浮想联翩的淫邪和妖媚。

文如其人。

确实是这样。欧阳修文章写得什么样做人就是什么样，他的一生是世俗的，同时又是善变的，这也许与他在做人做事方面始终没有统一的标准有关。

虽然一生世俗且任性，但有一点却是不变的，那就是欧阳修的"轴"。欧阳修一生性格都轴得无人可比。据说从小时候起，不管遇到什么事情他都是一条道走到黑，明知自己错了，即使撞得头破血流也不肯回头。他一生出过彩，也经常出丑。他有人捧、有人骂，捧过人也骂过人，背叛过别人也被别人背叛过。他终其一生都非常固执，固执到自己写的文章不允许别人改一个字，固执到自身不正也要指责别人的过失，即使犯了错误只要自己认准的事也绝不回头。

这跟你想象中的欧阳修是不是不一样？

欧阳修竟是一个这样的人？

没错，他就是这样的人。欧阳修就是这样一个俗人，一个道德和品行上有无数优点，同时又有致命缺陷的俗人。

但俗归俗，这些俗并不影响他成为一个高尚的人，一个伟大的人，一个纯粹的人，一个有道德的人，一个脱离了低级趣味的人，一个有巨大成就而且益于人民的人。

好了，关于欧阳修的精彩和俗不可耐，在接下来的章节里我们会详加叙述。

家世

不得不说，欧阳修的人生简直是太精彩了。而之所以能活得如此精彩，是因为欧阳修人生之中有三个非常重要的人。这三个人都在他人生的起步阶段给了他至关重要的影响和帮助。而不幸的是，这三个人最终都无一例外地成了他背叛的对象。

这三个人是在大宋朝名噪一时的胥偃、晏殊和钱惟演，他们分别是欧阳修的岳父、恩师和上司。而欧阳修生命中最最重要的那个人，则要从他的母亲郑氏说起。

相信每个人小的时候都有过钟鸣鼎食的梦想，也都假想过自己是"官二代""富二代"，如果这样，人生就不会遇到那么多难题了。

不可否认，历史上有很多有名的人都出身名门。能含着金钥匙出生，在高起点上顺顺利利地功成名就，这样的人生谁都羡慕。

但不是所有人都能有这样的运气，纵是欧阳修这样的神人也一样。

北宋文坛盟主欧阳修一降生，这个苦命的孩子面对的就是一个悲惨的世界。

公元1007年，大宋景德四年农历六月二十一，大宋剑南东道的绵州，即今天的四川绵阳市，56岁的军事推官欧阳观的填房郑氏，在他寒酸的官舍为他生下一个儿子。

军事推官，是协助领导审理案件的低级官员，这一职务差不多类似今天法院的助理审判员。欧阳观是个苦命人，他幼年丧父，没什么背景，才华也不出众。好在他一直没有放弃科举之路的努力，终于连滚带爬地在年近五十才考中进士。

进入官场之后，没有后台也没有高人指点，又加上性格刚直、岁数大，欧阳观一直不得上司喜欢，不久前被从安徽调到了边远的四川。

五十多岁的欧阳观这些年活得很失败。他官小职微，穷困潦倒，房无一间田无一垄，前段时间因故还休了老婆。穷困潦倒的欧阳观费了九牛二虎之力，才勉强又娶了一个老婆。

填房郑氏出身名门，是一个标准的大家闺秀。成婚以后，生活虽然清苦，但老夫少妻的生活倒也算安定。

儿子的降生，让欧阳观喜出望外。欧阳修是郑氏为欧阳观生的第一个孩子。

50多岁才有儿子，一个人活成了什么样可想而知。

关于欧阳修的出生，有一个讲起来颇有神迹但听起来却比较离谱的传说。说是郑氏在怀孕之前，曾梦到一个须发皆白的老神仙。在梦里，白发仙翁递给她一个浑身长着白毛的小孩儿。

神奇的是，怀孕之后郑氏身上的汗毛全变白了。

按传统的说法，每个大人物的降生都会伴着一些异象，这种异象通常会在此人成名之后被挖掘出来，以证明他生下来就不是凡人。

这就是与欧阳修有关的异象。很快，更神奇的事情出现了，欧阳修出生后身上也长了一身白毛。虽然不知道这身白毛意味着什么，但它的与众不同却是显而易见的。

除了一身白毛，小时候的欧阳修还有一个特点：长得丑。

文献记载，欧阳修人瘦小、脸苍白、眼近视，面白过耳、唇不包齿。一个人能长成这样，其美丑是可想而知的。丑陋的相貌往往让一个人信心不够，欧阳修也一样。虽然长得丑，但人人都有自尊心，少年欧阳修很在意自己的长相。据说二十多岁时，曾有一位姓李的姑娘当着他的面评论欧阳修说：你怎么长得这么难看？

听到这句话，欧阳修一连好几天都食不下咽、夜不能寐。他不断对着镜子做自我修正，将较短的上唇往下拉，试图盖住自己的牙齿，以求自己看上去顺眼些。

可惜，这些努力只是付诸东流。

因为长得丑，欧阳修遭受过不止一次打击。最伤自尊的一次是他刚考中进士的时候，当时他要去拜会当时的主考官——著名文人晏殊。

晏殊，人中龙凤，有名的少年得志、玉树临风般的人物。欧阳修兴冲冲地恭候多时，总算等来了晏殊的马车。然而，晏大人隔着帘子只远远地看了一眼，当看清欧阳修的长相，竟停都没停直接驾车走了……

一向爱才的晏殊竟连见面的机会都没给他，可见欧阳修的长相有多减分。

关于晏殊对欧阳修的印象，北宋笔记文集《默记》记述得很清楚：

晏元献（殊）以前两府作御史中丞，知贡举，出《司空掌舆地之图赋》。既而举人上请者，皆不契元献之意。最后，一目瘦弱少年独至帘前，上请云："据赋题，出《周礼·司空》，郑康成注：'如今之司空，掌舆地图也；若周司空，不止掌舆地之图而已。'若如郑说，'今司空掌舆地之图也'，汉司空也。不知做周司空与汉司空也？"元献微应曰："今一场中，惟贤一人识题，正谓汉司空也。"盖意欲举人自理会得寓意于此。少年举人，乃欧阳公也。是榜为省元。

丑，必不招人喜欢。

可想而知，家穷人丑的欧阳修小时候一定不太招人待见。

再弱弱地说一下，关于他母亲梦见仙人以及一身白毛的故事，是欧阳修自己讲给别人听的，没有人为此证明。

绵州军事推官欧阳观虽然穷困潦倒，但为人刚直，因此官声倒还不错。虽家境不宽裕，欧阳观却喜宾客、好施与。在绵州的三年任上，他把自己的大部分俸禄都用在了招待亲朋好友和扶困济贫上，所剩钱财仅能勉强维持一家人基本的日常生活。如果放到今天，相信哪个女人跟欧阳观都过不下去。但那是古代，而且郑氏是受过良好教育的大家闺秀，跟别人不一样。

也是因此，虽然是个小官员，但欧阳观家的日子过得和平常百姓一样简单朴素，连自己家人穿的衣服都是补了又补。

生活虽然清苦，但欧阳观始终保持着清正廉洁、秉公办事的高尚情操。

史料记载，在绵州任职期间欧阳观曾经断过一个案子。说是有一个财主看中了穷人的一块山地，准备占为己有。争执之下，双方对簿公堂。为打赢官司，财主连夜带着银两到官舍拜访欧阳观。

了解清楚原委以后，欧阳观拒绝了财主的厚礼，并严正地指责财主的贪欲。为了达到教育和挽救的目的，教训完财主以后，欧阳观又心平气和地对财主做了一番思想工作：你夺了人家的山地，将心比心，换成你是那个穷人，你是如何感受？

欧阳观一席话深深地打动了财主。见欧阳观一身正气，既秉公办事又没有为难他的样子，财主非常感动。他当即跪地向欧阳观承认错误，请求原谅他的过失。

欧阳观见财主认错态度较好，便动了恻隐之心。为挽回财主的面子他告诉财主说，官司可以撤销，但前提是必须向穷人赔礼道歉，而且保证永远也不再欺负穷人。

后来，这个财主不仅履行了自己的诺言，还主动拿出银两接济了那位穷人。

选择

欧阳观拒收财礼巧办公案的事迹，很快在绵州成为美谈。绵州三年任满，没什么背景的欧阳观居然升职了。

升职当然是件好事。

欧阳观下一步需要到泰州任职。那时的泰州还叫作海陵，临走之前，绵州百姓为感谢欧阳观，专门准备了一个欢送仪式，商量着要送点儿地方特产给他。

得知这一消息，欧阳观婉言谢绝了乡亲们的好意。欧阳观说：我所做的一切，是因为我拿了朝廷俸禄，这是我职责所在。至于大家的好意，我欧阳观心领了。

最终，礼物拒收，仪式没搞。

这说明欧阳观做人很低调，同时也不爱慕虚荣。离开绵州的时候，毕竟深有感情，欧阳观自己掏钱买了一匹蜀绢，请当地画师画了一幅《六贤图》以作纪念。

如果这么继续下去，相信欧阳修的命运也不会太悲惨。哪知天有不测风云，父亲是个短命人，到泰州任职不久欧阳观就死了。

死因不详，据说是得病。

欧阳观官职不大，官声不坏，没做过什么大事也没享过什么大福，他生得平凡也死得平凡，但他的死对他们一家人的影响却太大了。

总归人之将死其言也善，自知来日无多的欧阳观在临死之前做了一件很重要的事。他叫过自己年轻的妻子嘱咐说：早年我算过命，人家说我活不过今年。我死以后，将来你一定要把我的事迹讲给儿子听。

托孤的节奏。

望着气息奄奄的欧阳观，年轻的郑氏难过地点点头。

她回头望了望床前一双小儿女，虽然难过，郑氏突然觉得，只要孩子在，生活就还有希望。来泰州之前，她又为丈夫生下了一个女儿。

欧阳观就这么死了。

那时候的女人不像现在，当家男人死了就没有了生活来源。一个年轻女人，还拖着两个孩子，生活怎么继续下去？

在当时，有一个很好的出路：改嫁。

北宋的婚嫁观比较自由，而且改嫁也根本不是什么事儿。欧阳观死的时候，倡导"饿死事小，失节事大""从一而终""嫁鸡随鸡，嫁狗随狗"等观念的程氏兄弟和朱熹还没有出生，人们心中根本就没有这类名节概念。因此，当时夫亡再嫁是顺理成章的事情。无论上层社会、民间风俗还是宋朝的法律、社会舆论等，都没把改嫁当成一回事儿。因此，对年轻的郑氏来说，改嫁绝对是一个不错的选择。

当时的改嫁现象比较普遍，法律对妇女改嫁的要求也比较宽松。比如十几年前，范仲淹的父亲范墉死后，范母谢氏将长子范仲温留给族人，带着刚出生不久的范仲淹嫁给了常山人朱文翰。

朝廷不但没有不许改嫁的规定，而且对改嫁进行了保护。法律规定丈夫外出三年不归妻子就可以改嫁，这条法律在北宋一直施行了很多年。

对于正当年轻的郑氏来说，丈夫死了，自己刚刚三十出头，家里没什么积蓄还有拖油瓶，找个男人再嫁绝对是个不错的选择。

但郑氏没这么做。

她没这么做，是因为她觉得自己有更好的选择。

那是一条更为艰难的路。

每当难过的时候，郑氏就会想起丈夫临终前的遗言，一想起丈夫的遗言郑氏就流泪。她不但流泪，而且感动得稀里哗啦，由此可见欧阳观临终遗言的重要性。

也不知道郑氏是什么时候决定不改嫁的，自这个主意拿定之后，她就再也没动摇过。可总是哭不会解决任何问题，怎么活下去才是关键问题，郑氏思来想去，决定有困难找亲人。

于是，郑氏带着一双年幼的儿女远赴湖北，去随州投靠她的小叔子欧阳晔。

欧阳晔，说实话也不是什么大人物，他和哥哥欧阳观是同年中的进士，在随州的官职也是个军事推官，低级小吏。

欧阳晔和哥哥的感情很好，当然他也没有理由拒绝嫂子的投靠。既然遇到了这么不幸的事情，一大家人就凑合一起过吧。

生活虽然稳定下来了，但对于郑氏母子来说，这种日子却不好过。

寄人篱下的日子没有好过的。

欧阳晔一家的生活本来就不怎么宽裕，突然之间又多了三张嘴，生活的压力可想而知。日常生活柴米油盐，勺子锅沿必会生出一些磕磕碰碰。时间一长，即使再近的关系也会崩的。

史料记载，不知什么原因，到随州不久郑氏就带着一双儿女从小叔子家搬了出来。他们在离欧阳晔家不远的地方寻了一个住处，单独生活。

这一点说明，即使后来两家人没住在一个屋檐下，但关系也没完全破裂。否则郑氏带着自己的儿女们一定能搬多远就搬多远。

郑氏绝对是一个好母亲。从搬离小叔子家那天起，没有生活来源的她就做好了独立面对困难的各种准备。随着生活的艰难和命运的残酷一点点降临，被后世尊为四大贤母之一的郑氏，她的人格也开始陆续闪光。

贤母

四大贤母，指古代四位载入史册的伟大母亲。

不但这四位母亲的事迹被后世广为传颂，她们的儿子也都无一例外地成了国家栋梁，也许这才是她们的事迹得以流传的重要原因。

我们相信，在民间，为培养儿子做出牺牲和付出的母亲一定还有很多很多，只是她们儿子的成就没有那么瞩目，这是她们的事迹没能得到广泛关注的原因。

在此，我们要向天下所有的母亲致敬。

接下来，让我们隆重地介绍一下这四位伟大的母亲。

四大贤母之一孟母，战国时期孟子之母，位居"中国四大贤母"之首。她的儿子孟轲是著名的思想家、教育家，仅次于孔子的儒学大家，被后人尊为"亚圣"。

据说，孟轲之所以能如此优秀，全赖于小时候母亲的悉心教导。

最广为传颂的事迹是"孟母三迁"的故事。

孟母早年丧夫，志不改嫁，一个人含辛茹苦养育着年幼的儿子。刚开始，她和儿子住在丈夫陵墓附近，以便每天可以去祭拜丈夫。只是在陵墓附近住久了，年幼的儿子言行间竟学起了出殡人士的哭丧举动。

孟母及时发现了这一问题，将之上升到了成长的高度。孟母意识到其严重性，并及时制止。然而，她很快发现制止未能奏效，儿子只要看到别人的哭丧举动就跟着去学。

既然环境不利于孩子成长，那就改变环境。颇有见识的孟母带着儿子把家搬到了集市。可是，搬到集市以后，孟母发现儿子开始学着小贩商人做吆喝买卖。她不希望儿子成为市井小人，又把家搬到了学校附近。

近朱者赤，从此以后，儿子开始学习士子的样子读书好学。经过若干年的发奋读书，孟轲终于成为一代旷世学儒。

有见识、有志向，有办法同时还不怕吃苦，最终教子有方，是四位贤母共同拥有的美好品德。

第二位伟大的母亲是东晋陶侃之母。

陶侃为一代名将，在稳定东晋初年动荡不安的政局上很有建树。陶侃幼为孤子，家境贫寒。陶母含辛茹苦，靠纺纱织麻维持生计，以供养陶侃读书。

在教育儿子上陶母很有办法。东晋讲究出身门第，她一面亲力亲为地以身作则，一面想尽一切办法让儿子结交比自己更有水平、更有文化的人。

有一次，著名举人范逵访贤，路遇大雪，范逵误打误撞地借宿到了陶家。时天寒地冻，马无饲料，为了招待好范逵，陶母揭去自己床铺上的稻草席，剁碎喂马；贫寒无以款客，陶母又偷偷剪下自己的长发，卖给邻人，换钱去购买酒菜。

"身体发肤，受之父母，不敢毁伤，孝至始也"，在中国人的观念中，头发是不可以轻易剪的。陶母如此举动，足见其待客之诚。

范逵大为感动，开始不遗余力地举荐陶侃，自此陶侃才走上了发达的仕途。

这段佳话被后人称为"截发筵宾"。

关于陶母，还有一个让人尊敬的故事，它同样也被总结成了一个成语，叫作"封坛退鲊"。

步入仕途后，陶侃曾在浙江海阳做县吏。海阳县吏监管渔业，常有下属送土特产给他。有一次，一位下属送了一坛腌好的鱼给陶侃。孝顺的陶侃马上想起了贫居乡间的母亲，嘱托乡人将这坛鱼带给了母亲。

不料，母亲原封不动地将鱼鲊退了回来，同时她还给儿子捎回一封信。陶母在信中语重心长地写道："尔为吏，以官物遗我，非惟不能益吾，乃以增吾忧矣。"

收到母亲退回的鱼鲊和回信，陶侃大为震撼，更是愧疚万分。从此以后，他下定决心，一生遵循母亲教导：清白做人，廉洁为官。

岳母是北宋名将岳飞的母亲。岳飞十五六岁时金人南侵，当权者腐败无能，节节败退，国家处于生死存亡的关头。当时，很多人都不希望自己的孩子上前线，希望能在战乱年代保全子嗣血脉。

岳母却和一般母亲不同，她大义凛然，主动励子从戎，精忠报国。为了让儿子永远铭记大丈夫当"精忠报国"的训诫，她用绣花针把这四个字刺在了儿子背上。

由于母亲的积极鼓励，岳飞投军后奋勇杀敌、义无反顾，很快屡建战功并不断升职。有一次，宋都开封被金军围困，岳飞随副元帅宗泽前去救援，他一次次打退金军的进攻，受到宗泽的赏识。一代名将宗泽称赞岳飞为"智勇才艺，古良将不能过"。这一评价伴随着接踵而来的显赫战功，岳飞终成一代名将、抗金英雄。

榜样

能与这几位伟大的母亲齐名，欧阳修的母亲郑氏自然也有其不同寻常的感人事迹。

自志不改嫁起，年轻的郑氏始终记得丈夫临终之前对她说的那番话。从叔叔家搬出来以后，她自立门户，靠给人缝缝补补勉强维持着一家三口的生计。

虽生存艰难，明事达理的她没忘了做一件至关重要的事：让儿子读书。

欧阳修开始读书的时候，家里穷得连纸笔都买不起，但这在伟大的母亲郑氏眼里都不是问题。问题不是有没有困难，也不是困难有多大，而是在遇到困难的时候你有没有想办法。

在他们住处不远的地方有一条河，河边长着一片芦苇，还有一大片河滩。郑氏将儿子带到河边，折断一截芦苇，以苇为笔，以沙滩作纸，开始在沙地上教欧阳修识字。

过程无须描述，你尽可以脑洞大开地想象。

因此，欧阳修第一个老师是他的母亲。也有人说欧阳修应该算自学成才，这一说法是有一定依据的。

这一状态没坚持多长时间。一开始郑氏还可以勉强对付着教，可她的知识毕竟有限。儿子虽然长得丑，但学东西很快。时间一长，郑氏发现自己已经教不了儿子了。

随着识字越来越多，欧阳修该读书了，本来就家徒四壁，吃饭都成问题，书从哪里来呢？

怎么办呢？

好在天无绝人之路。不得不说，欧阳修小时候虽然命运悲惨，但他的运气却不是太差。一是有一位伟大的母亲，二是他们隔壁住着一个李姓的大户人家。李家有一个小少爷，年纪跟欧阳修差不多，跟欧阳修玩得也挺好。李少爷不但时不时地送点儿纸笔给他，有时还会将丢弃不用的旧书送给他。

一拿到这些书，如获至宝的欧阳修便如饥似渴地一头扎进去，恨不得把它们都翻烂才肯罢休。

想当年，鼎鼎大名的欧阳大学士读书就是这么起步的。

这段独特的经历，日后对欧阳修的人生产生了极其重要的影响。

有趣的是同行没同利，同学没同识。家境的贫富跟一个人日后的人生成就大小没有多大的因果关系。据说，家庭条件优越的李家少爷后来也走了科举之路，但他仅仅得了一个入门级的段位：秀才。

在功成名就多年以后，身居高位的欧阳修不知怎么突然想起了这件事。他想起了当年对自己不错的李公子，欧阳修心头一热。为纪念这段特殊的情谊，欧阳修专门为李秀才写了一篇文章。

有一次，欧阳修像往常一样翻看李少爷送他的书，其中有一本竟然是大文人韩愈的作品。

大文学家，大思想家，大哲学家，后世尊称其为韩文公，布衣出身的他同时还是一名出色的政治家。

苏轼对他的评价：独韩文公起布衣，谈笑而麾之，天下靡然从公，复归于正，盖三百年于此矣。文起八代之衰，而道济天下之溺，忠犯人主之怒，而勇夺三军之帅。此岂非参天地、关盛衰，浩然而独存者乎？子美（杜甫）之诗，退之之文，鲁公（颜真卿）之书，皆集大成者也。唐之古文，自韩愈始。

从看到这本书第一眼起欧阳修就服了。相信当时更能吸引并打动欧阳修的，是韩愈少年时代与欧阳修几乎相同的人生经历。

从那以后，每当拿起韩愈的书欧阳修就爱不释手。细细读了一遍又一遍，欧阳修被它的广博宏大所吸引，自此爱得不能自拔。从那以后，欧阳修就像找到了偶像和知音，尽己之能搜集着一切与韩愈有关的文章和书籍。

爱是从喜欢开始的。特别是一步步了解了韩愈的人生经历以后，欧阳修更是对韩愈迷得不能自拔。

潜移默化间欧阳修暗下决心：要做就做这样的人，要写就写这样的文章。

目标有了，把梦想交给时间吧。

韩愈的文章让欧阳修感到深深的叹服，韩愈的三观也给了欧阳修不少教益。唐朝佛教兴盛，韩愈却一生旗帜鲜明地反对佛教。据说欧阳修也反对佛教，这一点应该是受了韩愈的影响。从那以后，欧阳修一生的所作所为，几乎每件事都可以看到韩愈的影子。

力量

欧阳修年轻时也遇到过不少奇怪的事情。比如他出生时的神迹，虽然那是他自己说的，没什么依据。除此之外，欧阳修的少年时代还发生了一件挺有神秘感的事情，这件事虽然是别人记下来的，但也是从欧阳修嘴里说出来的。

10岁这年，欧阳修遇到过一个会看相的和尚。

按理说，看相不是和尚的本职工作，但这个和尚不但给欧阳修看了相，而且对他进行了一番评价。欧阳修觉得这件事情挺有意思，在多年之后将此事告诉了苏轼。

苏轼记载，和尚对欧阳修说：你耳朵比脸白，未来一定是个名人。但你的嘴唇盖不住牙齿，长大以后必饱受诽谤。

神奇的是，欧阳修的人生果如和尚所言。

有人曾怀疑过这件事的真实性。其实，这件事果有其事还是欧阳修自己杜撰的，本身并不重要。试着分析一下，如果能想明白欧阳修给苏大学士讲这个故事是出于什么目的，你就不需要怀疑其真实性了。

讲这个故事的时候，欧阳修正处于一桩让人头疼的绯闻旋涡中。饱受诽谤之苦的他给弟子讲这个故事，无非想告诉世人，他遭受的一切都是客观因素，不是主观因素。饱受诽谤不是自己的错，不是因为自己不断批评别人遭到报复，也不是因为自己私德有问题，而是因为这一切都是先天注定的。

人之常情。

日月如梭，欧阳修成人了。

伴着长大成人，一个人的人生任务也陆续而至。家穷人丑的欧阳修小时候就很偏，他的人生目标只有一个，那就是考进士。因为考上进士就可以做官了，做官就可以解决生存问题，即我们今天说的可以脱贫了。在脱贫之前，一切人生理想都是空谈。

公元1023年，17岁的欧阳修自觉学有所成，信心满满地开始了他的科举之路。

宋朝的科举需要三轮考试：乡试、会试和殿试。

科举的目的是按科目进行考试并为朝廷选拔人才。科举制度肇端于隋，奠基于唐，完善于宋。宋代科举制度的最大的先进性在于取士不问家世，限制世家与孤寒竞进，严防考官营私，考生作弊，全凭经义、诗赋、策论取士。个人的知识才能取代了门第血统，在科举考试中占了主导地位。

宋代的科举，主要有贡举和制举两种，另外还有"童子举"。

贡举即常科，是普通学子都可以参加的考试。贡举中最重要的是埋科，就像今天的高考选文理科一样。

宋初，礼部贡举设进士、九经、五经、开元礼、三史、三礼、三传、学究、明经等科。科目虽多，但各科均莫重于进士一科。进士历来为朝廷所重视，士子亦趋之若鹜，人才亦多出于此科。

贡举考试，须过解试、省试、殿试三关。

解试，是由诸州、开封府、国子监将合格的举人贡入礼部的考试。另外，还有专为现任官员无出身而应进士举者所设立的"镖厅试"和以避亲为主兼有照顾性质的"别头试"，也属于解试的范围。

地方州府所举行的解试，一般都于当年秋季举行，故又称"秋试"。州试时，进士科由诸州判官主持，其余各科考试由录事参军主持。如考官不懂经义，可选次一级的官员充任，但要经判官监考。考生试卷要加盖"长官"之印，考官和监考官还需要在试卷后面签名。如发现作弊考生，当场驱逐，考官受贿舞弊，要受严厉处分。

解试通过的考生称为"举子"或"贡生"，于当年冬季集中到京师，参加次年春初的"省试"。所谓"省试"是因就试尚书省而得名，省试名义上就试尚书省，实际是由礼部主持。

贡生到京后，先要向礼部报到。报到时写明家状、年龄、籍贯及参加科举次数，以取得考试资格。考试前，礼部先发"都榜"，亦称"混榜"，即考生座次表。考试之日，考生依次就座。知举官将试题写出后，如考生对题目有疑问可以提出，出题人须详细解答，然后再进行考试。交卷后，开门放考生出院，试卷入柜。考场纪律也有严格规定，"举人除书案外，不许将茶厨、蜡烛等带入，除官员外，不得怀挟书策。犯者扶出，殿一举"。

在仁宗以前，省试共分四场。第一场试诗赋，第二场试论，第三场试策，第四场试帖经，以分场定去留。省试是本着先诗赋、后策论的原则进行分场的，选拔采取的是分场淘汰制。这样的分场原则和淘汰办法，自然不能对考生进行全面的考查，因而产生了士之中否，殆系于幸不幸的弊病。诗赋在先，当然以它为重，这样也不利于全面选拔有真实才干的人才。

殿试实际上是省试的复试。

宋代的殿试，始于太祖开宝六年（973）。

当年，翰林学士李防知贡举，场屋作弊事发，赵匡胤亲自召见落第举子360人，选其中的195人，命殿中侍御史李莹为考官，别试诗赋，得进士26人，附于省试所中进士之后，共为两榜，无省试殿试之分。到开宝八年（975），复试礼部贡院合格举人王式等于讲武殿，得进士36人，以王嗣宗为第一，省试第一王式却屈居第四。从此省试与殿试的名次才有了区别，同时也出现了"省元"和"状元"的名称。自此为始，取士大权进一步为朝廷掌握。

殿试的内容，太祖时仅考诗赋，太宗时加试论一道。到了神宗熙宁三年（1070），殿试进士罢诗、赋、论三题，专以策定着，限以千字。后又加试律义、断案。哲宗元祐年间又恢复了诗、赋、论三题。绍圣年以后，又遵熙宁试策之制。直到高宗建炎二年（1128），规定殿试试策，终南宋之世没有再进行更改。

说完了考试的形式和过程，再说说考试的内容。

欧阳修参加的是进士科，进士科试诗、赋、论各一首，策五道，帖《论语》10帖，对《春秋》或《礼记》墨义10条；九经科则试帖书120帖，对墨义60条；五经科试帖书80帖，对墨义50条；开元礼或三史科则墨义各对300条；三礼科对墨义90条；三传科对墨义110条；学究科《毛诗》对墨义50条，《论语》10条，《尔雅》《孝经》共10条，《周易》《尚书》各25条。

这一年，对未来充满美好憧憬的寒门学子欧阳修，信心满满地开始了他的科举之路。

打击

愿望都是美好的，现实却远没有想象的那么美好。

第一次踏上考场，心比天高的欧阳修就挨了一记重重的闷棍。那一年，解试的第一场考试欧阳修就考砸了。

据说，欧阳修考砸的原因是他的文章押错了韵。

怎么会犯这么低级的错误呢？欧阳修有些失魂落魄，他垂头丧气地回到家里，好在母亲郑氏见过世面，见儿子考试失利，又是鼓励又是警训。

母亲鼓励他说：人生不怕失败，你还年轻，大不了从头再来。

古代的科举考试有多难无须赘述，此时如何面对失败无疑更为重要。

落第之后的选择不同，人生轨迹便会不同。由此可见，一个人在跌倒之后面对挫折的信心和坚持有多么重要。

而能有一个像郑氏这样伟大的母亲，同样也是多么的重要。她能在你失败的时候鼓励你，支持你，给你信心，给你勇气和力量。

当时的考试三年一次，心有不甘的欧阳修鼓起勇气，决定从头再来。

功夫不负有心人，何况欧阳修这样的神人。又经过三年的寒窗苦读，欧阳修终于在天圣四年（1026）即他20岁这一年，闯过了解试这一关。

科举就是不停地闯关。第一关过了，第二关更难。喜不自胜的欧阳修兴高采烈地做着各种准备，目的是去京城参加第二年春天由礼部主持的省试。

欧阳修参加省试这一年，一同参加考试的还有一个日后会非常有名的人，他的名字叫作包拯。

这年春天，京城繁花似锦，春光可人。在这么好的季节里，相信满腹经纶的欧阳修一定能蟾宫折桂，同时还"春风得意马蹄疾，一日看尽长安花"吧？

不幸的是欧阳修又考砸了。

每个人都想金榜题名，每个人都不愿抱憾而归。只是三月京城的春光明媚，却没有哪朵花是为落榜之人开的。

只差一步，却感觉比上次败得更窝囊。自己怎么就不行呢？难道自己真的不行吗？

欧阳修落寞地打道回府。

母亲还是一如既往地鼓励，但这次失败对欧阳修的打击有点儿大。解试通关以后，他什么事情都想过，就是没想过自己会考试不中。但更为宝贵的是，经历了这次打击，欧阳修开始静下心来，痛定思痛地查找自己失败的原因。

失败之后及时找到失败的原因，对一个人的成长和成功至关重要。人生怕的不是失败，找到原因并及时进行改正，一个人才能进步。

一边找原因，欧阳修一边给自己做了一个总结。他在纸上圈圈点点记下了很多，他的结论也很高明，这些总结也只有一个指向：要想成功不但需要信心、努力和才华，同时还需要运气。

对少年欧阳修来说，这次失利以后的总结绝对是一次至关重要的总结。总结以后欧阳修发现，自己一不是没有信心，二不是不够努力，更不是才华不够，自己输就输在了运气上。

欧阳修越想越不服气。原因找到了，却让他挺痛苦。运气这种东西，不是能求来的。怎么才能获得有如神助般的好运气呢？

这个问题一直困扰了他很长一段时间。他翻遍了自己读过的书，如何才能拥有好运，他读过的那些圣贤书没有一句话讲的是这方面的道理，怎么才能破局呢？

欧阳修陷入了痛苦的思索，他茶饭不思，辗转反侧，苦苦地悟着。

终于有一天他眼前一亮，他突然觉得自己似乎已经找到了解决问题的办法。

贵人

精彩的人生往往都是从开窍开始的。

确实。

欧阳修就是一个非常典型的例子。一开始，他自负学问，没能找到问题的根源，以至于在错误的道路上反复纠结；一旦看清问题找到毛病，聪明的人会很快走到正道上来的。

欧阳修发现，自己虽长于诗文，却短于时文，时文一项减分太多，自己落榜不是命运不公平，而是自己的时文得不到认可。

怎么才能写好时文并拿高分呢？想来想去，欧阳修终于找到了一条正确的道路：找名家指点。有知识不一定有技巧，有了名家指点，一是水平可以提高，二是有了他们的认同，更容易得到考官们的认可。

这是一条正确的道路。

历史上那些天才和成功者，都无一不经历过人生的困惑。越过山丘，你会发现前途一片大好。

欧阳修及时找到了自己失败的原因。不是文章写得不够好，不是字写得难看，更不是因为长得丑，而是因为没人赏识自己。

可是，尽管想明白了这个道理，接下来该怎么做呢？

这个局不好破。

想得到别人的赏识不是一件容易的事情。既要选对路，还要选对人。赏识自己的人在哪里呢？怎么才能得到他的赏识呢？这个问题可把欧阳修给难住了。放眼身边，叔叔只是个小官，影响力太小，提供不了太多有效的资源。该怎么办呢？

欧阳修想起了一个人。

胥偃，北宋公认水平最高的时文大家，当时正知汉阳军，不但水平高，官职也够大。抱着试试看的态度，欧阳修决定去拜访胥偃，他硬着头皮带着自己的文章敲开了汉阳军官府的大门。

欧阳修选中的胥偃是个什么人呢？

如需回答这个问题，请我们先为欧阳修的选择点赞，同时再为他的运气鼓掌。这一次欧阳修绝对选对了，时知汉阳军的胥偃科举出身，是北宋鼎鼎大名的文章大家，不仅颇具君子之风，而且格外赏识各类青年才俊。

胥偃在官府热情地接待了这个落魄的年轻人，看到他呈上来的文章，竟如获至宝地赞叹起来。

历尽千辛万苦，欧阳修终于找到了他人生的第一个伯乐。

试着想想，此时的欧阳修如果还像原来一样，一味地关在家里闷头读书，相信他一生都不会有出人头地的机会。

赏识和好感只是第一步，只有获得大人物的赏识才能获得飞黄腾达的机会。迈出这一步以后，奋斗了这么多年的欧阳修的好运气终于来了。

文章是敲门砖，胥偃的赏识只是个开始，更大的惊喜还在后面。

史料记载，当时两个人见面的场景是这样的：

胥偃问：年轻人，你是哪里人氏？

欧阳修答：祖籍江西庐陵。

胥偃问：家中都有什么人？

欧阳修答：老娘、我，还有一个妹妹。

胥偃又问：娶妻没有？

欧阳修答：没有。

胥偃说：我有个女儿，许配给你，怎么样？

一个饿了三天肚子的人遇到了天上掉馅儿饼的好事儿，欧阳修此时的表现大家尽可以脑补。

胥偃说：我女儿今年 11 岁，如果同意，你们先定亲。

欧阳修喜不自胜，忙不迭地跑回随州，接来母亲和妹妹，三个人一起住进了胥家。

而精彩的人生总是一举多得，此时的欧阳修仿佛一步登天，他既有了名师指点，又解决了生活问题，还解决了个人问题，更重要的是有了靠山和背书。一个才华横溢的人，能遇上这种好运，只要多努力一点，悟性好一点，情商再高一点，他想不成功都难。

恩师变岳父，量身定做地为你规划人生。胥偃，传说中的中国式好岳父。

这年冬天，胥偃由知汉阳军调回京城任刑部员外郎。回京的时候，胥偃带上了自己的准女婿。到达京城以后，胥偃又不遗余力地带着准女婿四处游走。在遍访名流的同时，将欧阳修的文章一一推给各类大家看。

胥偃这一努力是卓有成效的。不久，欧阳修就在京城文化圈里有了名气。接着，这位好岳父又进行了一番大神级的神操作。

胥偃神操作的第一步是让欧阳修报考国子监。

国子监，大宋朝的最高学府。胥偃让欧阳修考国子监，目的是得到国子监的推荐。得到国子监推荐的考生不用参加解试，可以获得直接参加省试的资格。

抄近路，走捷径，这是熟悉体制的人惯用的拿手好戏。

要想得到国子监推荐，首先需要先完成两件事：一是取得入学资格，二是经过一定选拔。取得入学资格俗称进门，只有进了我的门才是我的人，你才能有机会获得推荐。

而入国子监是需要有人推荐的，光推荐也没用，还需要进行考试才行。因此，入学考试是至关重要的，无论如何都不能掉链子。

欧阳修不负众望，拿着好岳父的推荐信，牛刀小试的欧阳修在国子监的入学考试直接拿了个第一。

顺利入学。

顺利入学只是第一步，国子监人才济济，只有通过选拔考试才能获得国子监推荐。下一步，欧阳修需要完成的是国子监的选拔。选拔考试时，后来成为欧阳大学士的欧阳修同样也没让人失望，他一鼓作气又考了一个第一。

连续两个第一，欧阳修已经名动京城。

欧阳修顺利地参加了由礼部主持的省试。

过这一关时欧阳修心里多少有些阴影，因为上一次自己就是这一关没过。相信备考时欧阳修一定做足了相关的准备，同时他的内心还是忐忑不安的。

对不起，你的担心是多余的，今天的欧阳修早已不是昨天那个欧阳修，傍上胥偃以后，他早已从一个倒霉的孩子成长为一名春风得意的少年。在礼部主持的省试中，顺风顺水的欧阳修又拿了一个第一。

欧阳修胸有成竹，无不得意。接下来他要面对的是科举考试的最后一关——最最重要的殿试了。

有如神助的欧阳修，距离科举考试最辉煌的目标"连中三元"仅仅剩下一步之遥。

截和

连中三元，一个多么神奇、多么辉煌而又多么瞩目的荣誉！

解试第一，省试第一，殿试第一。在漫长的科举史，能达到这一巅峰的人绝对是凤毛麟角，因为它太难了。

在中国漫长的科举史上，只有十五个人曾经连中三元，大宋朝人才井喷，独自占了六席，更可知当时竞争的激烈。

一个人要想连中三元，不但需要超凡的才华，更需要的是压倒一切的好运。在欧阳修参加殿试之前，大宋朝有三个人曾连中三元，这三个人分别是孙何、王曾和宋庠。孙何早逝，宋庠一生作为不大，最著名的是前不久刚刚遭贬的大宰相王曾。

如能得到这一荣誉，那将会是一件多么荣耀的事情。胥偃和欧阳修你望着我，我望着你，翁婿相视一笑，会心时刻已无须言表。

殿试。

只等殿试了。

欧阳修的目标只有一个：状元。

据说在参加殿试之前，志在必得的欧阳修特意做了一身新衣服，只等中状元以后穿上。

和欧阳修一起参加殿试的有一位小朋友，姓王，叫王拱寿，也是个幼年丧父的寒门学子。王拱寿跟欧阳修玩儿得挺好，或是不知天高地厚，或是出于好奇，或是真的不怀好意，更或许只是为了开个玩笑，在殿试之前，王拱寿闹着非要穿穿欧阳修的"状元袍"。

欧阳修自然不同意。这个胆大包天的王拱寿竟趁欧阳修不在，偷偷拿过他的新衣服穿上试了试。一试之下，竟发现这身新衣服合身得像给他量身定做的一样。

不知天高地厚的王拱寿正穿着"状元袍"显摆，被赶回来的欧阳修抓了个人赃俱获。尴尬的王拱寿连忙赔罪，并无不尴尬地解释说：大哥，穿穿你这状元袍我只是为了过过瘾，我没别的意思，你可不要多想……

人生很多奇妙在于往往会戏言成真。

这年三月，殿试结果出来了。欧阳修发现点中状元的人不是自己，而是那个穿了他状元袍的王拱寿。

那年殿试欧阳修的名次并不高，他只得了二甲第十四名。

不知是不是被抢穿了"状元袍"的原因，发榜以后，这个问题对欧阳修来说已经不重要了。

没中状元就是失败。

被打脸的懊恼让欧阳修几近疯狂。

失落。失落。失落。

到底是怎么回事呢？自己怎么跟大家交代呢？

后来，据那年的主考官晏殊回忆，欧阳修才华盖世，不能高中状元最主要的原因是他恃才傲物、锋芒太露了。众位考官故意不点欧阳修为状元，是欲挫其锐气，以便促其成才。

压制，简直是赤裸裸的打压。

换作是你，遇到这种情况当作何感想？

不要抱怨命运的不公平，这是考官们的权力。

再来看看失意之人欧阳修，被人捷足先登的失落固然遗憾，但毕竟也算金榜题名了。那个高中状元的王拱寿，日后还要继续和欧阳修之间发生许多扯不开的纠缠。

虽然没中状元，但是生活还得继续。中进士以后，欧阳修和大恩人胥偃的女儿完婚了。不幸的是妻子胥氏婚后不久就死了，欧阳修续娶了一个夫人杨氏。这个续娶夫人没过几年竟也死了，欧阳修不得不接着续娶。最后一次续娶，欧阳修娶的不是别人，他娶的是前参知政事薛奎的四女儿。曾在殿试夺了他风头的王拱寿早就娶了薛相公家的三女儿，因此，两个人竟阴错阳差地成了连襟。

更尴尬的是，虽然年龄大了几岁，欧阳修却需要称小王同学一声姐夫。

然而这并不是故事的结束，没过几年，小王同学的妻子居然也死了。妻子死后，小王又续娶了薛家的五女儿。

欧阳修和王拱寿的缘分真是不浅，千变万变，连襟不变。

以大娶小的欧阳修终于不用再喊小王姐夫了，他腔调怪怪地调侃自己的小兄弟、前姐夫、现妹夫说：旧女婿为新女婿，大姨夫作小姨夫，这一故事在北宋士林传成了一段佳话。

抢走欧阳修风头又让他抱憾终生的王拱寿也不是个简单人。

史书中关于王拱寿的记载不多，这是因为中状元以后王拱寿改了名字。王拱寿的新名字是仁宗皇帝亲赐的，叫王拱辰，史料中说的王拱辰就是他。

王拱辰？没错，这个人就是王拱辰，大宋天圣八年的状元，后来担任过翰林学士、官拜御史中丞并两拜三司使。

小王出身贫寒，跟欧阳修一样也是幼年丧父，由母亲一人拉扯成人。作为长子，小小年纪他便主动承担起家庭的重担。天资聪颖、勤奋刻苦的小王一边帮母亲照顾弟弟妹妹，一边发奋读书，十几岁便因才学卓著远近闻名。乡试和会试接连取得好成绩以后，他参加了天圣八年（1030）由宋仁宗亲自主持的殿试。

阅卷之后，仁宗皇帝钦点王拱寿为新科状元，并称他的文章立论新颖，见解独到，文笔流畅。被点中状元时，让人感到意外的是高中魁首的王拱寿没有下跪谢恩，而是对皇帝说："陛下，小生不配当这个状元。"

皇帝一愣，忙问缘由，王拱寿说："这些考题我不久前刚做过，这次被选中纯属侥幸。自幼母亲便教育我不可说谎，我不能为了当状元忘记操守。"

举座哗然。这一幕是不是很熟悉？

没错，这一年的主考官晏殊曾在真宗皇帝面前有过类似的表演。

仁宗皇帝想了想，平和地说："殿试题目你之前做过，说明你勤奋刻苦，敢于当众说出实情，说明你诚实守信，可以看出文中之言确实为你心中所想，这个状元你实至名归。"

其实，那一年仁宗皇帝钦点王拱寿为新科状元还有一个更重要的原因，那就是北宋政权一直倡导以仁孝治天下的理念。小王出身贫寒，孝顺守信，正好可以将他树立为"仁孝学子"的典型，以激励天下年轻人刻苦读书，为国效力。

就这样，19岁的小王夺走了欧阳修的状元，并年少成名。一举成名后，王拱辰一直深受仁宗皇帝的赏识，为了体现自己的厚爱，点中状元后仁宗皇帝亲自将"王拱辰"一名赐给了这名少年才俊。在仁宗一朝，王拱辰官运亨通，累拜御史中丞、三司使。

精彩的人生证明，王拱辰确实是一位有真才实学的状元郎。而对欧阳修来说不幸的却是，自己不但没能成就连中三元的辉煌，包括他这位打不散的连襟，甚至连他的前岳父胥偃，后来都成了跟他死磕的政敌。

狂放

被人抢了风头，虽抱憾难平，但总归已金榜题名，欧阳修总算也是由一介书生成了即将上任的朝廷命官。

任命文书很快就下来了：授将仕郎，试秘书省校书郎，充任西京留守推官。简化一下，欧阳修仕途的第一份工作是西京洛阳的留守推官。

西京即洛阳，而推官的工作主要是协助领导审理案件，官职为从九品。

西京，副首都，次中心城市。在高中进士的第二年，欧阳修正式赴洛阳上任。

当时北宋有四座京城。分别为东京、西京、南京和北京。首都东京，开封府，即今天的河南省开封市。除了中心东京以外，西京洛阳、南京商丘，北京大名在当时均为次中心城市。

在西京上任以后，欧阳修结识了一个将来会影响他一生的重要人物。从遇到这个人开始，在以后长达几十年的官宦生涯中，欧阳修与此人以及他的家族开始了一段长达几十年的纠缠和斗争。他不断地被这个人影响并改变，同时又不断改变和影响着这个人和他的家族。

此人不是别人，正是他的顶头上司、时任西京留守的钱惟演。

钱惟演，字希圣，吴越王钱俶第七子。早在几十年前，吴越归宋，用今天的话说钱惟演的出身是前朝的王孙加亡国奴。跟随父亲降宋以后，钱惟演先是担任右神武将军、太仆少卿，后来又在秘阁上班。钱惟演从小接受过良好的文化教育，基础打得好，因此他博学能文，不但是当时的文学大家，而且有着一定的起草文件的能力。

在秘阁工作得挺出色，钱惟演后又累迁工部尚书，拜枢密使。在很多年的时间里，他一直担任着翰林学士兼皇帝秘书的角色。

欧阳修到西京上任前，钱惟演刚刚被贬到了西京。充任西京留守时，钱惟演已经走到了他人生的暮年。此时距离他告别人世还剩下不到四年的时间。

说实话，虽然才华出众，但钱惟演是个可悲的人。特殊的家庭出身决定了他不可改变的命运。据说钱惟演一生只有一个梦想，就是能当上大宋朝的宰相。尽管在有生之年，他也曾无数次接近大宋王朝的权力中心，却始终只能在边缘游弋，甚至有好几次，眼看都要进入中书了，却又一次次地被刷下来。他曾不止一次地对人说，哪怕让他在宰相负责签字的黄纸案卷上签一次名字，他的人生就没有什么遗憾了。可惜，终其一生钱惟演都没能实现这个离他并不遥远的梦想。

到洛阳上任的那一年欧阳修25岁，钱惟演已经55岁了。

再坏的人也做过几件好事，就像再好的人也会有几个污点一样。已经风烛残年的钱惟演，在职场小青年欧阳修眼里，就属于一个不折不扣的大好人。

史载，钱惟演文才出众，以诗闻名，是名噪一时的西昆体主创人员之一。西昆体，宋初文坛很重要的一个流派，是当时声势最盛的诗歌流派。这一流派奉李商隐为宗师，其得名于骨干们的作品集《西昆酬唱集》。

《西昆酬唱集》是以文坛大家杨亿为首的17位宋初馆阁文臣互相唱和、点缀升平的诗歌总集。其中成就较高的有杨亿、刘筠、钱惟演等。西昆体是晚唐五代诗风的延续，艺术上大多师法晚唐诗人李商隐，片面发展了李商隐追求形式美的倾向，其诗雕润密丽、音调铿锵、辞藻华丽、声律和谐、对仗工整，呈现出整饬、典丽的艺术特征。

钱惟演从骨子里来说是个文人，因此，格外喜欢欧阳修这个有才华的年轻人。

洛阳可以算是欧阳修的福地。在这里他不但遇到了赏识他的好领导，还结识了许多好朋友。在这帮好朋友里面，其中有两个人成为他一生相伴的好朋友，他们两个人的名字分别叫作尹洙和梅尧臣。当时还有一位同事跟欧阳修关系也不错，他的名字叫谢绛，是梅尧臣的大舅哥。

钱惟演喜欢招徕文士，诗会文游，唱和答对，奖掖后进，而且对晚辈文人很宽松。他超乎寻常地厚待欧阳修等几个手下的青年才俊，不但很少让这些年轻文人承担琐碎的行政事务，还经常公然支持他们吃喝玩乐。

在钱惟演纵容下，以欧阳修为首的这帮人在西京玩得有些忘乎所以，甚至到了公开胡闹的地步。

有一次，判官谢绛、推官欧阳修两个人一起登嵩山游玩。到达龙门的时候，突然下起了大雪。二人正在观赏雪中的山景，忽然见到远处有人骑马冒雪渡水而来。等来人走近，才看清原来是顶头上司老钱派来的厨子和歌伎。使者传话说："大人说了，登山辛苦，两位可以在山上多留一阵赏雪。府里公事简易，用不着急忙赶回去。"

对下属无微不至的关心，尤其是文人间心灵相通的意会，使欧阳修既感动又亲近。后来钱惟演贬谪随州，欧阳修等人为其送行，钱惟演于席上赋词，命歌伎演唱，音节悲苦，宾主都为之哭泣。

也是因为这段短短的因缘，让欧阳修对钱惟演的知遇之情毕生不忘，尽管世人都对钱惟演做人评价不高，但钱惟演活着的时候，欧阳修始终没说过他一句坏话。

虽是这样，但钱惟演死后，欧阳修就没那么客气了。若干年以后，欧阳修编写了一部《五代史记》，他坚持实事求是的原则，在《五代史记》里没说吴越钱氏一句好话。因为欧阳修跟钱惟演这段特殊的关系，吴越钱氏的后人们恼恨欧阳修的忘恩负义，自此两家结下了不解之仇。没过几年，吴越钱氏有个叫钱明逸的后人当上了谏官，他狠狠告了欧阳修一状，亲手炮制了欧阳修终生视为奇耻大辱的一桩绯闻。

越陷越深

这些都是后话，我们把目光回到当年。

遇到一个这么善解人意的好上司，相信每个职场的小青年都会认为这是自己的福气。那段日子，西京的这帮青年才俊简直玩儿疯了。

疯玩儿之余，欧阳修多多少少还能有点儿清醒，偶尔他也能想想自己当年读书的艰辛，顺便也会想起自己的志向和责任。

当时的北宋文坛，流行华丽工整的骈文，早年两次落榜的阴影让欧阳修恨透了这类文章。尽管靠这类文章才金榜题名，欧阳修认为那是自己不得已之下的妥协。他决定凭借自己的学识和爱好，以效法先秦两汉古人为手段，去打破当时陈腐的文风。于是，欧阳修尝试着在士林文坛倡导并推行"古文"。

向文坛老前辈加顶头上司汇报以后，欧阳修这一想法得到了钱惟演的支持。在钱惟演支持下，欧阳修在吃喝玩乐之余，偶尔也用心去做点儿这方面的事情。

听说朝廷修建好了一座规模庞大的宫殿，欧阳修不失时机地写了一篇应景文章。成文以后他居然认为自己的文章可以与杜牧的《阿房宫赋》媲美。与《阿房宫赋》不同的却是，欧阳修这篇文章的通篇全是歌颂并渲染宫殿堂皇华美的。

欧阳修赞美的这座宫殿就是真宗皇帝下令修建的玉清昭应宫，虽然连玉清昭应宫的样子都没见过，但对文才爆表的欧阳修来说，写一篇歌颂文章只是信手拈来之事。

为了彰显自己的志趣不同，欧阳修还给自己的办公室起了一个挺个性的名字：非非堂，并专门写了一篇《非非堂记》以作纪念。

在这篇文章中，欧阳修提出了"非非之为正"的辩证说法。他这一说法的意思是批评错误才能走向正确。这一观点的提出，说明此时的他在某方面已经具备了谏官的潜质。

但是，初入江湖的欧阳修还是把更多的时间用到了吃喝玩乐上。更让人觉得"无法无天"的是，几个好朋友间都大言不惭地相互起了外号，而且这些外号都是以"老"为称。他的好朋友们给他的称呼是"逸老"，可见当时欧阳修在西京的生活有多么安逸。一个人的生活有多安逸他就有多堕落，贤惠的妻子胥氏任劳任怨，不但精心照顾伺候婆婆，而且基本不过问这些闲事。

说实话，那些日子欧阳修在堕落的路上越走越远了。

史料记载，当时欧阳修从不注意自己的身份和形象，终日玩儿得天昏地暗忘乎所以。那时候的西京官场钱惟演任留守，欧阳修任推官，谢绛任通判，尹洙任掌书记，梅尧臣任主簿，千年之后的今天回头看看，这是一个多么豪华的文人团啊！

而对欧阳修来说，能把同僚一个个发展成推心置腹的文友，绝对是一件十分值得骄傲的事情，同样也是一件十分有成就感的事情。

这几个人里，欧阳修始终是玩得最疯的一个。当然也有对此看不惯的人，据说有人向老钱建议说让他约束一下这帮年轻人，但老钱丝毫没当回事儿，他只是象征性地说了一句半句，不认为年轻人爱玩有多大的过错。

上司虽好，却不能助你上进。老钱如此纵容虽无恶意，但真正的贵人是那个能让你成长的人，而不是让你感到舒服的人。

欧阳修一度跟一名歌伎特别亲近。

有一次，老钱在后花园开宴会，客人们都到齐了，唯独欧阳修和这名歌伎迟迟不到。大家又等了好久，欧阳修才和头发凌乱的歌伎匆匆赶来。

看着他们，不好责备下属，老钱责备歌伎说：紧着不到，怎么回事？

歌伎忙解释说：不好意思大人，天热中暑，我在凉堂里睡着了。醒来时发现头上的金钗不见了。欧阳大人也一直忙着帮我找，到现在还没找到。

见歌伎语无伦次地勉强解释了迟到和头发凌乱的原因，一向开明的好领导老钱说：这样吧，如果你能让欧阳大人为此作一首词，本大人不但不罚你，另外再赔你一枚金钗。

见老钱有如此雅兴，欧阳大才子当然要附庸风雅，他略作思索便成词一首：

柳外轻雷池上雨，雨声滴碎荷声。

小楼西角断虹明。阑干倚处，待得月华生。

燕子飞来窥画栋，玉钩垂下帘旌。

凉波不动簟纹平。水精双枕，傍有堕钗横。

说实话，词很棒。

老钱也果然讲信用，他没有继续追究，先是赏了歌伎一满杯酒，然后命人从公库给歌伎取了一枚金钗。只是老钱趁别人不注意悄悄拉过欧阳修说：你似乎该收敛一点儿了。

关于这件事，吴越钱氏一名叫作钱世昭的后人将它记在一本叫作《钱氏私志》的书里，文章原文是这样写的：

欧阳文忠公任河南推官，亲一妓。时先文僖（钱惟演，谥文僖）罢政为西京留守，梅圣俞、谢希深、尹师鲁同在幕下，惜欧有才无行，共白于公，屡微讽之而不恤。一日，宴于后园，客集而欧与妓俱不至，移时方来，在坐相视以目。公责妓云：'未至，何也？'妓云：'中暑往凉堂睡着，觉而失金钗，犹未见'。公曰：'若得欧阳推官一词，当为汝偿。'欧即席云（此词），坐皆称善。遂命妓满酌赏饮，而令公库偿钗，戒欧当少戢。

说实话，上司不好好领路，绝对是初入职场之人的悲哀。穷人乍富的欧阳修忘乎所以，加上老钱不问是非的纵容，让欧阳修在错误的路上越走越远。

欧阳修一直不太注重自身的形象和修养，特别是在男女问题上一直不怎么检点，这也是后来他屡屡身陷绯闻的原因所在。可以说，欧阳修这些毛病都与当初钱惟演对他约束不严有一定关系。再进一步说，不管后来让欧阳修栽跟头的那些绯闻是真是假，无风不起浪绝对是对此最客观的回答。

这个初入职场的年轻人突然间放飞了自我，总这么忘乎所以地胡闹，如果一直这么走下去，他是怎么当上副宰相、后来又成为一代文学宗师的呢？

回头

别为欧阳修担心，很快便有一个人来改变他的命运。

风花雪月良辰美景不会是一个人生活的全部，时间不长，钱惟演再次政治失意被贬离洛阳，北宋另一名臣王曙接任了他的职务。

王曙，字晦叔，河南人，淳化三年（992）进士，是大宰相寇准的女婿，大宋朝有名的正人君子。不管做人还是做事，王曙同老钱是两种截然不同的风格。王曙不但自己做人做事有板有眼，管束部下也甚为严格。到西京没几天，他就开始不满于手下这帮年轻人散漫的工作态度，当然更看不惯他们的不思进取。

王曙一来，欧阳修这帮人的日子突然不好过了。

欧阳修很不爽。

有一天，王曙把欧阳修等人集中叫到一起，严厉地说："你们看，即使寇莱公这样的人，尚且因为耽于享乐而被贬官，何况你们这些人在才能上比不了寇莱公，你们怎么还敢这样呢？"

欧阳修颇有些不以为然，他眼皮一翻，阴阳怪气地反驳说："我听说寇莱公之所以失意，不是因为他耽于享乐，而是因为一把年纪了还不懂进退之道。"

王曙听后，默然无语。

这一年，新任西京留守王曙已经整整 70 岁了。

欧阳修狡辩的技能似乎是天生的，骂人不揭短，他怼起人来却毫不客气，而且还一点儿都不给人留面子，常常让人无言以对。

好在王大人没有跟这个年轻人计较。

好在王曙是一个正人君子。尽管发现手下是个不折不扣的刺儿头，尽管这个人当众怼得他哑口无言，但在他的眼里，这个年轻人还没有沦落到不可救药的地步。

没计较归没计较，他们的争执却还在继续。

明道二年（1033），有名士兵从服役地逃回洛阳，被缉捕归案。听说此案，王曙想都没想，直接判了这名士兵死刑。

逃兵不杀，军队就没法带了。

对于这个案件，直接负责人欧阳修却提出了不同的处理意见。欧阳修希望派人去士兵服役地取证，若这个人真是逃兵再杀不迟。

之所以这么做，除了人命关天须小心谨慎外，欧阳修心中更有一种家传的信仰因素。父亲去世以后，母亲郑氏从没忘记过丈夫的托孤遗言。在欧阳修的成长阶段，她就不断跟儿子讲父亲当年判案的言辞和故事，母亲告诉他说一定要学习老爹的办案精神，只有小心谨慎地办案，才不会枉杀人命。

王曙见迟迟不能结案，急了。

王曙责问欧阳修："那个士兵的案子，为何还不结案？"

欧阳修说："还在复审。"

王曙道："为何还要复审？"

欧阳修说："此案无士兵的服役记录，必须复审。"

王曙道："多此一举。老夫一生断案无数，像这样的案子，何须复审？你初入仕途，或许经验不足，但也不必如此畏首畏尾！"

欧阳修道："自古以来，人命关天。若此案还有疑点就不能结案，望王公见谅。"

王曙强压怒火："若老夫现在让你结案，杀了那个士兵，你执不执行？"

欧阳修昂首答道："若此案是王公负责，您尽可将其斩杀。但此案由下官负责，王公的建议下官恕难从命，还望海涵。"

王曙大怒："如此办事，真是拖拖拉拉，不知所云！"

说罢，王大人一脸怒气地拂袖而去。

没过几天，王曙突然收到了士兵服役地的文函。文函说这个士兵虽然逃跑了，但情有可原，罪不至死，还望西京留守轻判，等等。

看完文函王曙大吃一惊，忙找来欧阳修询问。得知士兵尚在狱中并未斩首，王曙这才松了一口气。他一边擦汗，一边连连称赞欧阳修道："若非你办案谨慎，几至误事！几至误事！"

王曙说这话是真心的，因为他真的没把两个人的争执放在心上。

不久王曙升任枢密使，进京上任。临走时，王曙拉着欧阳修的手郑重地说："朝廷今有新令，大臣可以举荐德才兼备的官员去学士院。待老夫回京后，定当上奏朝廷，奏举老弟！"

虽然共事时间不长，也就两个多月，他们之间还发生了很多摩擦，但欧阳修敢于直言的做法和超凡的才识打动了王曙。

听到王曙的话欧阳修感觉有些意外，他怀疑自己是不是听错了。如果没有听错，一定是这个老头儿在忽悠自己。

尽管如此，他还是将信将疑地含糊着答应了。欧阳修纳闷儿：自己处处跟他对着干，他怎么可能推荐自己呢？

进京以后，王曙果然没有食言，他在第一时间就向朝廷推荐了欧阳修。

王曙推荐欧阳修任职的部门是学士院。

宋朝编制内，昭文馆、史馆、集贤院、秘阁是合在一起的，这四个部门有一个统称，叫作馆阁。

在馆阁任职即称馆职。按照惯例，北宋各位大员都要身兼馆职。在馆阁工作，日常会直接和皇帝、宰相们打交道。能在这里工作虽然职位不高，但含金量你懂的。

可以这么理解，王曙这等于是送给了欧阳修一条璀璨的、前途不可限量的通天之路。只要顺着这条路走下去，如无意外，不假经年建功立业永载史册的大门将向欧阳修华丽地敞开。

学士

同样是老前辈，这就是钱惟演和王曙做人的不同。

多年以后，相信埋头奋笔编写《五代史记》的时候，百感交集的欧阳修于青灯黄卷之间，一定想起了当年在西京的这段荒唐岁月。他一定想明白了一些事情，同时也想明白了一些道理。

每当回忆起西京那段岁月，欧阳修就有些恨钱惟演。过于宽容等于纵容，欧阳修要把这个道理写进书里，同时他也要像王曙一样，把这些道理写给那些偏激而有才华的年轻人。因此，在写《五代史记》的时候，对老上司钱惟演以及整个吴越钱氏，他都没说什么好话。

欧阳修需要感谢，同时还需要甄别与批评。这些观点被他大胆地用春秋笔法在字里行间记录下来，广泛地书写进《五代史记》这部伟大的史书里。

与其他史书不同的是，《五代史记》纯属欧阳修的个人作品，它是宋代设馆修史以后唯一一部个人私修的正史，它能光荣地归入《二十四史》的行列，足以证明后世对这部伟大史书的认可。也是因此，由欧阳修独自编写的这部《五代史记》最终成为一部与众不同的、独出心裁且有着独特意义的史书。

这一年，除了荣登学士院，欧阳修人生中还发生了两件大事。

第一件大事是这年春天他的首任妻子胥氏死了。胥氏死在她刚刚为欧阳修生下孩子还没出满月的时候。尽管在这之后，欧阳修还会一连死去一位妻子和好几个孩子，但胥氏的结发之情和温良贤淑始终是欧阳修念念不忘的。胥氏死后，欧阳修在很长一段时间都处于丧妻的痛苦之中，以至于他天天只盼着尽快天黑，以求能和妻子在梦中相见。

第二件大事是他冒昧地给一个陌生人写了一封信。

写这封信是欧阳修经王曙推荐，成功地进入学士院不久后发生的事情。进入学士院以后，欧阳修官授宣德郎，任馆阁校勘，他接到的第一个任务是参与编写一部叫作《崇文总目》的目录书。《崇文总目》是我国现存最早的一部国家书目，可惜传到今天已经残缺不全。

《崇文总目》的编校是皇帝亲自下的命令，因此朝廷上下格外重视。为了编好这部书，翰林学士张观、李淑、宋祁等人先是对现有流传下来的各类书籍进行整理，然后由天圣五年的状元王尧臣亲自领衔，同时参与编著与校对工作的大人物还有聂冠卿、郭稹、吕公绰、王洙等人。

在编书之余，欧阳修用心关注着当时发生的每一件国家大事。

明道二年（1033），刘太后去世，仁宗皇帝终于亲政。亲政以后，仁宗皇帝想起了一个人，这个人曾在几年前冒死上书，要求垂帘听政的太后还政给皇帝，结果导致被贬。仁宗皇帝越想越觉得这个人不错，便亲自下令将他调到身边做了谏官。

欧阳修在第一时间听到了皇帝要将此人调为谏官的消息，内心甚是欣慰。他一面佩服这个人的远见卓识，一面赞赏他敢于碰硬的勇气，更是羡慕他苦尽甘来获得皇帝赏识的运气。于是，欧阳修便给这个人写了一封信，虽然在这之前两个人从未谋面。

其实，在这之前欧阳修曾不止一次地听自己的老同事谢绛提起过这个人的名字，谢绛和他是大中祥符八年的同榜进士。听说过的名字，勉强也算得上慕名已久。主动去结识比自己更加优秀的人，欧阳修在这方面有成功的经验。

在这封信里，欧阳修一改自己睥睨一切的姿态，他以一个小迷弟的语气，谦卑而诚恳地鼓励并希望这位老兄一定要以皇帝的青睐为机会，一定要像以前一样针对朝廷的各种过失多多发声。

收到这封信以后，这个人很快给欧阳修回了一封信，两个人开始有了书信的来往。随着了解的进一步加深，二人相见恨晚，友谊也在一天天地加深。两个人互相视为知己兄弟，而在这一友谊确立之前，欧阳修早已视此人为值得用一生去追随的偶像大哥。

从寄出那封信起，欧阳修开始心甘情愿与那个人肝胆相照、共进共退而且一生追随，哪怕只是自己为之付出也在所不惜。

能让老子天下第一的欧阳修甘愿做一个默默无闻全天候在线的小迷弟，能让他甘愿不管在何时何地，只要一声召唤就不假思索不计后果地第一个冲上前去，相信这位大哥深重的人望、过硬的人品和超强的感染力是绝非一般人可比的。

欧阳修的这位偶像大哥，便是本书的主人公范仲淹。

交游

在一代宗师欧阳修的生命里，还有一些人需要隆重地进行介绍。因为篇幅原因，这些人只能留下一个简单的名字和与欧阳修有关的只言片语。

虽然在欧阳修的一生之中，不管长辈还是晚辈，不管上司还是下属，不管同僚还是对头，对他来说重要的人太多太多了，他们和欧阳修之间的故事也不乏精彩，但鉴于那些故事或人物或是与此书关系不大，或是在本书的其他章节会详细提及，恕在此不详加叙述。

这些不能不说的人，按人以群分的原则，总结一下大概可以归为四类。

第一类是欧阳修早年的贫贱之交。这类人物主要有三个，他们是尹洙尹师鲁、谢绛谢希深和人称宛陵先生的梅圣俞。

第二类是欧阳修的良师益友。欧阳修的良师益友主要有他的恩师晏殊和恩师的女婿富弼，以及与欧阳修共事多年、既是同僚又是对手的好朋友司马光。

第三类是他的亲戚。他们包括前文已经提过的他的大恩人、首任岳父工部郎中胥偃、第二任岳父谏议大夫杨大雅，以及第三任岳父参知政事薛奎和他的儿子薛宗孺。

第四类是他的同僚们。久在宦海沉浮的欧阳修同僚太多了，需要着重说的人共有两位。一位是大宰相韩琦，另一位是大将军、枢密使狄青。这两个人之所以归到同僚的行列，是因为他们和欧阳修保持着更纯粹的同僚关系，欧阳修和他们之间的关系不像同别人的关系一样复杂。

文中提到这些人无一不是人中龙凤，无一不是大宋朝的栋梁之材，因为主题原因，在本书中只能委屈他们当作背景。除了专门的章节，让他们在此处登场，只是为了让你更多更全面地了解欧阳修，没有什么其他更多的目的。

下面就让我们简单地介绍介绍这几个人。

尹洙，字师鲁，欧阳修生命中最重要的朋友。尹洙比欧阳修大 6 岁，中学语文课本有一篇叫作《与尹师鲁第一书》的文章，相信每一个上过学的朋友都不需要再进行普及。尹洙是一个不得志、生活穷困且命运悲惨的人。尹洙死得较早，他死后欧阳修曾为他写了一篇墓志铭。欧阳修不但为尹洙写了墓志铭，在这之前还为尹洙的父亲写了墓志铭，由此可见二人的感情之深。尹洙既是欧阳修的文友，又是他的同事，还是唯一一个被欧阳修视为兄弟并将这一称呼写进文章里的人。

梅尧臣，字圣俞。梅尧臣比欧阳修大 5 岁，诗写得好，是一个能在诗歌界与欧阳修齐名的人。欧阳修这个老朋友一生清高，为了避嫌，即使欧阳修当了大官也不肯登门攀附。虽然两个人后来地位悬殊，但他们一生都保持着良好的私人关系。

谢绛，字希深，比欧阳修大 13 岁，也是欧阳修在西京工作时交下的朋友。谢绛文章写得不错，同时还是梅尧臣的内兄。虽然同尹洙和梅尧臣相比，谢绛与欧阳修的关系稍远，但这一友谊也维系了一生。

晏殊，字同叔，北宋宰相，他的精彩人生和事迹在第一卷第一章已经详加叙述。需要强调的是，晏殊是欧阳修考中进士时的主考官，并亲自将欧阳修定为省试第一，因此他是欧阳修的恩师。然而，他们亲密的师生关系却因欧阳修的原因最终走向了破裂。

欧阳修与晏殊的恩怨起于他们认识的第 11 个年头。

这年冬天，天降大雪，担任枢密使的晏殊在家中搞了一次宴会，邀请了一大帮文人喝酒赏雪。当时西北战事吃紧，又加上晏殊担任的是枢密使，即朝廷主管军事的最高领导。性格耿直的欧阳修见恩师于国难当头不思报国，却在家中聚众饮酒作乐，便毫无顾忌地向恩师开炮了。

欧阳修写了一首诗，诗的题目叫《晏太尉西园贺雪歌》，这首诗是这样写的：

晚趋宾馆贺太尉，坐觉满路流欢声。

便开西园扫征步，正见玉树花凋零。

小轩却坐对山石，拂拂酒面红烟生。

主人与国共休戚，不惟喜悦将丰登。

须怜铁甲冷彻骨，四十余万屯边兵。

这首诗成稿之后，迅速传遍了朝野。

虽然指责的不是没有道理，但欧阳修指责恩师的行径遭到了几乎所有士林人物的强烈反对。当时欧阳修的文名已经很大，已非初露头角的毛头小子，这首也许出于善意的规劝诗让晏殊背上了只顾享乐不顾天下安危和江山社稷的恶名。从那以后，晏殊便明确地跟他划清了界限，并说出了"**吾重修文章，不重他为人**"这样的狠话。

晏殊做人的境界绝非欧阳修可比。这件事发生以后，每当提起欺师灭祖的欧阳修，晏殊只是点头笑笑，既不说他的坏话也不肯说他的好话，可以说是连提都懒得提他。

与恩师的交恶还延及了比欧阳修大3岁，却成名比他早得多的富弼。富弼是晏殊的女婿，晏殊与欧阳修断交后，作为女婿的富弼也基本断绝了同欧阳修的来往。甚至在欧阳修去世时，与他共事多年的富弼连篇纪念文章都不肯写。

从做人的角度来看，欧阳修这首诗作确实有点儿欺师灭祖的味道，但做人格局更高的晏殊和富弼只是对此保持了沉默，并没有多说什么。这一点说明双方做人做事的胸襟是不一样的。说实话，不对此表态，是这对翁婿宰相从骨子里始终就没瞧得起欧阳修。

你可以这么做，我却不会这么做，即使你伤害了我。

这是更高层次的一个做人的境界。

与欧阳修有同样复杂矛盾关系的还有一个人：司马光。

无论人生成就还是文学成就，司马光丝毫不比欧阳修差。一开始他们是挚友，后来因政见不同二人产生了很多分歧，以至于到了水火不容的地步。司马光小欧阳修12岁，两个人之间的交往和争议却一直都能控制在理性和体面的范围内，因此从另一个角度来看，两个人的交情可以算纯粹的君子之交。

政见不同，也基本没进行过什么人身攻击，讲武德，这是两个人伟大关系的体面表现。但从品德来论，司马光的人格修养要比欧阳修高尚得多，当然他在官场的成就也比欧阳修大得多。

斗士

说完这些人，再来说说欧阳修那些亲戚。

欧阳修一生三娶，因此有三个岳父，欧阳修这三位岳父也都不是一般人。

首任岳父胥偃，欧阳修进入官场的靠山和推手，是胥偃一手将欧阳修从一个家穷人丑的穷小子打造成叱咤北宋政坛和文坛双料大咖的。欧阳修靠胥偃起家，因此，胥偃对欧阳修有着改变命运的知遇和栽培之恩。

可惜，结婚仅两年多胥偃的女儿就死了。胥偃女儿死后，时间不长欧阳修就又娶了一位杨夫人。再娶之后，欧阳修与大恩人、前岳父一家保持着若即若离的关系，可惜这一关系没维持多久就崩了。

因为在政治上需要义无反顾地支持偶像大哥范仲淹，而前岳父胥偃又与大哥政见不合，在是左是右的问题上，欧阳修选择了反对岳父来支持大哥。也是因此，过河拆桥的欧阳修遭到了朝中很多人的排斥。

过河拆桥忘恩负义，这是欧阳修一生屡屡为人诟病的地方。在政坛崭露头角以后，他先是背叛了一手提拔他的岳父胥偃，后来又得罪了他的恩师晏殊，最后还将老上司钱惟演一家贬得一文不值。欧阳修一生先后背叛了三个对他有恩的人，因此很多人都认为欧阳修做人有问题，这一说法也是比较客观的。

欧阳修第二任岳父名叫杨大雅，此人也在朝廷任职。可惜的是，第二任妻子跟欧阳修生活也就一年多，也死了。

欧阳修命硬，真是出奇地命硬。

欧阳修的生活似乎离不开女人，杨氏死后，欧阳修很快又娶了他的第三任妻子。他这位第三任妻子也是大家闺秀，是前参知政事薛奎的第四个女儿。有意思的是这个薛夫人的命似乎比欧阳修更硬，她一直活到欧阳修死后18年才去世。欧阳修娶薛氏的时候，薛奎已经死了好几年。出身名门的薛夫人知书达礼，似乎也颇能管得住欧阳修好色的坏毛病。据说，曾有人送了两个美女给欧阳修，因为怕老婆，欧阳修竟连收都不敢收。

而对欧阳修来说重要的不是这位第三任岳父，而是这位岳父的儿子薛宗孺。说是儿子其实薛宗孺并不是薛奎的正经儿子。史载薛奎无子，以从子为嗣。也就是说薛宗孺是嗣子，过继来的。

这个过继来的小舅子让欧阳修吃尽了苦头。

欧阳修一生对别人指指点点，动不动就给人贴上小人的标签，却接连两次都栽到了绯闻上。最让他抬不起头的是他的第二桩桃色新闻，而这一桃色事件就是由他这名小舅子亲手策划的。

欧阳修第一桩绯闻是盗甥案。

欧阳修有一个妹妹，他这个妹妹嫁给了一个叫张龟正的人做填房。不幸的是妹妹出嫁不久妹夫张龟正就死了。欧阳修对妹妹挺不错，妹夫死后，妹妹带着丈夫同前妻生的女儿回到了娘家守寡。

祸水出在欧阳修的外甥女身上。欧阳修这名外甥女长大以后却不怎么守妇道，竟然与下人私通，后被人抓了现形并告到了官府。当时，主审此案的是京城代理市长杨日严。杨日严不久前曾因贪污罪被欧阳修弹劾过，见此案与欧阳修有关，杨日严公报私仇借机做起了文章。为了扳倒欧阳修，杨日严不惜一切代价地对此案深挖。挖来挖去，案子的方向变了，一起普通的通奸案，变成了不守妇道的张氏与舅舅、当朝高官欧阳修的乱伦通奸案。

桃色新闻总是传得很快，这时又来了一个神助攻。有一名谏官名叫钱明逸，吴越钱氏的后人。因为《五代史记》的梗，钱明逸早就对欧阳修怀恨在心。闻讯之后，钱明逸立马启动弹劾程序向皇帝告状，说欧阳修不但与外甥女乱伦，还欺外甥女年幼夺走了她的家产。

皇帝闻听勃然大怒，虽然知道欧阳修一向有好色的坏毛病，但没想到竟然如此不成体统。皇帝亲自下令，命宰相陈执中审理此案。不幸的是，不久之前欧阳修刚刚攻击过陈执中，在皇帝和群臣面前大骂陈执中是奸邪小人。

毕竟身兼宰相的体面，接到任务后陈执中要了个滑头。他没有亲自审理这一案件，而是别有用心地推荐了一个名叫王昭明的宦官进行查办。几年前，王昭明曾在公开场合被欧阳修奚落和羞辱。

出人意料的是，宦官王昭明却在关键的时候体现出了他高尚的人格。王昭明没有借机报复欧阳修，而是一五一十地将案件查清楚了。最后的调查结论是通奸不实，但欧阳修侵占了外甥女的嫁妆。

结果，欧阳修被贬。因为这次被贬，我们才有机会读到《醉翁亭记》这篇文章。

绯闻归绯闻，无风不起浪。

人不沾红，红不沾手。

而最让欧阳修一生都抬不起头来的第二桩绯闻，却是比盗甥案更为恶劣的扒灰案。

不管事情真假，好歹第一桩案子中的外甥女跟欧阳修没什么血缘关系。第一桩桃色新闻发生在欧阳修39岁正血气方刚的时候。二十多年以后，61岁的欧阳修再次陷入一桩绯闻之中，而绯闻的对象竟然是他的儿媳。

盗甥一案，是想在道德上将欧阳修贬为禽兽，扒灰案一旦坐实，无论在官场还是文坛，欧阳修的下场将会连禽兽都不如。

虽然扒灰案最终的调查结果也是诬陷，但接连经历这样的争议，欧阳修的威望早已经声名狼藉了。

这桩扒灰案是欧阳修的小舅子薛宗孺一手策划的。

举凡此类案件一般外人很难知道，能传出来的应该都是自己人。事情的起因很可笑，欧阳修这个小舅子曾担任过淄博太守，在担任淄博太守的时候，他向朝廷举荐过一个人。

在宋朝，举荐人是需要承担责任的。倒霉的是薛宗孺举荐的这个人因贪赃获罪，并且牵连到了薛宗孺，薛宗孺承担推荐的责任也被一同治罪。

这个薛宗孺的运气却是出奇地好。古代信息更新不及时，处罚决定做出以后往往需要很长时间才能下达到执行部门。在这期间，出现什么变数是很难说的事。

薛宗孺就摊上了这样的好事儿。

处罚决定书还在路上的时候，仁宗皇帝驾崩，新皇帝登基大赦天下。薛宗孺仗着姐夫是副宰相，又赶上了这样的好机会，当然喜巴巴地坐等好事来临。只要姐夫替自己说上两句话，这个坎儿自己一定能躲过去。

可惜，欧阳修不但没有帮他，反倒跟皇帝说：皇帝陛下，虽然您大赦天下，但我要做个表率。薛宗孺罪不可赦，不能因为他是我的小舅子就赦免他。

不可理喻，简直是不可理喻。只顾自己不顾别人，不帮就算了竟然还踩上一脚，薛宗孺恼了。

因为欧阳修的不依不饶，坐等天降好事的薛宗孺丢官了。

本来就是过继的儿子，感情基础没那么深，薛宗孺对不是亲姐夫的姐夫欧阳修恨之入骨，你不让我好过我就不让你好过，他编了一个欧阳修扒灰的故事，别有用心地传播出去，一时间朝野上下尽人皆知。

千防万防，家贼难防。故事传得有板有眼，加卜扒灰案性质过于恶劣，据说此事发生后，满朝官员除了欧阳修的亲家公之外，没有一个人站出来替他说话。

成也亲戚，败也亲戚，只是不知道事后欧阳修的肠子有没有悔青。

除了以上这些人，欧阳修有一个非常重要的朋友，这位朋友的名字叫韩琦，两个人私交不少，工作关系更加密切。

韩琦，字稚圭，相州人，比欧阳修小一岁。韩琦出身名门，官二代，虽和欧阳修是同龄人，但两个人的命运却是天差地别。虽然文学成就差了点儿，但韩琦官声和官运都比欧阳修好得多。韩琦是欧阳修需要用一生感恩的贵人，他之所以能当上副宰相，全得益于韩琦的大力推荐。同时，韩琦也是偶像大哥范仲淹的好朋友，是当时唯一能与范仲淹齐名的人物。

而另一个重要的人物狄青，虽然只比欧阳修小一岁，却因为出身较低且出道较晚，只能算是欧阳修的晚辈。狄青跟着偶像大哥范仲淹出生入死，在西北战场立下了赫赫战功，后来又几度平定暴乱，一度出将入相，最终也成为一代名臣。

因是武人出身，狄青始终被文官团队甚至包括皇帝无条件地不信任。纵是欧阳修这样的人物，也数次带头在皇帝面前反对重用狄青。

欧阳修一直没从骨子里瞧得起大头兵出身的狄青。狄青当上高官以后，为了罢免他，欧阳修带头一连写了三封奏章弹劾，不但如此，他还带了一大帮文官轮番在皇帝面前说狄青的坏话，直到皇帝将狄青罢免为止。

在打压狄青这件事上，欧阳修做到了不达目的誓不罢休的顽固。诋毁狄青，是欧阳修另一个重要人生污点，如果不是欧阳修，相信大功臣一代名将狄青的人生不会如此悲惨。更广为人知的一个段子，说是当时见大家都这么贬狄青，皇帝有些看不下去了。皇帝说狄青是个忠臣，大家不应该对他这样。

见皇帝这么说，欧阳修没有跟皇帝讨论狄青的忠奸，而是反问说：太祖不也是忠臣吗？

欧阳修这句话一下子戳到了赵宋王室的痛处。当年，太祖皇帝赵匡胤曾是北周大将，手握兵权的他反水自立，赵家才得以拥有堂堂的大宋江山。

结果因为欧阳修这句话，皇帝才痛下决心。而狄青因为被贬，不久就抑郁而终。

欧阳修人生有很多精彩故事，从这一年开始，欧阳修便和本书的主人公范仲淹开始了重要的交集，他的精彩故事会在其他章节里一一展现。

公元 1033 年，欧阳修结识了范仲淹。从此以后，他追随一生，无怨无悔。肝脑涂地，在所不辞。

总体来说，在北宋的官场，谏官才是欧阳修最重要的人生本色。谏官的本职工作就是骂人，最后，让我们来看看这个北宋第一轴人的斗士人生。

公元 1033 年，27 岁，怼范仲淹；骂身为谏官的范仲淹混日子不出力；

公元 1035 年，29 岁，怼同学、大文学家石介自视过高；同一年，因政见不合公开与岳父、大恩人胥偃闹翻，从此不再来往；

公元 1036 年，30 岁，因范仲淹被贬，作《与高司谏书》，骂高若讷在其位不谋其政，公开与大宰相吕夷简为敌；

公元 1041 年，35 岁，批评晚辈文人杜默；写诗骂恩师晏殊国难当头之际只顾贪图享乐；

公元 1044 年，38 岁，奏折骂谏官高若讷是非不分，"不知人间有羞耻"；作《朋党论》，公开与夏竦及整个保守派为敌；

公元 1045 年，39 岁，骂好朋友、枢密副使富弼；

…………

除了在骂人方面这些光辉的成就，欧阳修还做过一件震动朝野、不惜得罪满朝同僚且足以颠覆人们价值观的事情，这件事就是涉及皇帝家族事务、一直持续了整整 18 个月的濮议之争。

那些被他骂过的人，有与他成为好友的，如范仲淹、石介等；有根本就不跟他一般见识的，如晏殊、富弼等；还有怀恨在心的，如高若讷、夏竦等。

不难看出，欧阳修的人生本色就是终其一生都在不停地跟别人斗争。

其实，要想了解欧阳修，你无须知道太多，仅从两篇万古流芳的墓志铭就可以看出他的成就与精彩。这两篇墓志铭都是可以载入史册同时也已经载入史册的文章。

第一篇墓志铭是欧阳修为自己的学生曾巩的爷爷写的。在文学史上，它绝对称得上是一篇有里程碑意义的文章，因为这篇文章，引发了一场墓志铭到底应该怎么写的大讨论，而欧阳修这篇墓志铭成了后世写作此类文章的标杆。欧阳修和曾巩的关系很好，两个人常有书信往来，曾巩也有作品《寄欧阳舍人书》传世。

第二篇墓志铭则是欧阳修为自己的偶像大哥范仲淹写的。这篇墓志铭同样也被载入了史册并广为流传。可惜的是这篇文章交稿以后，有一部分内容的真实性没能得到大哥的儿子、后来担任过宰相的范纯仁的认可。在刻碑的时候，范纯仁自作主张地删去了他认为不符合事实的一段。因为这件事欧阳修生了一场不小的气，他甚至数次拒绝承认这是自己的文章。

范仲淹生前到底有没有跟吕夷简和好，欧阳修和范纯仁各执一词。至于当时的真相到底是什么，后人已不得而知。千百年来，这一争执始终在继续，因为这件事，欧阳修至死都不肯原谅范纯仁。

不仅是这桩公案，甚至让欧阳修一生引以为耻的两桩绯闻，当时到底是不是真有这回事？

第四章　宰相梦

西溪花开

小吕缓缓地从午后的阳光里醒来。

他也记不清这是第几次了。最近这段日子，每天午睡时他都会做一个奇怪的梦，他梦见官衙里那株牡丹开了好多花。

每次醒来，他都会清晰地记着梦中的景象。在绿油油的肥厚叶片的衬托下，那株自己亲手栽下的牡丹竟然花开百朵，紫的、红的、黄的、白的、粉的，一朵朵争奇斗艳，在阳光下闪着耀眼的光芒。

硕大的花冠衬托着金黄色的花蕊，花瓣层层叠叠，井然有序。不时飘来浓浓的花香，让人陶醉沉迷。

他分明感觉到，梦境中的自己就像陶醉在梦中一样，那种感觉真是太好了。

他实在不愿意睁开眼睛。梦中的感觉是那么美好，那么地让人憧憬而又让人回忆。

这里是大宋真宗景德四年，即公元 1007 年。午后的阳光淡淡，照在这个年轻人身上。这一年，小吕 30 岁，正处于人生和事业的上升期。前不久他刚刚调到这个地方，充任盐仓监。

盐仓监官虽不大，但权力不小。这份工作名义上监管盐仓的税务工作，实际上，他既需要和同僚们共同处理盐仓和盐场的政务，同时还握有监察政务、考核官员的实权。

作为朝廷命官，小吕自知肩上的担子很重。盐场直属三司使，不归地方管辖，三司使是掌管国家财政的最高部门。西溪盐仓监由三司使直接委派，可知朝廷对这个岗位的重视。

受任以后，小吕信心满满。朝廷能把这么重要的岗位交给自己，他似乎已经看到了隐约而美好的前程。小吕是一个有志青年，从小时候起他就有一个梦想，为了实现那个梦想，这些年一直都在坚持不懈的努力。这几年，随着职务的每一步提升，他都感觉自己又向那个目标迈进了一步。伴随着他的每一个进步，背后有多少辛酸、汗水，多少不安、焦灼和等待，官场之事终归如人饮水，冷暖唯有自知。

从骨子里来说，小吕承认自己是一个热爱生活的人，他一向热爱生活且平易近人。上任之初，听说西溪人爱养花，尤其喜欢牡丹，他便入乡随俗地亲手在官衙里也种了一株。

种下这株牡丹以后，他几乎每天都在关注。种下一朵花，目的当然是希望看到它的开放。在复杂的工作之余，多给自己一分期待。小吕很清楚，自从种下它以后，自己期待的就是想亲眼看到它开放的景象。

此时，刚刚醒过来的小吕似乎还沉浸在方才的梦境里。在梦里，那株牡丹开得是那么的鲜艳，是那么的花团锦簇，而又绽放着那么夺目的光华……种种景象仿佛还在眼前，他甚至都不愿意睁开眼睛。

其实，午睡的习惯是最近才养成的。经过前段时间的紧张忙碌，盐场盐仓的修缮和整改终于就绪，他也终于可以歇口气了。放眼望去，一道道新建成不久的围墙绵延数里，直向海边的盐场伸去。一座座锥顶的盐仓整齐排列，海面在远处连着天空，盐仓的尖顶恍惚就在海天之间。阵阵海风吹来，虽然湿重，却满是让人陶醉的味道。

小吕刚上任时，西溪盐仓可不是现在的样子。虽然大宋建国已经42年，尽管两淮盐场的生产早已恢复，但经历了五代十国的百年战乱，不但盐场与盐仓的储运设施已经陈旧不堪，相关的管理工作也远未完善，因此，被朝廷寄予厚望的盐税始终无法让人满意。甚至当时盐仓的盐税收入都无法达到唐朝的水平。

新官上任，小吕决心要做出个样子。为了改善原有的面貌，他不辞劳苦地反复与各盐场、灶团协商，决定先对各种硬件设施进行改造。没有经费，他便组织灶民动手，一道命令下来，灶民们出工可以以工代税，以工抵盐，灶民们的积极性被调动起来了。

这一办法果然奏效。不过数月，盐场和盐仓面貌一新，广三百丈的土坯围墙延绵而立，院内夯土平整，明沟排水，堆码盐囤，草苫封盖。新修建的三十六眼仓廒，墙壁坚固，顶棚封漏。硬件设施的完善既让西溪盐仓具备了更强的收储能力，又让盐场大幅度地提高了生产能力。

短短几个月的时间，盐场的生产能力就翻好了几倍。

而这些都只是小吕计划的第一步。改建完成之后，经过实地踏勘，他又对官仓的收盐的办法进行了一番改革。

灶民们先前到盐仓交盐，每次交盐量都很少，交盐的次数却很多，这直接导致了官仓收盐成本的增加。钱都浪费在路上，属于毫无意义的消耗。在小吕的提议下，西溪盐仓改变了交盐和收盐的规定。新办法规定了每次最少的交盐量。很快，消耗减了，成本降了，不但收盐量翻了好几倍，盐税收入更是成倍地上翻。

灶民们的积极性高了，仓储多了，各方商贾持引付货，交易井然有序，西溪盐仓的盐税额直线上升。于是，小吕治盐有方、完税得力的好评逐级上报，一时之间，小吕盐官的美名传遍了朝野上下。

此时的小吕，得意地望着远处修葺一新的盐场和盐仓，梦里花开的景象再次涌上心头。那感觉真是太美好了，他沉浸在这美好的感觉里，不经意间，似乎有一股淡淡的花香隐隐袭来。

一开始，他还以为是错觉。提鼻一闻，不对！是花香，真的是花香！

小吕站起身来，循着花香飘来的方向望去。他惊喜地发现，自己亲手种下的那株牡丹真的开了。

少年梦来

对每一个爱花的人来说，花开的喜悦胜过一切，小吕没想到惊喜来得竟是这么突然。

他小心蹲下身子，努力让自己凑得更近一些。

浓浓的花香沁人心脾，沉浸在浓浓的花香里，小吕忘掉了身边的一切。他忘掉了繁重的工作，忘掉了盐仓和盐场，忘掉了复杂险恶的朝堂和官场，甚至忘掉了自己的理想和家族的责任，以至于整个人都陶醉在迷人的花香里。

他是那么的专注，那么的开心，而又是那么的陶醉。

此时的他还不知道，在若干年以后，在西溪这个微不足道的小地方，在波澜壮阔的北宋官场，西溪的牡丹将会是一个多么神奇的存在。在不久的将来，还会有两个优秀的年轻人陆续来到这里，他们不但会在此为官，在留下他们杰出政绩的同时，还会接力他仕途的神奇。这两个年轻人都会像他一样入阁拜相并名垂青史。在不久的将来，那两个年轻人将会和此时的他、日后的吕大宰相一起主宰并支撑起大宋王朝的命运。

这个陶醉在花香中的年轻人不是别人，他就是日后纵横朝野二十余年，在大宋王朝呼风唤雨的大宰相吕夷简。此时他的身份还只是一个好学上进的地方小官，当地人都亲切地称他为小吕。

初到西溪，小吕温和、谦逊，既没有一点儿当官的架子，全身上下更是没有一点儿锋芒，这跟日后史料所说的权势熏天、专横霸道一点儿都不沾边儿。

尽管看上去和蔼温顺，但在内心深处，小吕对自己的人生却有着一番坚定而长远的规划。说实话，尽管近期的工作得到了一致的好评，但他对自己的表现却一点儿都不满意。

中进士已近十年了，在这十年的时间里，自己的进阶非常有限。虽说自己也懂得需要从小事做起，虽说自己也能做到逢场作戏游刃有余，虽说自己也尽量地不让同僚们觉察到自己的志向和威胁，虽说自己也一直装着胸无大志夹着尾巴做人，但在种种漫不经心的背后，自己那颗永不满足和追求上进的心，却一直用着别人想象不到的努力在拼搏。尽管自己已经这么努力，可事情总有些事与愿违。

小吕清楚地知道，人生的很多东西不在表面。他不是没有志向，不是没有理想也不是没有忧虑，但这些东西他从来没跟人提过。只有每当夜深人静的时候，他才有机会正视自己的内心。他知道，自己的目标只有一个，为了实现这个目标，自己需要走的路还有很长很长。

小吕出身算是官宦世家，虽然他的父亲只是一个小官，但他的家世却是一个非常有名的家族，随着一代代人的崛起，这个家族日后会被人们尊称为东莱吕氏。

东莱吕氏的真正发迹，是从小吕的伯父吕蒙正开始的。

在重视宗族观念的宋代，虽然门阀已经式微，但背景和出身还一直是上层社会颇为看重的因素。虽然当时士族已经不能世袭，但几乎每个家族都渴望人才济济，都渴望成为名门望族。那时候，一个人的成功往往会带来一个家族的兴旺，这样的例子举不胜举。

比如前文中我们讲过的三槐王氏。王氏家族从王旦起，逐渐发展成为一个庞大的家族，这个家族的成员在很多年的时间里，都在北宋的官场上占据着不可动摇的位置。除了以王旦为首的王氏家族，同期的大家族还有以陈省华、陈尧叟、陈尧佐、陈尧咨父子为首的陈氏家族；以韩亿、韩纲、韩综、韩绛、韩绎、韩维、韩缜、韩纬、韩缅父子为首的真定韩氏家族，以范仲淹、范纯仁父子为首的范氏家族，等等。这些家族无一不是满门公卿，名闻天下，更重要的是长江后浪推前浪，他们都后继有人，而且人才辈出。

因为历史传统，东莱吕氏尊称他们的发家人为五代时期的吕梦奇，实际上东莱吕氏的真正发家人并不是他。吕梦奇，五代十国时期后唐的幽州节度判官、户部侍郎，因为多年以来的辛苦打拼，让吕氏家族拥有了一定的社会地位。从他这一代起，家族陆续培养出了很多优秀的后代，因此他得以被东莱吕氏尊为始祖。

一个家族的兴盛必须后继有人，虽然吕梦奇儿子这一代比较平庸，但是随着朝代的更替，吕家的孙子辈出了一个大人物。

家族荣耀

吕家这个大人物叫吕蒙正。

吕蒙正，大宰相，一个历朝历代都广为称道的标杆式人物。

最为人称道的事迹，是吕蒙正从小时候起就饱受各种苦难却寒窗苦读高中状元的故事。更为神奇的是，中状元以后没几年吕蒙正就当上了宰相，而且一生之中先后三次荣登相位。而不可思议的是，在显达之前，吕蒙正居然过着吃了上顿没下顿的乞丐生活。

这是为什么呢？

按理说他的遭遇不应该这样。

爷爷吕梦奇是朝廷官员，父亲吕龟图虽然职位不高，但也是有一定级别的公务员。有资料证明，吕龟图在宋朝官拜起居郎。起居郎虽是一个下层文官，但北宋朝俸优厚，工资收入满足一家老小的小康生活是没有问题的。他的儿子怎么会成为乞丐呢？

说来可笑。

吕蒙正的父亲吕龟图这个人有点儿不靠谱。虽然只是个下层文官，但他爱好广泛，尤喜女色。除了正室之外，这位老兄一连娶了好几个小老婆。娶小老婆也就罢了，他办的最不着调的一件事儿，就是娶了小老婆以后竟然把原配和儿子都扫地出门了。

史载吕龟图"多内宠"，即讨了好几房小妾，实在不知道这位仁兄每天晚上是不是忙得过来。妻妾一多，老吕自然对正室刘氏越看越不顺眼，相信如果看得顺眼，他也不会娶这么多。中间不知经历过怎样的斗争，后来吕龟图竟以"不睦"为由，将吕蒙正的生母刘氏连同吕蒙正赶出家门，并拒绝为他们提供生活费。

少年吕蒙正与母亲无处投靠，只好寄宿于附近一座山寺的窑洞，靠讨饭生活。

不知道老吕同志此举是刻意为之，还是真的脑子进水无情无义，难道他怀疑儿子不是亲生的吗？可惜大宋朝做不了亲子鉴定。相信如果能做亲子鉴定，刘氏一定会拿上鉴定报告带着年幼的儿子去打官司。

再说，老婆看着不顺眼情理上说得过去，儿子总归是自己的。虎毒尚不食子，能将老婆孩子扫地出门，足见老吕做事称得上三绝：够阴、够毒、够狠。

被扫地出门以后，吕蒙正母子之悲惨可想而知。而难能可贵的是，吃了上顿没下顿的吕蒙正并没有自暴自弃。吕蒙正是一个有理想、有志气的人，在顽强地克服着种种困难的同时，少年吕蒙正有着一个坚定而明确的目标，读书，靠知识改变命运。

过程无须细讲，功夫不负有心人。大宋太平兴国二年，三十四岁的吕蒙正参加了这一年的科举考试。谁也没想到，这个姥姥不疼舅舅不爱，甚至连亲爹都不要的、在寒窑靠吃百家饭长大的穷孩子竟一举夺魁，拿到了那一年的状元。

有意思的是，这一年吕蒙正的叔叔吕龟祥也一起参加了考试，而且也金榜题名了。他这个养尊处优的小叔叔虽然也中了进士，但名次跟吕蒙正比差得太远太远了。而这个吕龟祥，就是小吕的爷爷。

中状元后仅仅过了六年，吕蒙正便被任命为参知政事，官拜副宰相，那一年他刚刚四十岁。又过了没几年，宰相李昉因故罢相，吕蒙正"拜中书侍郎兼户部尚书、平章事，监修国史"，成为北宋群臣之首的大宰相。

将一手烂牌打好的本领，古往今来吕蒙正的成就无人可比。

不知道功成名就的吕蒙正当年对父亲有没有过怨恨，史料中没有关于这方面的记载。各类史料关于吕蒙正记载最多的，是他人品和器量方面的事迹。有证据表明，做官以后吕蒙正曾把父母接到一起同住。虽然住在一起，但他并没把父亲和母亲安排在同一个房间，也不知道此时老吕同志作何感想。

吕蒙正流传到今天让人津津乐道的故事有很多，最广为人知的大概还是以下三个：

第一个故事讲的是他的胸怀和器量。

刚升任参知政事的时候。有次上朝，吕蒙正听到两位京官在窃窃私语，大意是说：凭什么吕蒙正可以大权在握？不过是状元出身，靠皇帝的宠信罢了。什么政绩都没有就给他这么高的官职，简直太荒唐了。

参知政事是北宋朝堂等级最高的政务长官之一，大概相当于副宰相。很多人觉得吕蒙正刚当官没几年，资历太浅，不能够担任如此重要的职务。

这类故意让人听到的话，属于有恃无恐的赤裸裸的人身攻击，换作旁人早已按捺不住了。但吕蒙正却假装没有听到一样，甚至转过头去，连看都不看那两个人是谁。

路不平，自然有人踩。吕蒙正身边有位官员也听到了这一议论，十分气愤地想替吕蒙正出头，去斥责那两名官员诋毁上司的行为。

吕蒙正拉住他说：不要管这件事了。如果让我知道他们是谁，我心中必然会产生恨意，当没这回事最好。

宰相度量，果然不是盖的。

第二个故事讲的是吕蒙正高超的政治技巧。

北宋初年的官场有个不成文的规矩，高官的儿子可以不通过考试直接当官。如果愿意参加考试，考试通过以后也会得到优待，他所任命的官职会比普通学子的官职略高。朝廷的本意是想以此表示皇帝对大臣的恩宠。

吕蒙正共有七个儿子，儿子们成年以后，吕蒙正却上奏皇帝说，这种恩宠不合适，对那些平民出身的人不公平，建议皇帝废止这一做法。

说这番话的时候，吕蒙正拿自己举起了例子。他说自己是平民出身，虽然中了状元，刚入官场时只是一个九品小官。状元况且如此对待，更不用说那些有才华而不得志的名士了。

为了表达自己的决心，吕蒙正还对皇帝说了一句狠话。吕蒙正说：我儿子能力有限，需要在官场之中慢慢学习。如果靠父亲庇护而获得高职，会遭受天谴的！

似乎说得有些道理，皇帝同意了吕蒙正的建议。从此以后，大宋朝高官的儿子参加科举中选，再也没有特殊待遇了。因为这件事，吕蒙正得到了文人士林们的一致好评。

不搞特殊化，尽其所能地力求公正，这件事吕蒙正做得没毛病，满满的正能量。其实，笔者认为吕蒙正此举是一种极为高明的政治技巧。一个高官的儿子，只要不是太差，想进步只是分分钟就能完成的事，自己咳嗽一声甚至都不用吩咐就有人给办了，何必非需要用这种形式？

但是，既得利益者能主动放弃所得，努力让一切公平，绝对是一种高尚的情操。吕蒙正带头放弃特权可谓一举两得。既能为自己的品德拉票，又免于子孙后代落下因恩受惠的名声，这件事做得太高明了。

关于吕蒙正的第三个故事，是说他不存私心的，这件事就与他的侄子小吕有关了。

这是一件几年后才发生的事情。吕蒙正是宋朝为数不多被批准致仕的宰相，退休以后吕蒙正定居在洛阳。宋真宗外出巡游路过洛阳时，曾去吕蒙正府上探望。

有次探望的时候，真宗问吕蒙正说，你家这么多孩子，谁可以在朝堂担当重任？

遇上了这样的好机会，出人意料的是吕蒙正没有推荐自己的儿子，反倒推荐了堂侄吕夷简。吕蒙正对真宗说，我的儿子们都不是这块料，只有侄子夷简有辅佐皇帝治理天下的才干。

要知道，皇帝面前的直接推荐票何其宝贵，它很可能是一个人一步登天的机会。不推荐自己的儿子，显示着吕蒙正的高风亮节，同时也说明小吕确有才干，吕蒙正这一点一般人都做不到。有了老宰相这席话，小吕同学才得以进入皇帝的法眼。

伯父的这张推荐票有多么宝贵，小吕需要在多年之后才能体会得到。

进阶之路

状元出身，三度担任大宰相的吕蒙正，给东莱吕氏的辉煌开了个好头，同时也打下了坚实的基础。

一个家族要想兴盛，除了一个好的领路人以外，更重要的还在于后继有人。吕夷简亲眼看到了伯父从草根成长为宰相的光辉历程，在佩服的同时，他也暗下决心：做人一定要做伯父这样的人，至少要像他一样当上宰相，只有这样吕氏家族才能进一步发扬光大。

榜样的力量是无穷的。

自从有了这个理想以后，吕夷简全天候像打了鸡血一样，对任何人、任何事都不再懈怠。因此，不管是进入仕途之前，还是进入仕途以后，吕夷简从来都清楚地牢记着自己的使命。

而想想自己的现状，身在西溪的吕夷简又难过起来。这些年自己进阶太慢了，如果这样发展下去……他简直不敢再往下想了。

吕夷简很清楚，自己的问题在于一直找不到赏识自己的人。如果这么按部就班地走下去，怕是这一辈子不但入不了阁拜不了相，甚至有可能连个朝官都当不上。

一想起这个问题就失落。

吕夷简的忧虑不是多余的，伯父吕蒙正向皇帝推荐他是在公元 1011 年，这是三年以后才发生的事情。

此时，身在西溪的吕夷简，正挖空心思处心积虑地寻找着每一个进步的可能。

在官场，有一个人人都知道却人人都不肯说出来的晋升路线，叫作超升。顾名思义，超升就是越级提拔，更简单地说就是跳级。要想进步比别人快，就必须做到不断超升，这是每一个在官场混的人都在争取，但谁也不会告诉别人的套路。

这个道理吕夷简不是不明白。

一个人在官场混，如果走按部就班的路线，即便你一点错误也不犯、一次机会也不浪费，即便你能够做到只要熬够时间和资格就得到提拔，对不起，你一生的进阶也是很有限的。

拿吕夷简来说，如果这么按部就班地走下去，他奋斗一辈子恐怕也实现不了自己的宰相梦。

　　吕夷简是 23 岁中的进士，他最初入职的官职是从九品。宋朝官员三年一任，宰相为从一品，从从九品到从一品，中间共有十四个官级。不考虑平调，同时也不考虑贬谪等因素，按任满即升级计算，吕夷简从进士做到宰相，大概需要整整四十二年，即在理论上推算，吕夷简当上宰相需要熬到 65 岁。

　　很不幸，吕夷简只活了 66 岁。也就是说，如果按部就班地升迁，即使一天也不耽误，在理论上吕夷简需要熬到死才具备当宰相的资格。

　　而且这只是个理论上的数据。谁能保证自己一天都不耽误，谁又能保证自己总是升迁呢？

　　由此可见，身在西溪的吕夷简的失落绝不是没有道理。虽然职位越来越高，虽然暂时志得意满，但他发现自己离人生目标却是越来越远。

　　怎么办？眼见人生目标一步步沦为根本不可能完成的任务，该怎么办呢？

　　想来想去，眼前的办法只有一个，那就是超升，必须超升。可是，获得超升的前提是得到大人物的关注与青睐，得先让他关注你，然后你才有可能得到被越级提拔。这又谈何容易！

　　朝里有人好做官，这是人人都懂的道理，但不是人人都有门路。思来想去，吕夷简发现，除了伯父吕蒙正之外，自己真的没有一个人可以利用。

　　想到这里，沮丧的吕夷简反倒明朗起来。

　　说实话，他不是没指望过伯父，但这些年两家人走得并不近，更重要的是这个伯父不是亲伯父。如果是亲伯父的话，可以撒撒娇，可以发发嗲，甚至厚着脸皮去赖，可自己不是亲侄子，没有这个资格。再说，伯父家里有七个儿子，这七个堂兄弟个顶个的出色，到哪辈子才能轮到自己呢？

　　想到这里吕夷简又有些灰心了。

　　望着自己种下的那株牡丹，想到自己的人生，吕夷简愁肠百结。

　　与此同时，一个主意在他心里暗暗定了下来。亲戚不论远近，都是越走动越近。还是应该从伯父身上想办法。至少先混个脸熟，先培养感情再说其他的事。他要求自己尽量有事没事多跟伯父走动走动，刷刷脸，互动互动，逢年过节多拜访问候，人非草木，首先让他对自己有个好印象再说吧。想到这里，吕夷简提醒自己有两件事一定要把握好：一是绝不能让伯父看出自己急于求成，二是同时也得让他知道自己胸有大志。

　　于是，看着眼前盛开的花朵，小吕的心情好多了。

　　吕夷简是 23 岁时中的进士，他的进士是货真价实的进士，是靠自己一步步努力考来的，可没有受到什么照顾。因此，可以推断他的文采不错。心情一好，吕夷简的诗兴来了。

在午后淡淡的阳光下，望着盛开的牡丹，直觉告诉他，那些多年以来他一直在追求的东西就在不远的地方等他。尽管暂时捕捉不到，但他相信自己一定会得到的。

沉浸在这感觉里，他舒服极了。吕夷简取过纸笔，略有所思地写道：

异香浓艳压群葩，何事栽培近海涯。

开向东风应有恨，凭谁移入王侯家？

这是一首很了不起的诗。它写成后没多久就和西溪这株牡丹一起名扬天下了。不日之内，西溪官衙那株牡丹竟真的在数日之内开花百朵，这跟吕夷简梦里的景象几乎一模一样。

人人都见过牡丹花开，但谁也没见过花开百朵的牡丹，这一盛事引得西溪人竞相围观。在古代，自然界的异象经常会被认为跟一个人的品德操守有关，那段时间，西溪官衙的牡丹和吕夷简的诗作及事迹成为人们茶余饭后津津乐道的话题。

吕夷简告诉小吏们打开官衙大门，只要是来看花的人，一概不予阻拦，他要跟天下人一起分享这一盛世景象。

很快，西溪官仓这株牡丹名扬天下，吕夷简的政绩和美名在北宋官场也传播得尽人皆知。

不久，吕夷简便如愿迎来了一次升迁的机会。

平调来去

吕夷简职业生涯的下一站是通州。

在去通州上任之前，吕夷简还遇上了一件十分让人不爽的事情。

大中祥符元年（1008）四月，他报名参加了一次考试。这次考试是制科，考试由中书组织，说白了就是他报考了中央公务员。吕夷简报考的具体职位是"才识兼茂明于体用科"，大概相当于领导人的顾问或秘书，这个岗位同时也有一点点谏官的性质。

吕夷简顺利通过了考试。

让他不爽的是，当时真宗皇帝正在大张旗鼓地搞封建迷信活动，满朝上下正准备去东封泰山，以夸耀大宋朝的治世太平。有人向皇帝提建议说，此时又号召谏言为政阙失，是不是显得有些不合时宜？正鬼迷心窍的真宗皇帝觉得这个建议挺有道理，于是一声令下罢去了这一科录用的全部人员。也许觉得这样做既有失国家尊严，又有愧于诸位考生，朝廷专门对此进行了一番解释。

宋人李焘《续资治通鉴长编》记载，这年四月：

中书试贤良方正能直言极谏，草泽刘若冲、周启明；才识兼茂明于体用，大理寺丞吕夷简草泽许申，皆中等。诏以申等虽敏赡可赏，而理道未精，不复召对，若冲启明申并许应举，仍免取解。夷简优与亲民差使，夷简蒙亨子，启明处州人也。时上封者言两汉举贤良多因兵荒灾变，所以询访阙政，今国家受瑞，建封不当复设此科，于是悉罢吏部科目。

这是典型的一切以皇帝的喜好为阶段性任务、暂缓或者废弃原有法律法规的行为。因为皇帝要封禅，就不允许批评时政，可惜当时没一个人敢提出反对意见。诏令一下，不但这科生员没有录用，朝廷还下令把这一岗位都给废掉了，朝廷规定以后不再招考此类岗位。

命里无时终是无，点儿背不能怨社会。吕夷简的心态还算可以，遇上这类情况他只能自认倒霉。明明已经考中却不能被录取，让吕夷简心里多多少少有些失落，这可是失去了一次直接进入中书上班的机会啊。

没有对比就没有伤害。就在两年前，一个名叫晏殊的神童，不但通过了制科考试，而且被直接任命为中书官员，每当想到这里，吕夷简心里就有些不平。

成大事者必须自备疗伤功能，否则你会长时间地困在一件事情里。好在吕夷简没有让人失望，他很快就调整心态轻装上阵了。

西溪盐仓监的下一站：通州，职务：通判。

当时的通州并不是今天的通州，今天的通州在北宋时是辽国的领土。吕夷简要去上任的通州大概位于今天的江苏南通一带。在宋朝，州一级长官称知州，长官之外另设通判，通判全称为"通判某州军州事"，品级为七品。凡本州公事，一般要经过知州、通判共同签署才能生效。

在通州通判的岗位上，吕夷简勤勤恳恳，任劳任怨，既没有什么大的政绩也没犯什么大的过失，总之整体工作做得还算不错。宋朝官员一向流转很快，任通州通判没多长时间，他又被调到濠州担任通判。

濠州位于今天安徽凤阳东北一带，吕夷简到任濠州时，担任濠州知州的长官是梅询。

梅询是宣城梅氏的第三代传人。在当时梅询是一个很有名望的人物，梅询之所以有名，一是因为宣城梅氏是一个颇有名望的大家族，二是他有个大名鼎鼎的侄子叫梅尧臣。

梅询当时的地位也很特殊，一是他资格老，二是梅询的学问高。

梅询在官场起步很早，早到在真宗初期就得到了赏识。据说真宗皇帝曾经好几次点名想把他留在中书当宰相或参政，可惜这位仁兄不太会往皇帝心眼里做事儿，虽然有学问，但是一不会迎合圣意，二经常在小事上掉链子。

见他实在不是中书的材料，真宗皇帝便将他放了外官。

因为起步早而且资格老，很多当朝高官甚至好几位宰相都是梅询的门生。梅询为人随和，有学问且风趣幽默，既不倚老卖老也不喜欢摆架子，只是遇事爱发表不同意见，一个这样的长官应该不难相处。

梅询曾写过一首比较有名的诗：

谢公城上谢公楼，百尺阑干挂斗牛。

碧瓦万家烟树密，苍崖一槛瀑泉流。

波光滟滟前溪满，刹影亭亭古寺幽。

此地近除新太守，绿窗明月为君留。

《宋史梅询传》关于他与吕夷简的交集是这么记载的：（询）在濠州，梦人告曰："吕丞相至矣！"既而吕夷简通判州事，故待之甚厚。

由此可见，梅询这位老前辈兼顶头上司对年轻的吕夷简是相当赏识的，上司的每一个赏识，都是在官场混的人求都求不来的福气。

赏识归赏识，赏识你的人是谁很重要。一个卖猪肉的对你的赏识，顶多是夸你几句，让你心情愉快如沐春风，顺便多光顾几次。世上最宝贵的赏识，只能来自有能力决定你命运的人。

对吕夷简这样一个志向远大的人来说，顶头上司的赏识虽然重要，其实却是很有限的。在官场，顶头上司的作用，是他可以选择在他的职权范围内照顾你并给你好评，当然他也可以在他职权范围内选择给你差评。说白了，对一个志向远大的人来说，顶头上司是个典型的成事不足败事有余的角色，因为他决定不了你的命运。比如梅询，他当时职务和能力有限，尽管吕夷简和梅询在濠州相处很愉快，但对吕夷简的实际帮助并不大。在濠州，梅询帮了吕夷简多少鲜有记载，但顶头上司的赏识，也绝不会是白白的喜欢。

难能可贵的是志向远大的吕夷简有一颗平常心，他时刻保持着清醒的头脑。虽然感慨自己没有晏殊直达天听的好运气，但他相信天道酬勤是实现人生理想的最好办法。善于把握机会的吕夷简一生都是积极上进的，也是因此，他在人生路上遇到的贵人也为数不少。

贵人之助

作为一个低级官吏的儿子，吕夷简起点并不高。能在人才济济的北宋官场快速起步，最终成为百官之首，相信有很多人都曾在关键时候给过他至关重要的帮助。

吕夷简第一个需要隆重感谢的人，名叫马亮。

马亮，字叔明，庐州合肥人，大宋太宗太平兴国五年进士，初授大理评事，历任工部侍郎、兵部侍郎、尚书右丞、工部尚书等职，晚年以太子少保致仕。死后获赠尚书右仆射，谥号"忠肃"。

马亮当时在官场的位置不容小觑。

马亮为官有两个显著的特点：一是能力超强，比如宰相王旦退休前，真宗皇帝曾就接班人选的问题征求过王旦的意见。

真宗皇帝问王旦说：张咏和马亮是不是可以接班？

老宰相王旦是怎么答复的不是我们关注的话题，虽然最终马亮也没能当上宰相，但皇帝能问出这句话，足以说明马亮当时是皇帝眼中的宰辅之材。

二是马亮关系深广。马亮与宰相辛仲甫、宰相吕蒙正、宰相吕夷简、宰相王珪均为姻亲。能与前后数名宰相成为姻亲，其在官场的影响力已经无须证明。

这位马亮的另一个身份是吕夷简的岳父。

虽为人有智略，敏于政事，但马亮为官却不怎么廉洁。多年以后马亮去世时，中书给他议定的谥号是"忠肃"，这一谥号引发了很多人的不满，人们纷纷认为马亮配不上这一谥号。大臣们认为，之所以能得到这么好的谥号，是马亮的女婿吕夷简担任宰相的原因。

据说，当初马家跟吕夷简定亲时，马亮的妻子并没看卜出身低微的小吕：

吕夷简少时，从其父蒙亨为县福州，亮见而奇之，妻以女。妻刘恚曰："嫁女当与县令儿邪？"亮曰："非尔所知也。"

由此可见，马亮识人的能力绝非一般。在北宋，选对女婿是一件很值得骄傲的事情，翁婿之间往往能成就一段美好的佳话，这一现象已经屡见不鲜。

关于马亮给予吕夷简在官场上的种种帮助史料鲜有记载，但凭这层翁婿关系以及定亲时的赏识，相信在吕夷简步入官场的早年，身为朝廷大员的马亮一定曾给予初入官场的女婿不少宝贵的指点，并为他的成长和进步立下过汗马功劳。

但这些帮助只能解决一些初级阶段的小问题，对一个宰相的培养起不到关键作用。不过，有了岳父的帮助和指点，在初入官场的那些年里，吕夷简确实混得游刃有余。

总体来说吕夷简的运气还算不错，特别是在西溪想明白那个道理以后。一个人只有选好目标，找对方向，有好办法、肯努力并运气好才能成功。吕夷简开始有意无意间同伯父一家走动起来。隔三岔五捎句问候，逢年过节汇报一下思想，话点到为止，但绝不多说。他相信伯父是那个唯一可以帮助自己实现梦想的人，坚定了这个想法以后，吕夷简数年如一日，不厌其烦地坚持着同伯父一家的沟通互动。

努力总是有回报的。

好运总会眷顾那些勤恳且不知疲倦者。终于有一天，小吕的回报来了。

第二个为吕夷简进步起到关键作用的，就是他的伯父吕蒙正。有意思的是这两个关键人物都是他的自家人，看来，世界上最可靠的关系还是血缘关系。

吕蒙正大吕夷简 34 岁。吕夷简初入官场不到一年，即他考中进士的第二年，吕蒙正第三次入阁拜相。在吕蒙正之前，大宋朝唯一曾三度拜相的只有一个人，这个人就是跟随太祖皇帝立下不世之功的赵普。

再详细说一说吕夷简和吕蒙正的关系。

吕蒙正的爷爷叫吕梦奇，吕梦奇出生于唐末，在后梁、后唐都做过地方官。吕梦奇有两个儿子，长子吕龟图，次子吕龟祥。哥哥吕龟图的儿子是吕蒙正，弟弟吕龟祥有个儿子叫吕蒙亨，这个吕蒙亨就是吕夷简的父亲。不难看出，吕夷简的爷爷和吕蒙正的父亲是亲兄弟，即吕夷简和吕蒙正只是堂叔侄关系。

在吕夷简主动靠近之前，两家人的关系挺微妙。

吕蒙正和吕龟祥是同榜进士，但才华不论辈分，侄子吕蒙正中的是第一名状元，完全盖住了叔叔吕龟祥的光芒。

才华差距太大，做官以后两个人官职的差距也太大，官小职微的叔叔放不下架子，同时又自惭形秽，总之两家人走得不怎么近。

但吕夷简跟他爷爷不一样。虽然一开始也多少受了一些家庭的影响，但他毕竟是晚辈，好说话，又懂得变通，在西溪种牡丹的时候吕夷简就把道理都想通了。

事实证明，吕夷简这一步做对了。

别人的赏识都是锦上添花，自己人的帮助才货真价实。

《宋史·吕蒙正传》记载："大中祥符而后，上朝永熙陵、封泰山、祠后土过洛，两幸其第，赐赉有加。上谓蒙正曰：'卿诸子孰可用？'对曰：'诸子皆不足用，有侄夷简任颍州推官，宰相才也！'夷简由是见知于上。"

最后一句话是最重要的一句话。故事告诉我们，要想进步，关键的时候得有人推一把。这条记载虽然后人有夸大的嫌疑，但是从中至少可以看出两点：一是吕蒙正曾正式向真宗皇帝推荐过吕夷简，二是吕夷简任地方官时已经表现出较为突出的政治才能。

据《九朝编年备要》卷七记载了真宗路过洛阳驾临吕蒙正府第的确切时间："大中祥符四年三月次西京，幸吕蒙正第，锡赉有加。"

由此可见，吕夷简在大中祥符四年，即公元 1011 年前后，曾任过颍州即今安徽阜阳的推官。吕蒙正向皇帝推荐吕夷简的确切时间是公元 1011 年，被推荐时吕夷简的官职是颍州推官。而《宋史·吕夷简传》和吕夷简墓志铭等均未见到吕夷简担任颍州推官的相关记载，可能是他任此职的时间比较短的原因。

吕蒙正去世的日期也是公元 1011 年，也就是说，吕蒙正是在临死之前向皇帝推荐了侄子，这真是人之将死其言也善啊。通过这段文字我们同时还不难看出大宋朝晋官之难。吕夷简尽管已经在地方官的角色上奋斗了整整十年，品级却还只是一个七品推官。

伯父临终前的推荐票让吕夷简正式得到了真宗皇帝的关注。

进入皇帝的关注圈意义非同小可，这一点我们无须多说。与此同时，我们不难发现这张推荐票固然重要，但吕蒙正对吕夷简进步的帮助却很有限，因为推荐吕夷简没多久吕蒙正就死了，史料中关于吕蒙正对吕夷简帮助的记载也仅仅有这一条。

看来，打铁还需自身硬。

吕夷简日后能当上宰相、仕途上每一次飞黄腾达，都是他自己不断努力的结果。

初露头角

脑门上贴着宰相推荐票的吕夷简，终于华丽地展开了自己的超升之路。

走上坡路的时候，连空气都是甜的。而越是在这个时候，一个人越是需要保持冷静。如果头脑不够冷静，不注重一些微末细节的处理，很有可能跑着跑着就翻了车。吕夷简是一个理性的人，他随时保持着清醒的头脑，十分清楚自己想要的是什么，而自己当下的任务又是什么。

此时的小吕已非昨天的小吕，尽管有了大宰相的背书和皇帝的关注，但他十分清楚人生的成功绝非唾手可得。想得到皇帝的认可，需要度过漫长而严格的考查期。在考查期内，他不但需要刷新皇帝对他的认识，更需要得到群臣的认可。

怎么才能实现呢？办法只有一个，低头做事，通过踏踏实实地做事，先完成几件拿得出手的政绩。

大中祥符六年，吕夷简知滨州。滨州即今天的山东滨州，当时黄河以北洪水泛滥，吕夷简身为一方父母官，当然知道水利治理的重要性。《山东通志》记载："（吕夷简）沿河修筑堤防，分导水势，虽滨河海，岁无淹涝。"

他奉命体察民情，"循堤防究民利病，平徭省赋，拯诸垫昏。暇日阅征簿，见田铸之算"。吕夷简感叹道："王道本于农，此何名哉！"

滨州任满回京复命时，吕夷简试着向皇帝提出了他第一个政治主张：请求免除河北的农器税。

农器税始于后唐明宗长兴二年（931）。《旧五代史》记载："十二月甲寅朔，诏开铁禁，许百姓自铸农器。什器之属，于夏秋田亩上，每亩输农器钱一钱五分。"

宋初因循旧制，将唐末五代时期的杂税大部分都继承下来，凡以农器、牛皮、盐、曲之类为征收对象的税种总称为"杂变之赋"，又名"沿纳"。"杂变之赋，牛革、蚕、盐之类，随其所出，变而输之。"杂变之赋随夏、秋两税一起缴纳。

接到吕夷简的奏请，真宗皇帝批示说："务穑劝耕，古之道也，岂独河北哉！"

皇帝不但批准了吕夷简的奏请，下诏免除了河北的农器税，干脆连其他地方的农器税也同时免除了。史载："秋七月癸卯，诏天下勿税农器。"

因为吕夷简的奏请，引发了一场全国性的税制变革。这说明吕夷简的第一个政治主张得到了皇帝和朝臣们的认可。这一认可的宝贵性不言而喻，吕夷简喜不自胜。一是自己没有愧对伯父的推荐，二是皇帝的认可从来都不会是白得的。

吕夷简此举除了得到皇帝的认可，还得到了另一个大人物的关注，这个大人物不是别人，正是当朝大宰相王旦。

因为免农器税这件事，王旦称赞吕夷简"器识远大"。王旦一向从不轻易称赞人，说实话，能得到德高望重的群臣之首王旦的称赞，对一个中下级官员来说，其含金量要远远比皇帝的认可高得多，因此，王旦这一称赞比皇帝的认可更加难能可贵。

皇帝不可能天天盯着一个中下级官员给予关注，真正对你有用的，是那些能直接提拔你的人。

大中祥符六年（1013）七月，在滨州干了没几个月，吕夷简就升职了。

新职务是提点两浙路刑狱。提点刑狱司是宋代各路四司之一，其长官称提点刑狱，其工作职责是掌一路诉讼、刑狱，兼监察吏治，这个职务拿到今天，大概相当于两浙路的法院院长兼检察院检察长。

进入皇帝的关注圈以后，短短两年多的时间，吕夷简的官职就从正七品升到了正四品。

进步够快的，看来这条路走对了。

吕夷简提点两浙路刑狱时，京师正热火朝天地大建宫观。修建宫观需要在南方砍伐林木，而两浙是朝廷征用木材的主产地。吕夷简在工作中发现了很多问题，比如：*有司责期会峻急，工徒至有死者，则以亡命收击其妻、子。夷简疏请缓役，又言盛冬挽运艰难，宜须河流渐通，以兵卒番送。*

为完成修建玉清昭应宫的重要任务，朝廷规定，地方必须在期限内向京城运送木材，催得又急又狠。时值隆冬，工匠徒役有死在工地上的，负责押运的官员就诬陷他们逃跑，收捕他们的妻子儿女。

吕夷简发现这一情况后立即上疏，请求延缓劳役。吕夷简在奏疏中说，隆冬沿河运送确实艰难，最好等到初春河流解冻后，再用兵卒轮流运送。

这绝对是一个大胆而且莽撞的决定。

真宗皇帝晚年鬼迷心窍，装神弄鬼，迷信祥瑞，一心粉饰太平，各地为了迎合这一想法，纷纷献纳各式各样的所谓祥瑞以求皇帝开心。其中最重要的一件物品被称为天书，为了存放各地献来的天书，真宗皇帝下令专门修建一座庞大的宫殿，叫作玉清昭应宫，这在他心目中是头等大事，为此甚至不惜举全国之力，因此在当时这件事属于国家任务。

既然是国家任务，自然容不得任何人有半点儿反对意见。对于修建玉清昭应宫群臣意见一直很大，但朝中有王钦若、丁谓等人"全力相助"，就连德高望重的大宰相王旦都不敢轻易发表意见。

硬着头皮把奏疏交上去，吕夷简忐忑不安地一边继续工作，一边小心打听着朝廷的态度。

很不幸，他一直没能听到朝廷的任何意见。

直到任期将满吕夷简都没收到任何批复的消息，他只好硬着头皮交职回朝，不想却意外地得到了宋真宗称赞。

皇帝表扬他说："有为国爱民之心矣！"

吕夷简长出了一口气：总算没闯祸。

敢讲真话

在真宗皇帝时期，修建玉清昭应宫绝对是一件非常非常重要的政治事件。

景德元年（1004）九月，辽军南下入侵，北宋军队缺少统一部署和指挥，各城孤军作战。辽军一直打到黄河北岸的澶州附近，战事吃紧，战报一天好几次地传到开封。真宗皇帝和大臣们惊慌失措，形势危急，不知如何是好，一些人甚至动了迁都的想法。

参知政事王钦若主张迁都江南，枢密院陈尧叟主张迁都四川，而宰相寇準则坚决主张抵抗，并一再劝说真宗，为了鼓舞士气寇準甚至一再动员皇帝御驾亲征，渡过黄河到达前线亲自督战。

真宗皇帝的御驾亲征让宋军士气倍增，宋军一次次打退了辽军的进攻，并射杀了对方主将萧挞凛。孤军深入的辽军不知宋军虚实，本已因征战疲惫不堪，又加上损失主将，辽军开始主动求和，最终促成宋辽二国的"澶渊之盟"。

澶渊之盟约定：

一、宋辽为兄弟之国，辽圣宗年幼，称宋真宗为兄，后世仍以齿论；

二、宋辽以白沟河为界（辽放弃瀛、莫二州），双方撤兵；此后凡有越界盗贼逃犯，彼此不得停匿；两朝沿边城池，一切如常，不得创筑城隍；

三、宋每年向辽提供"助军旅之费"银十万两，绢二十万匹，至雄州交割；

四、双方于边境设置榷场，开展互市贸易。

当时，大宋国富得流油，盟约中的"岁币"本身并不算是一项太沉重的负担，但是这个和议给真宗造成的心理阴影，却是以后很多年都挥之不去的。有了这个心病，贵为天子的真宗皇帝余生都生活在屈辱和不安之中。后来，宠臣王钦若告诉真宗皇帝说，当时寇準是拿你当赌注，是孤注一掷，"澶渊之盟"是屈辱的"城下之盟。"这一说法让真宗皇帝更加不安。

心病还得心药医。

也许是为了掩盖内心的不安，从那以后，真宗皇帝赵元侃在王钦若的怂恿下，导演了一场轰轰烈烈的"降天书"活动，进而为迎接天书降临开始大兴土木。其中，修建玉清昭应宫绝对是最大的一件事情。

自天书始降，为了存放天书，开始修建玉清昭应宫。继玉清昭应宫之后，又修了会灵宫、景灵宫等。为此，真宗皇帝还诏令改年号为大中祥符。

玉清昭应宫，工程浩大，"*初料功须十五年，修宫使丁谓令以夜继日，每绘一壁给二烛，遂七年而成*"。

随之而来的是，真宗皇帝又开始了一系列专业性的装神弄鬼、粉饰太平的工作。他东封泰山祭天，北祀汾阴祭地，南下亳州祭老子。结果上行下效，全国各地都开始大规模地修建道观。就这样，"一国君臣如病狂然"地搞封建迷信活动，极大地加重了人民的负担。

认真分析一下，宋真宗大搞天书封禅活动、以举国之力修建宫观，其主要目的无非有两个：一是夸耀治世，而事实上宋真宗时并未出现国泰民安、四夷臣服的局面，因而他的封禅也与汉、唐历次封禅不同，显得尤为神秘、繁缛，持续时间长而且劳民伤财耗费巨大；二是为了"祈皇嗣"。当时宋真宗虽已近四十，但是还没有皇子，这对一个富庶的王朝来说是一件很让人担忧的事情。

那几年，自然灾害频繁发生，地主侵占土地的现象相当严重，同时官僚地主阶层还大量隐田、漏税，因此，当时的社会并不是传说中的那么富庶安康。

眼见封禅活动如火如荼，反对封禅活动的大臣孙奭曾劝谏过真宗说："京师民心弗宁，江淮之众困于调发，且土木之功未息，而夺攘之盗必兴。昔黄巢出自凶饥，陈胜起于徭戍。"

但狂热的真宗皇帝根本听不进去，又加上王钦若和丁谓二人为了迎合圣意，不断地编造各种理由，他们甚至鼓动皇帝将封禅活动跟祈皇子连在一起。见国事和家事连在一起了，持反对意见的群臣们就不好再表达自己的反对意见了。同时，王钦若和丁谓还不断罗织各种罪名陷害反对封禅的大臣，神道设教等各类迷信活动成了人人都不敢碰触的话题。

由此可见，吕夷简能提出缓建宫观的主张，是一个冒着多大风险的决定。

做别人都不敢做的事，考量的是一个人的气魄、胆量和担当。而皇帝对此的处理态度，更加坚定了吕夷简一定要有所作为的信心。

根据相关史料推测，吕夷简提点两浙刑狱时可能也在负责砍伐、运送木材，其工作区域大概是在浙江温州的雁荡山一带。沈括《梦溪笔谈》记载："温州雁荡山，天下奇秀。然自古图牒未尝有言者。祥符中，因造玉清宫，伐山取材，方有人见之。"

吕夷简有诗曾经提到过雁荡山中的古寺净名寺：

净名寺下灵岩路，峻壁层崖倚半空。

最爱老僧年八十，一生长住翠微中。

这段工作经历结束后不久，吕夷简再次经过雁荡山，又留下一篇名为《重游雁山》的诗作：

往年游海峤，上彻最高层。

云外疑无路，山中忽见僧。

虎蹲临涧石，猿挂半岩藤。

何日抛龟纽，孤峰上再登。

海峤是指海边的山岭。龟纽则是指雕成龟形的印纽，这里指官印。从这首诗中可以看出，吕夷简回忆起了自己当时忙于政务，身心疲惫，很渴望得到放松的思想状态。

连续两个建议，连续两个赞许和肯定让吕夷简信心百倍，他开始着手谋划向朝廷提一个层次更高、立意更深的超级建议。

方向正确

无人赏识，再多的努力也收效甚微。吕夷简不失时机地利用着皇帝对自己的好感。与此同时，伯父的推荐大恩他时刻铭记在心，在繁忙的工作之余，吕夷简偶尔也会坐下来，想想家族的事情。

说实话，他万万没有想到伯父向皇帝推荐的人会是自己。越是想起这些，吕夷简对伯父的感激越是强烈。伯父真是待自己不错啊，放着家中那么多儿子不去推荐，推荐的反倒是他这个堂侄，一是说明伯父没有私心，二是表明了他对自己的器重。吕夷简很明白，伯父此举代表着整个家族对他的厚望，伯父这是把光大整个家族的任务交到自己手上了。

每当想到这里，吕夷简就感动得心头发热。从伯父推荐的那天起，自己将不再是为自己一个人而活。在做好自己该做的事情同时，他多了一个责任：要为整个家族的荣耀奋斗。他暗暗地告诉自己说：不管到什么时候，自己一定不能掉链子。

想到这里，吕夷简又哑然一笑。自己目前只是一个小小的四品官，怎么才能当上朝官，哪一天才能进入中书并实现自己的梦想呢？

一想起这个问题，他就夜不能寐。

虽然苦恼，但他主意已定，眼前要做的事情，就是在做好本职工作的同时，必须持续地引起皇帝的注意，并结交一切可能让自己进步的人物。

吕夷简很清楚，要想从四品升到一品，自己必须找一个强有力的帮手。可这个人是谁，又在哪里呢？

遍视整个朝堂，大宰相王旦，虽德高望重，一句顶一万句，还夸过自己，但他年纪太大，连上朝都成问题了，不是最佳人选。王钦若？丁谓？绝对不行。别看他们现在得势，这两个人都不是靠得住的人。宰相冯拯虽然人不错，但也快退休了，李迪倒是个正人君子，又是状元出身，但貌似他一直瞧不上自己，到底谁才是自己靠得住的人呢？

吕夷简茫然四顾地苦苦找着。

请不要责怪吕夷简急于求成。人生路上，谁不想早点成功呢？

此时的吕夷简还不知道，在不久的将来会有一个人来助他一臂之力，只是此时他还没有认识这个人。

在吕夷简坚定了主意以后，他的第一个目标就是想办法先当上朝官。只有在皇帝眼皮底下做事，才能不断引起他的注意。只有皇帝的青睐，才是最佳的超升捷径。

尽管一时找不到靠山和盟友，但吕夷简心中却有了一个明确的方向，那就先做好自己的本职工作。他现在需要做的事情就是好好干、踏实干。在踏实干的同时，要埋头苦干，拼命硬干。

终于，通过不懈的努力，吕夷简奉调回京了。

这对他来说绝对是一个重大的转折，当然这也是他计划中的一步。

吕夷简京官生涯的第一个职务，是中央监察机关御史台的副长官，侍御史知杂事。吕夷简任侍御史知杂事的具体时间是大中祥符八年（1016）十月至天禧二年（1018）五月。

新官上任，必须做出点儿货真价实的事情才能吸引人的眼球。

京官不同于地方官，必须处处谨小慎微，一旦出错往往一辈子不能翻身。还有，在京城随便挑出个人就比你官大得多，惹不起的人太多。

在京城有个风吹草动就会惊动天听，说错话做错事后果很严重。初到京师，吕夷简反复告诫自己：一定要夹着尾巴做人，小心翼翼地做事。

大中祥符九年十月，即公元大中祥符八年（1016）十月，这一年吕夷简升任刑部员外郎、侍御史知杂事，并被赐予五品官的紫色官服。刑部员外郎是他的官阶名，没什么岗位职责，侍御史知杂事才是他的实际职务。

在宋代，御史台是一个十分活跃而且地位显赫的机构，与中书省、枢密院并列。在京百官，自宰相以下悉属御史台纠察，因此御史台也号称宪台。宋代御史台的长官名义上称御史大夫，实际上都是由御史中丞担任，而侍御史知杂事，就是御史中丞的副手。

侍御史知杂事这个职位不错。御史台专门是弹劾人的，俗称骂官。身为骂人的官员，这个官职最大的好处就是即使骂错了人在法律上也不需要承担责任。

骂人最容易出名，同时骂人也是一门极高深的学问。玩好了名利尽收名扬天下，玩不好自毁前程前途尽失。初到京城打拼的吕夷简深知，在京城混有两点必须做到，第一是不能得罪豪门，即千万不能惹自己惹不起的人；第二还是老话题，要找到靠山。

很快，吕夷简就找到了自己要骂的人。

牛刀小试

让吕夷简扬名立万的倒霉蛋名叫李溥。

李溥，洛阳人，宠臣。李溥是极力怂恿宋真宗粉饰太平，大兴土木，举行祭祀、封禅的主犯之一。此人的位置排在第二序列，前文中我们讲过的北宋五鬼因实力太强大，光荣地排在第一序列，第一序列的人不是吕夷简弹劾的对象。

之所以选中李溥，是因为他是北宋五鬼的跟班小弟，马仔，很多坏事都是他亲手去做的。五鬼这一小犯罪集团的主要头目是王钦若和丁谓，其次是林特、陈彭年和刘承珪。李溥是三鬼林特的儿女亲家，这两位亲家公的主要贡献是为封祀活动筹措钱财，真宗皇帝之所以能举全国之力搞封建迷信活动，全靠林特和李溥提供的财力支持。

李溥因敛财有方，在天书运动中迅速成了真宗皇帝眼中的红人。

想靠骂人出名，技巧无非是两点，一是打蛇打七寸，击中对方的要害；二是骂大人物，即专挑别人不敢骂的人骂。

李溥仕途起于三司小吏，因善于理财一路做到制置江淮茶盐及发运使。他起步比较早，在太宗时已得到重用。在封祀活动中，李溥供职于三司使，负责物资供应和后勤保障工作。

《宋史·李溥传》记载：“初，谯县尉陈齐论榷茶法，溥荐齐任京官，御史中丞王嗣宗方判吏部铨，言齐豪民子，不可用。真宗以问执政，冯拯对曰：‘若用有材，岂限贫富。’帝曰：‘卿言是也。’因称溥畏慎小心，言事未尝不中利害，以故任之益不疑。然溥久专利权，内倚丁谓，所言辄听。”

从那以后，李溥“为发运使十余年，奸赃狼籍，丁谓党之，无敢言者。（黄）震将行，上书自陈，辞颇愤激，真宗知其意在溥也，谕之曰：‘卿当与人和。’”后来，“（震）发溥奸赃数十事，溥坐废；而震亦为溥讼，夺一官”。

吕夷简拿李溥开炮，缘于林特和李溥推行了一套新茶法。皇帝很清楚他们推行新法的目的，因此新茶法得以施行无阻。

偏偏有一个人对新茶法不买账，这个人叫黄震。

黄震，字伯起，建州浦城人，是朝廷新任命的江淮发运使。当时的江淮路是茶叶的主产地，黄震人耿直，一向看不惯李溥的做派，更不愿意接李溥的烂摊子，黄震在上任之前向皇帝告了李溥一状。

接到黄震的状纸，新茶法到底可不可行，皇帝装模作样地安排大臣们讨论讨论。其实，真宗皇帝本是想走个过场罢了，讨论的结果他早已经预见到了。

但真宗皇帝判断错了。大家都无一例外地要么反对，要么一言不发，没有一个人肯捧场。这一局面是他始料未及的，无奈之下皇帝只好下令对新茶法重新考察。

史载，大中祥符九年十月，“差翰林学士李迪、权御史中丞凌策、知杂御史吕夷简与三司同共定夺”。

吕夷简就是在这种情况下弹劾李溥的。弹劾一个人，必须要让对方哑口无言、有口难辩，需要高超的洞察力和判断力的同时，还需要得理不饶人而且不依不饶。

吕夷简很清楚，李溥虽然饱受宠幸，但他背景比较单薄，同时这些年管理财政贪赃不少，李溥人缘不好民怨极大，这才是吕夷简要攻击的地方。

至于新茶法可行不可行，并不重要。

敢于大胆地弹劾皇帝身边的红人，可见吕夷简是敢于碰硬的。

吕副御史牛刀小试的结果如何呢？

过程可谓是一波三折，但最终的结果是吕夷简赢了。他的弹劾，直接导致皇帝的大红人李溥罢官降级。

这一结果，让所有人都对吕夷简开始刮目相看。

一个人坏事做尽，总会遭到报应。后来到了仁宗皇帝时代，李溥又被起用了一次，可惜又因为贪赃被罢官了。

由此可见，李溥无疑是一个标准的贪官，秉性难改，屡以赃败。但越是这样的人越不好对付，因为他比你更懂得讨皇帝开心。

敢于弹劾皇帝宠臣，不能不说这是吕夷简艺高人胆大的高超表现。吕夷简选择李溥作为开炮的对象，自然有他的道理。

力护忠臣

只会骂人的御史不是好御史，吕夷简深知这一点。御史知杂事吕夷简在任期间，在天天向上的同时，不光学会了骂人，而且学会了怎么保护别人。

骂人是明辨是非，而敢站出来保护人体现的则是一个人的勇气、担当和风骨。

在官场，痛打落水狗是惯例，一向很少有人肯站出来为失意者说话。

还是大中祥符九年，老臣寇準罢相，被贬到永兴军任职。因为公务，寇準需要把一些影响较大的重案犯黥面，然后集体押解到湖南。当时不知道这位仁兄怎么想的，竟然押着这帮犯人进京了。

带着这么一大批犯人，放着好好的路线不走，为什么偏得从首都经过呢？

不需要解释原因，这是寇準一贯的做事风格。

寇準做事一向我行我素，仗着自己资格老，经常故意做一些出格的事情。他功劳大、名气大而且资格老，同时还是皇亲国戚，皇帝见了他都头疼，谁也拿他没办法。寇準做过的很多事情都不符合他宰相的身份。因为本朝有着不杀文臣的传统，如果换在别的朝代，相信这个让皇帝恨得牙痒痒的人早就被推出午门了。

点背的时候不知道夹着尾巴做人，当然会有人看不惯。于是，有人把寇準告了。

告的什么罪名呢？变事。

什么叫变事呢？这里的"变事"应该有两层意思：一是押解罪犯不应该经过京师，告状的人告的是寇準不按规矩办事；另一层意思要险恶很多，意思是寇準此举是想谋反。

因为上升到了政治高度，这件事在当时影响比较大。一旦罪名成立或者坐实，正走霉运的老寇準恐怕不用等到1022年，就会到海南岛上玩椰子去了。

寇準正在走背运，有口难辩。宰相丁谓更是不置寇準于死地不罢休。墙倒众人推的时候，吕夷简站出来给寇準解了围。吕夷简说："准治下急，是欲中伤准尔！"并向真宗建议说："宜勿问，益徙之远方。"

真宗还真接受了吕夷简的意见，对寇準没有过多地追究。

客观地说，寇準不是一个坏人，只不过小毛病太多。当时他是一位被贬谪的地方官，不掌握军权，谋反不太可能，也没有证据表明他有谋反的迹象。但是，他仗着自己是太祖皇帝的连襟，喜欢倚老卖老，一向大胆且不计后果。比如力主宋真宗亲征澶渊这件事，还让文弱的真宗皇帝一生都埋下了心理阴影。真宗晚年，因妄言废立，真宗皇帝又没办法杀他，只好把他一贬再贬，甚至是有多远贬多远，一直贬为雷州司户参军，从这一点不难看出真宗皇帝对待他的态度。

走背字时，落井下石者多，肯站出来说话绝对是真爱。

小吕同学此举赢得了很多正义之士的好感，而接下来的石普案，则进一步奠定了他在百官之中的形象和位置。

处理完寇準"变事"事件以后，吕夷简又接了一个棘手的案子：审理大将军石普谋反案。

石普，北宋著名武将，以骁勇善战著称，曾屡立战功。太宗去世后，石普念旧恩，对旧主的知遇之恩很是怀念，可能在言辞上对新任皇帝真宗不够尊重。他屡次指责时政，妄议中央，并公然反对神道设教。

北宋王室本来有着对武将不太放心的传统，而这位石将军，不知道是不是故意想挑战一下皇权，脑残的石普竟给皇帝写了一封奏折，讨论起了天文问题，并断言说这年九月下旬将会有三次日食出现。

要知道，天文一向被当作皇室的最高机密，天象一般关联着皇帝的执政得失和皇族的命运，这是一个任何人都不敢触碰的话题。

石普这一举动让皇帝大为恼火。

见皇帝恼了。一向喜欢见风使舵的王钦若——当时他是主管军政事务的一把手枢密使——见状，添油加醋地说：石普一向拥兵自重，此举图谋不轨。

真宗一听彻底怒了，打算马上派人去军中就地审问。老成持重的宰相王旦心存顾虑：石普是个大头兵出身，不太讲求礼法，如果在他的部队里治他的罪，万一他不服，岂不是要引起骚乱？

王旦建议皇帝，应该先把石普召回京师再说。

真宗听从了王旦的建议，召回石普后，"**命知杂御史吕夷简于京城南置院推鞫，入内押班周怀政监之。狱具，集官参验，九月下旬日不食。普坐藏天文，罪应死而官当议，乃下百官，尚书右丞赵安仁等议处死。诏除名，配贺州，遣使执送流所**"。

从事件的经过来看，这个案子审理很顺利，而且很快就结案了。最终的结果是顺应了皇帝的意思，变相剥夺了石普的兵权，但没有杀他。

前朝的功臣与现任的皇帝间发生冲突，应该说这是一起比较特殊的案子。这个案子能由吕夷简负责审理，说明真宗皇帝和宰相王旦都已经比较看好他的办案能力。此时，吕夷简已经同时得到当朝权力最大的两个人的赏识和重用。

还有，石普谋反案是一件比较焦点的事情。石普功劳太大，如果处理得好，既能得到皇帝的认可，又能得到群臣的赞同；如果处理不好，不但皇帝不满意，文武大臣都会对办案人有看法。

吕夷简接案以后非常重视，他很清楚这件事的微妙之处，因此也给自己定下了明确的态度和原则，既要达到皇帝的意图，又得服众。从结果来看，石普谋反一案，吕夷简分寸把握得不错，处理结果也基本得到了所有人的认可。

坚持己见

审理完石普谋反案，吕夷简又审理了假李顺案。在处理这个案子的过程中，吕夷简的坚持己见再一次让人们对他刮目相看。

太宗淳化四年（993）春天，四川茶农王小波在青城县起义。这年十二月，西川都巡检使张玘与王小波战于江原，"**玘射中小波，已而为小波所杀，小波亦病创死**"。

群龙无首的起义军推举王小波妻弟李顺为领袖，继续坚持斗争。次年正月，李顺占领成都府，称王，并发行了货币，起义军发展到数十万。

至道元年（995）五月，宋太宗从京师派禁军分水、陆两路入川镇压。官兵从剑门蜂拥而入："**及王师薄城，城且破矣，顺忽饭城中僧数千人以祈福，又度**

其童子，亦数千人，皆就府治削发、衣僧衣。晡后，分东、西两门出。出尽，顺亦不知所在，盖自髡而遁矣。明日，王师入城捕得一髡士，状颇类顺，遂诛之，而实非也。"

这就是说，政府军攻破成都时，造反头子李顺已经下落不明。《老学庵笔记》卷9记载："天禧初，顺竟获于岭南。初，欲诛之于市，且令百官贺。吕文靖为知杂御史，以为不可。"

天禧初年，李顺竟然在广州被人抓住了。人们纷纷请功，准备将李顺砍头。吕夷简却站出来反对说，他认为这件事有蹊跷。

《宋史·吕夷简传》记载，当时的实际情况是："蜀贼李顺叛，执送阙下，左右称贺。既而属御史台按之，非是。贺者趣具顺狱。夷简曰：'是可欺朝廷邪！'卒以实奏，忤大臣意。"

而《资治通鉴长编》对此事记载如下："广州民李延志，黥面配安州本城。初，咸平中，王均作乱，延志寓益州，常事均裨将崔麻胡，贼平还家。至是，与本州怀勇卒许秀等饮，共道均及王小波逆状。秀疑延志即贼首李顺，因以闻州……枢密院以真获李顺称贺，及台劾非是，贺者欲遂以为顺，趣具狱，知杂事吕夷简曰：'是可欺朝廷乎？'卒以实奏，由是忤大臣意。"

李延志被捕时，王钦若任枢密使，吕夷简任知杂御史，两人曾为此案发生争执。"忤大臣意"，这位大臣可能就是王钦若。

大家都在等着请功，却不想吕夷简弄清了事实真相，并据实上报，避免了错案，其求真务实精神确实可嘉，更重要的是他敢于站出来，阻挡别人立功升官的机会。这一点，说明吕夷简已经有独立的人格和操守，不再像初入官场时一味地夹着尾巴做人。

《梦溪笔谈》记载："景祐中，有人告李顺尚在广州，巡检使臣陈文琏捕得之，乃真李顺也，年已七十余，推验明白，囚赴阙，复按皆实。朝廷以平蜀将士功赏已行，不欲暴其事，但斩顺，赏文琏二官。"

由此可见，天禧初年吕夷简所审理的确实是假李顺案。通过这个案子，可以说明此时的吕夷简已经很有主见，而且能够做到不一味地阿谀上级、随波逐流。

每个人都会在不断的成长中进步。此时的吕夷简，已经从初入官场时的温顺、和气成长为一个有主见、有担当、有见识的大臣。从一个人都不得罪到敢于坚持主见，表面上是他随着职权的提升有了独立的人格和操守，实际上这却是他一次宝贵的人生蜕变。

不过，即使有了这些优点，距离成为一人之下万人之上的大宰相，还有很长的路要走。

执政能力

除了骂人和审案子，吕夷简在侍御史知杂事任上还做了一些其他卓有成效的具体工作。这些事情对他来说是一种宝贵的锻炼。面对一系列冗杂的事务，将它们一一梳理清楚，锻炼的是一个人的耐心、见识、判断和执政能力，同时也为丰富他的资历做着不可或缺的积累。

北宋政府机构不仅有冗官冗吏，而且有冗滞的文书来往。

景德年间（1004—1007），三司使丁谓在其所编《景德会计录》的序言中说："岁收两京、十七路账籍四万四百有七。日入疾徐事一千五百；文移倍之。"丁谓所说的数字可能是景德年间三司收文的年平均数，计账与户籍达 4 万余册。由此推知，北宋 100 余年间，三司共收账籍 400 余万册。

数以万计的文书给三司官员造成沉重的负担。

宋真宗对文书和档案工作比较重视，继位不久就命三司减省文书。咸平五年（1002）五月，冯拯、陈尧叟和孙冕"同省去三司积滞文账及诸州无例施行文字二十一万五千余道，减河北勾当京朝官、使臣、幕职七十五员。"

天禧二年（1018）四月辛未，主判三司开拆司刘楚曰："天下申省及转运知委文状颇为重复，劳扰州县，望令诸处减省，务从简要。"

开拆司是专门负责接受皇帝命令和各路报送公文的机关。

刘楚的建议引起了宋真宗的注意，他下令让知杂御史吕夷简和三司长官共同研究减省文书的办法。史载："诏知制诰王随、知杂御史吕夷简与三司详定。三司所减省总九万余道，三十四万五千二百纸。"

很快，在王随的领导下，改革小组拟出一年减省诸州账目、奏状 88919 道，约省纸 345200 张的具体方案。在这个总方案的指导下，又令诸路转运司详定诸州府可减省的数目，上报三司，由三司核定后上奏真宗。

很快，真宗便正式下达一份减省文书的诏令："计账之繁，动盈几案；公家之剧，无益关防；捷事勾稽，空靡纸札。比令近侍，同令删除；或匪切须，并从简并。咨尔在位，宜守亲稽；勿务滋章，致於烦扰。其令三司诸路，并依新减数目，不得擅有增益。"

《资治通鉴长编》卷 92 天禧二年（1018）十月癸卯条记载："癸卯，三司使李士衡等言，准诏岁省文账二分已上，其在司主典亦合裁减。"

据此可知，此次减省文书、账目 20% 以上，成效显著。

长期在朝廷工作，吕夷简的官运也在一步步地改变着。

　　时间很快到了公元 1018 年。这年五月，朝廷派赵安仁任御史中丞，吕夷简又迎来一次命运的转机。赵安仁是伯父吕蒙正的女婿，因此吕夷简要称他为姐夫。姐夫来当一把手长官，按制度自己必须回避。

　　听到这个消息吕夷简又不安起来。他想起了十年前召试学士院的阴影，内心不免悲伤起来。好在这一次他不再那么倒霉，正忐忑不安的时候，任命下来了：吕夷简改任起居舍人，领通进、银台封驳从官。

　　真是天上掉馅儿饼了。

　　起居舍人是宰相府的属官，负责记录皇帝言行、群臣进对、礼乐法度等国事活动等工作，北宋前期无职事，品级为从六品上。"通进、银台封驳从官"是他的差遣名，即实际负责的工作。通进司负责审核皇帝下发的各种命令，如发现不当予以驳回。而银台司则负责接收全国的奏状，抄写条目，经通进司上呈皇帝，及时发付有关部门，并督促及时处理。这一官职的正式称呼为"驳从"，如果资历、品级不及两省官员，则仅称"勾当"。

　　官职品级虽不是很高，但比较重要，而且能够接触机密文件。由此可见，经过长期的努力，吕夷简的职位越来越重要，同时也证明他离自己的梦想越来越近。

　　新职务培养和锻炼了吕夷简政治才干，为其以后担任宰相打下了良好的行政基础。

　　真宗晚年，因为皇帝喜欢装神弄鬼，民间也发生了一些影响社会稳定的类似事件。当时比较有名的"帽妖事件"便是其中之一。

　　最初"帽妖"出现于西京洛阳，很快就以讹传讹，人心惶惶。《宋史·真宗本纪》记载：（五月）丙戌，西京讹言妖如帽，夜蜚，民甚恐。而《资治通鉴长编》卷 92 记载：（五月）丙戌，河阳三城节度使张旻言："近闻西京讹言有物如帽，盖夜飞入人家，又变为犬狼状。微能伤人，民颇惊恐。每夕皆重闭深处。"

　　很快越传越邪：（六月乙巳）是夕，京师讹言帽妖至自西京，入民家食人。相传恐骇，聚族环坐，达旦叫噪，军营中尤甚。"帽妖"五月在西京洛阳"微能伤人"，六月到东京开封则"食人"，"时自京师以南，皆重闭深处"。

　　此事给京师一带社会秩序造成了消极的影响。于是，真宗皇帝"令起居舍人吕夷简、入内押班周怀政鞠之，坐尝为邪法，并弃市，其连坐配流者数人"。

　　妖惑之事，历代皆有，多是巫师术士或别有用心者讹言骗民，以谋取利益。那时候，由于认知水平较低，人们对自然现象不能正确理解，往往把一些本可用科学解释的自然现象视为天降的祥瑞或妖孽，一些巫师术士又别有用心地歪曲事实，造谣惑众。

妖惑事件如果发生在一家一户的平民家中，其后果至多是造成该户人家的生命财产损失。但是，一旦谣言传遍全国，就会对国家政权造成很大的威胁。历代当权者对妖惑之事甚为忌惮，常常穷究极治，强力镇压，因此牵连甚广。

谣言止于智者。吕夷简在处理这件事时，首先迅速、果断地将其打压下去，以保证京师社会秩序的稳定，同时又能及时防止了"酷吏"事件的发生。

由于当时告发妖人有重赏，于是便有人"妄觊重赏，诬执平民。""及吕夷简推劾，果多不实。即诏令今日以前犯者，更不问罪。"这样的处理结果，相信当时一定对安定民心起到了重要的作用。

周怀政是一个非常了不起的人物。周怀政的身份是押班宦官，即皇帝身边最亲近最信任的人。只有皇帝特别重视的事才会派他去监场，加上审理石普案，这已经是小吕第二次跟周怀政一起联合办案了。能跟皇帝最亲信的宦官一起办案，这样的好运气不是人人都有。

那几年，吕夷简积累了丰富的处理类似事件的经验，他经手处理的类似事件还有亳州民变案。亳州民变发生在天禧三年（1019）三月。史载："先是，亳州民讹言兵起，老幼千余人夜奔陈州，已而自还。命起居舍人吕夷简至亳州体量，民各安堵如故，乃归。"

吕夷简到亳州安抚以后，社会秩序很快稳定下来。通过这些具体的事件，吕夷简不断证明着自己的能力和价值。

跻身近臣

公元1019年，起居舍人吕夷简还有幸参与审理了"钱惟演等考校不公案"。

钱惟演这个人在前文我们已经讲过，他不但是前朝的皇子，而且是垂帘听政的刘太后的娘家亲戚，还是宰相丁谓的儿女亲家，不但官职高、关系硬，而且很有才华。这一年他是朝廷任命主持考试和录用进士的主考官，去审理他的案子，绝对是一件让任何人都头疼的事情。

这次告状的起因是士子们认为主考官录用人员徇私。

起初，参加考试的进士陈损、黄异等人击登闻鼓，上告钱惟演考校不公。这样的事情在大宋朝还是第一次出现。事关重大，真宗皇帝派龙图阁直学士陈尧咨、右谏议大夫朱异、起居舍人吕夷简三人组成专案组，联合办案。

受命以后，三人将专案组设在尚书省，先是传唤了告状的陈损、黄异等人，命他们对案情详加陈述，又将他们的试卷详细地复查了一遍。

陈尧咨、吕夷简等调查的结果是：钱惟演等人从贡院所送进士，有五人文理稍次；陈从易所送进士中有三人文理荒谬，其余被录取的进士都算合格。

而这一审理结果，导致翰林学士钱惟演、枢密直学士王曙、工部侍郎杨亿、知制诰李咨、直史馆陈从易等主考官，因录取不公并降官一级。而原告进士陈损、黄异等为首的五人，因告状有虚妄之处，被杖打后配隶各州，其他签名闹事的人也都被取消殿试资格一次。

事情处理得有理有据，而且分寸得当，专案组得到了朝廷及士林的一致认可。处理完这件事情以后，勤勉的吕夷简又升官了。

公元 1020 年 1 月，吕夷简被任命为知制诰。

知制诰是宰相府附属机构的官名，主要职责是草拟诰命，是宋代宫廷的机要秘书。在知制诰任上，吕夷简主要干了以下几件事：

第一，安抚两川。

唐代将剑南节度使分为剑南东川节度使和剑南西川节度使。北宋初年，将东川路并入西川路，又另置峡西路。后又合西川路、峡西路为川峡路。至宋真宗时，又将川峡路分为益州路、梓州路、利州路、夔州路，合称"川峡四路"，简称"四川路"。

两川应该主要是指今天四川的中部和东部地区。天禧四年（1020）三月，由于益州路、梓州路物价飞涨，宋真宗命知制诰吕夷简、引进副使曹仪前去赈济抚恤。

"夷简等请所至劳问官吏、将校，仍取击囚与长吏等原情从轻决遣。民愿出谷救饥民者，元诏第加酬奖。望给空名告敕付臣赍往。从之。"吕夷简请求：亲自去所任之地慰问官吏、将校，同时提审在押囚犯，与地方长官一齐查清案情，从轻判决；百姓愿意拿出谷物救济饥民的，按照原诏规定分等加以酬奖，希望朝廷能发给他空名告敕让他前往。

宋真宗答应了吕夷简的请求。能同意他带着盖好公章的白纸出去，说明真宗皇帝此时对吕夷简的信任已经无须证明。五月**"己未，益、梓路安抚吕夷简言：'秦、陇、利等州饥民稍多，望令逐处，募充本城诸军。'从之"**。

荒年募兵是北宋政府的一贯政策。七月初，吕夷简等从东、西川举荐了一批官员：**"（吕夷简）言梓州路劝农使王馥、知梓州苏维甫、知邛州沈同、知蜀州钱昆、知昌州张用、通判益州狄棐刘随、通判永兴军董希甫、知益州灵池县李纮，堪充三司、台省、转运提调刑狱藩郡之职。"**

六年之后的天圣四年七月，时任参知政事的吕夷简有机会再赴两川。《资治通鉴长编》卷 104 记载："时吕夷简自益州安抚回，言川中豪民多雇人以代役，多得惰农，每执兵仗，悉不堪用，故示约束。"弓手又名"弓箭手"，是县尉和巡检所属的地方武装，主要职责是捕盗。北宋前、中期弓手实际上是一种吏役名目，往往由乡村中等以上的富户轮差。

吕夷简对两川的情况比较熟悉，多次代表宋朝廷安抚两川，对两川社会秩序的稳定做出了一定的贡献。

第二，请缓治河。

天禧四年（1020）七月，黄河于滑州决堤。当时治河工程浩大，"计功钜万"。负责治河的官吏随意征调民工，并向当地农民摊派了比较重的治河税费。可是，工地上必需的梢芟，仍然十分短缺。"旧制，岁虞河决，有司常以孟秋预调塞治之物，梢茎、薪柴、楗橛、竹石、茭索、竹索凡千余万，谓之'春料'。诏下濒河诸州所产之地，仍遣使会河渠官吏，乘农隙率丁夫、水工，收采备用。凡伐芦荻谓之'茎'，伐山木榆柳枝叶谓之'梢'。"由于黄河屡屡决口，加之"春料"类物资遇水后易于腐烂，因此梢芟需要量极大，仅靠突击采伐不仅难以满足需要，而且成为治河军民的一项沉重负担。

吕夷简上奏说："以臣所见未宜修塞，俟一二年间渐收梢芟，然后兴功。兼闻诸州有贱易庄田者，盖虑不时科率，无从出办。望降明诏谕：'以河决未议修塞，仍令滑州规度所须梢芟，以军士采伐，或于旁近秋税折纳。'从之。遂诏：'京东西、河北路经水灾州军勿得科调丁夫，其守捍堤防役兵，仍令长吏并加存恤，番休之。'"

北宋时期，人们常常将治河与边防相提并论，治河工程浩大，"百姓如遭兵火"。死于河役的丁夫难以数计。由此看来，吕夷简请缓治河的建议也是一项利国利民的方针政策。

知制诰干了也就半年多，当年九月，因为出众的能力和出色的政绩，吕夷简再次被委以重任，他被光荣地调任为首都开封府的长官。

首都长官

上任开封府，吕夷简的官职为"权知开封府"。这一官职的准确全称为"权知开封府事"。

"权"在这里不是"暂时"或"代理"的意思。因为开封是首都，中央机关都在此地办公，因此不设正知府，凡任知府事者必带一"权"字。宋人著作中的'知开封府'系'权知开封府'的简称。

吕夷简权知开封府的时间是天禧四年（1020）九月至天禧五年（1022）七月，干了不到两年。现存文献对他权知开封府期间的记载较少。《资治通鉴长编》卷96记载："（天禧四年）九月己酉朔，夷简治开封严办有声，上识其姓名于屏风，意将大用之也。"当年十月和次年九月，各有一条因狱空而诏奖吕夷简的记载。

而大学士张方平在《文靖吕公神道碑》相关的记载是："都邑务剧，尹正才难。击断者杂中善良，循恕者并容奸蠹。公之为理，雅得其术。威而不猛，宽而无犯。机芒不施，区橐自破。治政清净，府庭肃然。逮今言尹京之政，公为吏师。"

北宋京师的行政长官大多由朝廷重臣来担任，当今皇帝真宗年轻时也曾担任过这一职务。开封府尹一向多有大任，这是一个让人浮想联翩的位置。担任开封府尹后来成为宰相的前辈就有毕士安、寇準、王随等人。

首都行政长官的一举一动常常会影响到整个京师的安全和稳定，京师治理的好坏，也影响统治者在百姓心目中的形象。然而，由于皇亲国戚、达官贵人、富商大贾云集，京师治理的难度很大。上任以后，吕夷简采取了宽简的治理方针，所以干得比较轻松。现存史籍有指责他其他方面过失的，但权知开封府期间，身为行政长官的吕夷简并没有什么不良记录。

在认真做好自己本职工作的同时，吕大人从没忘记自己的梦想。他尽可能利用每一个有可能的机会在追求进步，并为自己的进步寻找着一切有可能的办法。

担任首都行政长官以后，跻身朝廷大员的吕夷简头脑很清醒，他很快梳理出了自己现阶段的人生目标：自己在朝廷势单力孤，要想进步，必须得找帮手和靠山，此时已经刻不容缓。

经过反反复复的寻找、斟酌和考量，很长时间都不能找到合适的人选。这让吕夷简很是苦恼。

在吕夷简勤勤恳恳地忙于工作的同时，一个跟他同岁、没他出道早却比他更加出色的人也在一步步完成着他人生路上的超升。

王曾，字孝先，山东青州人，同样出生于公元978年。与吕夷简不同的是，王曾是1002年考中的进士，比吕夷简晚了两年。虽然中进士晚了两年，但幼年丧父的王曾中的却是状元，天下学问第一人。

王曾不但中的是状元，而且省试、会试、殿试均为第一，即人们所说的连中三元。

文人科举的最高梦想，大宋朝连中三元的第二人。

王曾一出仕就是闪亮登场。

状元入仕享受的当然是高配的待遇。中状元后，王曾直接以将作监丞通判济州。真宗时期，累官至吏部侍郎，两拜参知政事。仁宗即位后，拜中书侍郎、同中书门下平章事，朝廷倚以为重。后罢知青州，于景祐元年（1034），召为枢密使，次年再次拜相。

后世公认，王曾是大宋宰相团队里排名第一的正人君子。这一点从他得到的谥号就能看出来，王曾的谥号是"文正"，谥号的最高级别。

跟吕夷简比，王曾虽然进入官场晚了两年，但他的资格比吕夷简老得太多了。吕夷简当年在基层辛辛苦苦地打拼看不到方向时，王曾早已经回京当上了朝官。

中状元后第一个职务虽然是地方官，但王曾很快就通过召试回到了京城。王曾召试的是学士院。宰相寇准对王曾的经历很是惊奇，特地安排他在政事堂考试。一向以南北分界线给好人坏人画圈的寇准，对北方人有着偏执的喜爱，在他一手安排下，王曾授职秘书省著作郎、直史馆、三司户部判官。

而吕夷简虽然参加并通过了一次召试，而且召试的是中书省，但他的点儿太背，皇帝居然把他那一科全废了。

这就是命。

大中祥符四年（1011），小吕同学在颍州为官、因伯父推荐引起皇帝注意的时候，王曾早已经升任尚书主客郎中了，后来王曾又知审官院、通进银台司、勾当三班院。当吕夷简光荣地权知开封府时，王曾早已经官拜参知政事，当上副宰相了。

进步的时候，谁也不会等人。起步比你晚，起点比你低，但官职却比你大很多，这就是人与人的差距，不服不行。

吕夷简是在权知开封府任上结识王曾的。在吕夷简的努力下，两个人很快就成了一对相互欣赏的亲密战友。

亦师亦友

王曾生于公元 978 年，卒于公元 1038 年，活了 60 岁。公元 1002 年中状元，公元 1016 年始任参知政事，1022 年始任宰相，1024 年始任大宰相。山东青州人，封沂国公，赠侍中，谥文正；配享仁宗庙庭，二十四功臣之一。

吕夷简，生于公元 978 年，卒于公元 1044 年，活了 66 岁。公元 1000 年中进士，公元 1022 年任参知政事，公元 1029 年任宰相，同年担任大宰相。山东莱州人，封许国公，赠太师，中书令，谥文靖；配享仁宗庙庭，二十四功臣之一。

无论生前的官职还是待遇，二人均旗鼓相当，但在世的时候，王曾始终压着吕夷简一头，因为王曾达到人生顶峰要比吕夷简早得多，而且，吕夷简能够入阁拜相，一切都缘于王曾的大力推荐。可以说，在吕夷简的人生之路上，王曾对他有着提拔和推荐的知遇之恩。

说完了生前，再说说身后。一是两人的谥号是有所区别的。谥号公认文正第一，在谥号上，吕夷简跟王曾相比差了不止一个段位；二是两个人的赠官也有微妙区别，吕夷简的赠官似乎要高一些，赠官是官员生前得到的皇帝眷顾，说明皇帝是比较喜欢他的。

顺情说好话，耿直万人嫌，这是人之常情。王曾获赠的侍中大概相当于人大委员长，而吕夷简获赠中书令，大概相当于宰相。同样是宰相称号，但皇帝对王曾的认可，更多缘于他所处的位置和贡献，并不是因为他和皇室保持的亲密关系。吕夷简的赠官说明皇帝更认可，当然也更喜欢他。

再看一下两个人的出身。吕夷简的父亲吕蒙亨以七品大理寺丞而终，生前为正八品，因为儿子有功，死后赠开府仪同三司、中书令兼尚书令、魏国公；王曾的父亲官至著作佐郎，正八品，累赠太师、尚书令，看来二人的出身也旗鼓相当。但在人生的前半段，吕夷简不但拥有完整的家庭，而且有伯父为靠山，而王曾8岁而孤，跟着叔父王宗元长大，王曾的成功，更多是因为他本人出色的才华所致。

虽然吕夷简的人生也很成功，但和王曾一比高下立见。

虽然一身正气，又负状元之才，但王曾做人一直很低调。中状元后，王曾回到家乡青州。府官听说王曾回家，命令老百姓奏着乐在城外迎接。听到这一消息，王曾换了衣服，骑着毛驴故意躲开，从别的城门进城了。

后来拜见府官，府官吃惊地问："听说您荣归故里，我早已派人出城迎候，守门官还没来报告，您怎么就到了？"王曾回答说："不过是侥幸得了个状元，怎么敢惊动大人和父老前来欢迎？您这样做是增加我的过失，所以，我改换姓名，瞒过欢迎的人群和守门官直接来拜见您。"

府官不由得赞叹地说：您称得上是个真正的状元啊！

《宋史·王曾传》曰："曾资质端厚，眉目如画。在朝廷，进止皆有常处，平居寡言笑，人莫敢干以私。"可见王曾为人是比较正派的。真宗去世后，身为集贤相的王曾能够用计排挤宰相丁谓，可见王曾的政治手段很不一般。

《宋史·王曾传》曰："时真宗初崩，内外汹汹，曾正色独立，朝廷倚以为重。"可见王曾在朝廷权力交接时，对稳定政局起到了重要的作用，他能当大任，有担当，属于中流砥柱类的人物。

担任宰相后，因为性格原因，不够圆滑的王曾与垂帘听政的太后产生过一些矛盾。《资治通鉴长编》卷108记载："始，太后受尊号册，将御天安殿，曾执不可。及长宁节上寿，曾执不可如前，皆供张别殿。太后左右姻家稍通请谒，曾多所裁正，太后滋不悦。"

天圣六年（1028）六月："太后欲擢季良侍从，王曾难之。会曾移疾，太后谕中书，令丞行除命，执政承顺且遽，故季良止以三丞充侍制，盖三丞未有预内阁清职者，朝论哗然。"后来，王曾与刘太后的矛盾进一步尖锐化。1029 年六月，因玉清昭应宫火灾，王曾负有管理不力的责任被罢去相位。

《宋史》第三百一十卷关于王曾的记载是这么写的：

曾资质端厚，眉目如画。在朝廷，进止皆有常处，平居寡言笑，人莫敢干以私。少与杨亿同在侍从，亿喜谈谑，凡僚友无不狎侮。至与曾言，则曰："余不敢以戏也。"平生自奉甚俭，有故人子孙京来告别，曾留之具馔，食后，合中送数轴简纸，启视之，皆它人书简后裁取者也。皇祐中，仁宗为篆其碑曰旌贤之碑，后又改其乡曰旌贤乡。大臣赐碑篆自曾始。仁宗既祔庙，诏择将相配享，以曾为第一。

而与王曾相比，吕夷简却聪明多了。

吕夷简是北宋宰相中为数不多的从基层起步的官员之一。在他之前的诸位宰相，大部分人都有长期的上层工作经历。也许是长期的基层工作经验，致使吕夷简拥有比常人更多的变通智慧，这种智慧主要体现在处世和为人的圆滑上。不管是成为宰相之前和担任宰相之后，吕夷简对于个人品格和操守的坚持，始终不像王曾那么坚定，而他在处理与太后、皇帝以及同僚的关系上，很多时候的不择手段和不顾吃相，尤其是成为宰相以后，为了一己之念，先后与名臣李迪、王曾、范仲淹、孔道辅的斗争，以致后来为了报复郭皇后直至将其废掉，尽管他都赢了，但很多非正人君子的做法让吕夷简的宰相形象减分不少。

虽然，在他的一生之中闪光之处很多，在很多的时候他能够做到坚持原则，并且能够很好地处理大臣与皇帝之间以及群臣之间的关系，但这些更多地被人们看作一位宰相的基本职责。

如履薄冰

在首都担任行政长官的吕大人，兢兢业业并小心翼翼地认真地履行着自己每一个的职责。他的敬业和认真在京城有目共睹，甚至真宗皇帝都把他的名字写在了一面屏风上。能让皇帝把名字记在屏风上以免忘记，这说明吕夷简已经得到皇帝的格外关注。

虽处处谨小慎微，但真宗末期京城的官场并不太平。

北宋的官场，虽能人辈出但处处是坑，稍有不慎就会万劫不复。通过两次联手办案，吕夷简有幸结识了皇帝身边最红的人周怀政。和周怀政一起共事的感觉很好，以至于他也曾浮想联翩。然而，对于宦官，吕夷简有着较为清醒的认识。他小心地处理着跟周怀政的关系，保持着若即若离的走动，绝不深交也绝不得罪，他清醒地将这一分寸掌握得恰到好处。

吕夷简的先见之明果然得到了回报，不久周怀政就出事了。

那是天禧四年（1020）七月，老迈的真宗皇帝又得了一场大病。眼见老皇帝朝不保夕，胆大包天的周怀政欲建拥立之功，竟联合老臣寇准，图谋让太子提前接班。结果因虑事不密走漏了风声，被老皇帝一举拿下。

病入膏肓的真宗对这位跟随自己多年的宦官也没有网开一面，直接下令将周怀政一干人处斩。因此受到牵连被贬的有许多朝臣、宦官。

跟随他们一起造反的十余名军官被钉在木桩上示众，三天后，这十余人被砍下四肢，再处以斩刑。真宗皇帝唯独对老臣寇准网开了一面。没杀寇准的原因主要有两个：一是大宋朝有不杀文臣的先例，二是没有足够的证据证明寇准直接参与了谋反。

危墙众人推，破鼓万人捶，真宗晚年真是多事之秋。乱世出英雄，在这个特殊的历史时期，朝中的大臣们都想有所作为。而那些最先跳出来表演的人，往往会成为众矢之的，光荣地成为第一批牺牲者。

周怀政出事让吕夷简吓出了一身冷汗。教训是深刻的。幸好自己处处小心，和周怀政之间保持了一定的距离。如稍有不慎，一失足将成千古恨。吕夷简把这件事牢牢记在心里，以此当作人生的警示。

周怀政的下场给吕夷简的教训是深刻的。吸取了这个教训以后，吕夷简成了北宋时期为数不多的懂得怎么跟宦官处理关系的人之一。在以后的人生里，他成了极少数能把宦官们玩得团团转的人物之一。请注意，我们在这里的用词是宦官，而不是太监。直到明代，宦官才有了太监这一称呼，而且专指地位比较高的宦官。

周怀政一干人虽然死了，但病入膏肓的皇帝却挺能活。他的体弱多病让政局更加动荡不安。吕夷简很清楚，生逢此时，唯有更加小心翼翼，以不变应万变才是处世的上策。

但人总是要死的，真宗皇帝在装神弄鬼中苟延残喘了这么多年，相信不止一个人盼着他早点死儿，这也是人之常情。吕夷简心里始终抱着一个微末的希望，他盼着真宗皇帝在有生之年能再提拔自己一下。

可惜吕大人的运气在关键的时候总是差了那么一点点。眼看着皇帝的病越来越重，提拔自己的可能性越来越小，逐渐心灰意懒的吕夷简也只能摇头叹息。

果然，真没来得及提拔吕夷简，真宗皇帝就死了。

天下之事，如塞翁失马，伴随着失望也常有柳暗花明的转机。真宗皇帝之死对吕夷简来说绝对是件意义非常的大事。这是因为尽管活着的时候没能提拔吕夷简进入中书，因为真宗皇帝的死，却让吕夷简得到了一个最关键的提拔。

乾兴元年（1022）二月，真宗皇帝逝世。

真宗去世以后，仁宗即位，史载"时中外汹汹"。

朝堂内外的各股势力都虎视眈眈，说明当时的时局很不稳定。

权力交接之际，皇帝年幼，皇后一介女流，谁也不知道政治形势下一步会向哪个方向发展。于是，各路人马纷纷登台表演：有资格参与权力交接的，想尽一切办法确立并稳固自己的位置，没资格参与权力交接的则大眼儿瞪小眼儿地看着，努力寻找着自己的靠山。

每一次权力的交接都是一个大洗牌的过程，而每一次洗牌都是复杂而残酷的政治斗争。

真宗皇帝在临死之前留下遗言，遗言对后事交代得很明确：皇太子即皇帝位，尊皇后为皇太后，淑妃杨氏为皇太妃。

还好，老皇帝指定的接班人只有唯一的一个，这不用争夺。但即位的仁宗当时只有 13 岁，这个班怎么接、国家怎么治理、朝政如何处理，都是需要马上明确的人事。

当天，京城内增派兵卫，停止一切生产活动，文武百官在延庆殿拜见太子，先请太子即位再说。

先皇帝的遗命，中书大臣们是听刘太后说的。这份遗言除了规定继承人以外，还对国家大事进行了一定的安排。

新皇帝即位需要一个仪式，在这个仪式上要下发一份正式的诏书。这份诏书属于明发文件，需要公开发表并诏告天下。诏书的内容主要是传达先皇遗言，这份诏书怎么写，里面的学问却很大。

根据先皇的交代，"军国大事兼权取皇太后处分"，即军国大事暂由皇太后代为处理。在形成正式文件的时候，有人对此提出了不同意见。

提出这个意见是在真宗皇帝生前风光无两的大宰相丁谓。

丁谓提议，正式下发的文件应该去掉里面的"权"字。

按丁谓的说法，"军国大事兼权取皇太后处分"，将变成"军国大事兼取皇太后处分"，即军国大事由皇太后处置。皇太后的身份由临时代理变成指定专办，丁谓为什么要提这样一个主张呢？

这是绝顶聪明的丁谓的一石二鸟之计。

去掉"权"字，看上去是在为太后争权，宣布一切军国事务都归太后说了算，一旦到了实际操作层面上，这一说法导致的后果将不堪设想。

在宋代，外臣不能擅入后宫。大臣不能随便出入禁中，与朝政有关的文件和信息必须经专人呈报。负责皇宫内传外达的宦官称入内押班。时任入内押班的人叫雷允恭，是丁谓的死党。按丁谓的提议，朝政由中书大臣草拟，然后交太后定夺。同意的方案经太后盖章以诏令的形式下发，不同意的方案不盖章退回再议。

当时丁谓主持中书，大宰相，是群臣之首。中书的意见自然由他负责交给雷允恭，由雷允恭报给太后。而诏令经太后定夺以后，先交给雷允恭，再由雷允恭传达给丁谓，由丁谓告知群臣。显而易见，在这一流程中，如果丁谓和雷允恭串通一气，中书和太后将会被彻底隔开。如果他们只挑对自己有利的内容呈报或下发，大宋王朝的政令极有可能会变成丁谓的个人意志。

细思极恐。

史载丁谓绝顶聪明，这一提议可见他的智商果然不是盖的。名义上是为太后争权，实际则是为自己独揽朝政铺路。

丁谓于真宗晚年深受倚重，真宗皇帝对他几乎是言听计从。权倾朝野的丁谓有仇必报，对反对他的人一向毫不留情，而且手段极为残忍，连他的亲密战友王钦若和老上司寇准也不肯放过。因此，他的提议一般人不敢有反对意见。

丁谓的提议一旦通过，后果将不堪设想。

君子之风

自古以来，沧海横流方显英雄本色。

就在丁谓将要得逞的时候，一个人站了出来。这个人不是别人，正是号称北宋第一正人君子的王曾。

王曾当时担任参知政事，副宰相，是中书成员。面对丁谓的提议，王曾不紧不慢地说："皇帝冲年，政出房闼，斯已国家否运，称权尚足示后；况言犹在耳，何可改也！且增减制书有法，表则之地，先欲乱之乎？"

有理不在声高，却总是一语切中要害。

王曾这席话击中了丁谓的软肋。王曾提出了他的反对意见：皇帝年幼，政令由后宫下达已是国家之不幸。军国大事暂让太后代理处置，还能对太后有个提醒和警告。再说了，先皇的话刚说过去，怎么可以改呢？还有，修改诏书是有说法的，先皇的遗言天下人都知道了，丁相爷你这是想乱规矩吗？

言外之意：这个"权"字不但不能去，而且绝对不能去！

丁谓有点儿蒙。最狠的是王曾将这件事扣上了篡改先皇遗诏的帽子。罪名太大，饶是丁谓这等绝顶聪明的人也不敢接招。

最终，丁谓阴谋破产。

而对于"称权尚足示后"这句话，后人的理解也是不一样的。有人认为这里的"后"指的是皇太后，也有人认为指的是"后世或后人"。

众臣继续讨论遗诏的内容。当讨论到关于淑妃的册封时，王曾认为，对国家社稷来说这是件小事，淑妃不应该这么仓促地册封，这件事可以改日再议，也不必诏书明发。

你刚刚说过遗诏一个字都不能改，现在又要删除这么多内容，这不是出尔反尔嘛！丁谓火了。

丁谓不等王曾说完便反驳道：说不改的是你，现在说改的又是你。王参政你这难道不是擅改先皇遗诏？！

可王曾还是觉得自己的想法有道理，又跟丁谓争了半天，可惜没一个人给他帮腔，于是王曾没再坚持下去。

就这样，经历过一番斗争，先皇遗诏该怎么写定了下来，而和朝政相关的其他事情也在第一时间进行了安排。先是大赦天下，百官进官一等，然后犒赏三军，减税赋。最后安排人给先皇修建陵墓。宰相丁谓，深受先皇倚重，任命为山陵使，全面负责先皇的下葬工作。

请大家记住山陵使这一风光无两的职务，在不久的将来，它将给丁谓同志带来无尽的噩运。

而朝政怎么运转、皇帝和太后如何临朝，一些有资格参与讨论的大臣也进行了商议。这次还是王曾第一个站出来的。王曾建议应该依照西汉的先例，由太后和皇帝一起在承明殿听政，每五天上朝一次，太后居左，皇帝居右，听政形式按照晏殊的提议，太后和皇帝两个人一起听政，为了避免和群臣直接相见，太后面前垂一道帘子，即垂帘听政。

自己本来计划得好好的，却让王曾给搅了，丁谓正恨得牙痒痒。因此，对王曾的建议丁谓马上提出了反对意见。

丁谓说，皇帝应该半月上朝一次，每月的初一十五上朝听政。遇到重大事情，由太后召见大臣们商议，非重大事情由内侍雷允恭传奏，太后在后宫盖章批准。

见狐狸又露出了尾巴，王曾说：皇帝和太后分居两宫，政令由宦官来回传达，必起祸端。

两个人谁也不肯相让，旁听的群臣谁也不敢发表意见。

这一次，王曾的反对没能奏效。

丁谓态度强硬地驳回了王曾的意见，他有不采纳的权力，因为他是首相。

事实证明，王曾的担心很快就变成了现实。

群臣发现，从那天以后，宫中盖章签发的文件精神全都是丁谓的想法。原来，丁谓早就暗中结交了雷允恭，阻断了同僚们和太后见面的机会。中书群臣根本跟太后说不上话，更有甚者，中书需要太后盖章批准的诏书，雷允恭都是先拿给丁谓看，丁谓看完雷允恭再呈给太后盖章。这些诏书名义上是群臣的意见，实际上都变成了丁谓的个人意见。

决策层和执行层彻底隔开了，虽然遗诏的内容没有改成，但丁谓的目的却实现了，他和雷允恭轻易地把朝政把持在自己手里。史载："*自先帝登遐，政事皆谓与允恭同议。*"

雷允恭，开封人，被真宗皇帝处以极刑的大宦官周怀政的接班人。在仁宗皇帝即位后很长一段时间里，丁谓与雷允恭协比专恣，一内一外，内挟太后，外欺群臣，同僚们一点办法都没有。

权力角逐的第一轮，丁谓成了最大的赢家。

当仁不让

然而，这一切也都只是暂时的，因为身为状元的王曾不是吃素的。另一个原因就是终于有一天，女中豪杰太后刘娥也觉察到了丁谓的野心。

刘太后是个很有城府的人，她静静地观察了很长一段时间，才搞清丁谓这些伎俩。于是，刘太后感觉很不开心。

刘太后是一个很强的人，她是一个强到被人认为是有武则天的本事、没有武则天的野心的人。大政治家、文学家司马光记载她，用了"*纲纪四方，进贤退奸，镇抚中外*"十二个字，这说明她是一个典型的女中豪杰。她能从一个普通的民女，将当时的皇子后来的皇帝迷得五迷三道非她不娶，进宫以后一路奋斗做到正宫皇后，可见她的本事和手段绝不是白给的。

一个这样的强人，岂容丁谓擅权？

皇太后是个当断必断的人。当她发现丁谓已经威胁到她和儿子的权力时，第一时间便生出了搞掉丁谓的想法。

可打倒丁谓谈何容易？满朝上下丁谓的势力太大了。不要着急，刘太后有办法。

刘太后很清楚，要想除掉丁谓，自己必须先找一个有力的帮手。可找谁呢？

于是，她自然而然地记起了宣布先帝遗诏时坚持己见的王曾。刘太后觉得，王曾虽然当时没向着自己，但看起来他好像不像别人一样怕丁谓，只是暂时还不知道这个人可用不可用。经过一番试探和考查，刘太后断定王曾就是自己想要的那个人。

首先，王曾有很多别人不具备的优点：名气大、有才华、有名望，一身正气还不怕得罪人。他有自己的原则和底线，不但敢于斗争而且能够斗争胜利，最重要的一条是他一点儿也不怕丁谓，这一点是别人都不具备的优势。

一个具备这些优点的人，正是她想要的那个人。

记得新帝登基时，曾诏令百官进官一等，这件事本身没什么争议。但丁谓起草的文件是自己加司徒，冯拯加司空，枢密使曹利用加左仆射并兼侍中。

加官晋爵，本来是个皆大欢喜的事，王曾却公开提出了自己的反对意见。王曾认为丁谓给几名大员加赠的官职不合适。

王曾不是看人加官眼红，而是觉得这么做不合规矩。王曾对丁谓说："**自中书令至谏议大夫、平章事，其任一也；枢密珥貂可耳。今主幼，母后临朝，君执魁柄，而以数十年旷位之官一旦除授，得无公议乎？**"

什么意思？老兄啊，皇帝年幼，太后代理执政，一个孤儿一个寡母，你老兄作为首相执掌大权，你可得悠着点儿。大家都在看着你，你这么没有上限地给人加官，有没有考虑过大家的看法？

言外之意：老兄，见过派官的，可没见过这么派官的，你可不要胡来哦，别怪我没提醒你。

王曾这一举动搞得丁谓很下不来台。史载"丁谓不听"，是呀，权倾朝野的丁谓哪里听得进去别人的意见！

其实这里丁谓的"不听"应该还有另一层意思，即丁谓搞一言堂，对不同意见的无视，是他觉得别人的意见无须在意。

可见当时丁谓对王曾这个"刺儿头"有点儿轻视，也许他认为王曾不过是书读得好罢了，顶多只能算个运气好的书呆子，中看不中用，玩儿起政治来顶多只能算个低段位选手。

太后还了解到，在处理寇准交结宦官周怀政图谋废立的事情上，王曾还跟丁谓杠过。丁谓是不把寇准置于死地不罢休，既然不能杀，那就有多远贬多远，一直把寇准贬到雷州去当司户参军。

而王曾则认为丁谓对寇准处理得太狠太重，寇准怎么说也是为国家立下大功的人，只是有让太子提前接班的想法，并没有谋逆的实际行为。

争论这件事情的时候，丁谓蔑视着王曾意味深长地说：这件事恐怕那些包庇收留他的人也脱不了干系。

听到这里王曾不敢再争执了。因为寇准在犯事以后，王曾曾经把自己的房子借给寇准住过。

手里揪着王曾的小辫子，丁谓以为王曾不敢拿自己怎么样，同时也对自己构不成什么威胁。

可惜丁谓错了，他严重地低估了他的对手。

他的对手是王曾，是一个连中三元的人，是一个号称大宋朝第一正人君子的人，是一个被后人称为一代贤相的人。何况他背后还有垂帘听政的刘太后作靠山。

太后和副宰相联起手来想搞掉一个宰相，恐怕只是分分钟的事。

只是，现在机会还不够成熟。

小人之狂

难能可贵的是，王曾也很快就揣摩出了太后的意图。

而后发生的一系列事实说明，丁谓确实小看了王曾。天纵聪明的丁谓万万没有想到，王曾绝不是书呆子，正人君子玩起手段来，比无耻小人一点儿都不差。

很快，刘太后和王曾等来了一个可遇不可求的好机会。

有句话叫作不怕神一样的对手，就怕猪一样的队友。丁谓做事一向很少让人抓住把柄，但他的好队友雷允恭却远没有他那么高明。

雷允恭很快就掉了链子。

时任西京作坊使、入内押班的雷允恭，在真宗死后内有传达之权，外有丁谓交结，火得不能再火。宦官不是读书人，毕竟境界和水平有限，穷人乍富内心的膨胀让他有些忘乎所以。天欲让其亡，必先让其狂。小人得志总会先猖狂一番，这一规律在雷允恭身上体现得淋漓尽致。

交结丁谓专权还不算，雷允恭处处想向人们宣示大宋皇室对他的格外信任和倚重。安排真宗下葬时，原来真宗身边的宦官们都被派去修建陵墓，本来与丁谓一内一外配合得挺好，但这位老兄不知动了哪根神经，竟一而再，再而三地申请去为先皇下葬。

一开始，他申请这一差事时刘太后是不同意的。越是不同意，他越是觉得这一差事重要。最后，雷允恭甚至跪在太后面前哭着苦苦哀求，才被太后批准去修建真宗陵墓的工地上班。

雷允恭为什么这么想去修陵墓呢？原来，他看到真宗死后几乎所有的宦官都被派去修陵墓了，只把他自己留在了宫内。这位雷大宦官觉得这对自己来说很没面子。别人都能为先皇效劳，我为什么没有资格？难道是我跟先皇的关系不够好吗？

雷允恭不甘心。

他要处处胜人一头。

也许他这一举动的目的仅仅在于证明自己所受到的重视，也许是这一差事的油水太大让人眼红，总之，刘太后勉强同意了。

谁也没想到，雷允恭这一举动给了太后将他和丁谓一网打尽的机会。

快，快到碗里来吧。

负责皇帝下葬的官员称山陵使，丁谓已经被任命为山陵使，他的好队友雷允恭因苦苦相求，被光荣地任命为山陵都监。

史载：雷允恭与丁谓交接，倚势骄恣。始，宦官以山陵事多在外，允恭独留不遣，自请于太后，太后不许。允恭泣曰："臣遭遇先帝，不在人后，而独不得效力陵上，敢请罪！"太后曰："吾虑汝妄有举动，适为汝累。"允恭泣告不已，乃以为山陵都监。

得到太后的允许，雷允恭迫不及待地去上任了。雷大宦官做事很用心，也很负责。本来，由司天监负责确定陵墓的位置。司天监有个叫邢中和的官员对雷允恭说：陵墓穴位已经确定了，但穴位向北一百步的位置其实更好。

雷允恭一听就来了精神，问：既然更好，为何不用？

邢中和说：怕下面有巨石和地下水，没敢用。

雷允恭说：你也太胆小了，这么好的位置，应该马上换到那儿。

邢中和说：事关重大，万一……

雷允恭撇着嘴说：听我的，马上把位置换了，赶紧的。这事儿你不需要操心，我去跟太后说……

擅改勘定的陵墓位置，作死的节奏。雷允恭是现场负责人，一向强横，施工人员不敢不听。

雷允恭多少也有点儿政治觉悟，也知道此事事关重大，便将此事向太后做了汇报。听了他的汇报，虽然对真宗皇帝满是真爱，但刘太后却半信半疑：这可是件大事，已经定下的事，怕是不能轻易更改吧？

急于立功的雷允恭拍着胸口说：放心吧，这事儿包在我身上，不会有事，肯定没问题，这个位置绝对比原来的好。

可太后还是觉得不放心，见他态度这么恳切便说：你去跟山陵使商量商量吧。

丁谓当然知道这件事的严重性，改好了首功一件，搞不好会玩儿砸，他可不想承担也承担不起玩儿砸的责任。但好搭档一门心思，自己不好逆着来。一向擅长处理此类事情的丁谓耍起了滑头。丁谓对雷允恭唯唯诺诺，既不说行，也不说不行，只是一味地敷衍。

不知死活的雷允恭回报太后说：山陵使没什么异议。

真宗陵墓按雷允恭的指令移动了位置。

报应很快就来了。

陵墓位置迁移以后，果然挖出了大石头。好不容易把大石头挖掉，又涌出了地下水。众人议论纷纷。眼见原来的修陵计划不能完成，这可是杀头之罪，众臣都不敢上报，总负责人丁谓见出了事，也不知道怎么办。不知道该怎么办便拖着不办，后来实在等不下去了，一个叫毛昌达的供奉官向太后禀报了这件事情。

太后大怒，严厉问责。第一负责人丁谓忌惮自己与雷允恭的关系，请太后先派人补救，然后再说问责的事情。

太后没有采纳丁谓的意见，而是安排人一边问责，一边进行补救。

两件事是同时开始的。因为事关重大，主办人选非常重要。调查问责必须是得力之人，得到这一差使的是入内供奉官罗崇勋。

罗大宦官雷厉风行，他先派地方官控制了雷允恭，很快将事情查得一清二楚，顺便也查清了雷允恭一些其他罪状。雷大宦官平时作威作福惯了，而罗大宦官丝毫没有对他手下留情。一上来就动用了酷刑，待罪证一一坐实以后，雷允恭被乱棍打死。

其他相关人员均得到处理，"允恭坐擅移皇堂，并盗金珠、银帛、犀玉带等，杖死于巩县，籍其家；弟允中决配郴州编管，邢中和决配沙门岛"。

在处理善后事宜上，吕夷简幸运地被刘太后委以重任。吕夷简和龙图阁直学士鲁宗道一起，受命完成先帝陵墓的善后事宜。善后的意见很快就统一起来，陵墓还用原来的位置。

毕竟是为真爱过的人下葬，太后还感到有些不放心。第二天，她又派王曾再次对真宗的陵寝位置进行了复核。直到确定真的不会再有差错，才确定继续按原来的方案下葬。

事情看似解决了，但对这一事件责任的追究却远没有停止。刘太后想除掉的人不是雷允恭，而是他背后的丁谓。

君子之计

这天议事的时候，王曾对丁谓说：老兄，有件事情我想跟你商量商量。您知道，小弟不幸，没有儿子，兄弟我不能后继无人啊。我想将我弟弟家的儿子过继过来。这是件私事，不好在公开场合说。明天退朝的时候，我想请您老兄跟我一起，咱们跟太后汇报一下。

丁谓没有多想，只是一肚子的不屑。这种小事私事王曾竟想拉上自己，真是可笑。丁谓说：你自己跟太后说就行了。

他哪里知道，这才是王曾真正想要的结果。

丁谓树大根深，又是首席大臣，朝臣们根本就没有单独向太后汇报事情的机会。略施小计，王曾竟获得了宝贵的同太后私聊的机会。

第二天退朝以后，一切按计划进行，王曾得以单独向太后报事。

丁谓做梦也没有想到，王曾在太后面前狠狠地告了他一状。王曾说：太后您可能不知道，陵墓移穴的罪魁祸首其实不是雷允恭，说实话这都是丁谓的主意。别看丁谓说雷允恭自作主张，太后您想想，作为总负责人，丁谓不同意雷允恭敢这么做吗？这件事根本就是丁谓故意安排的，将先帝的墓穴故意定在绝地……

王曾已经不需要再说了，话说到这里不管事实是不是这样已经不重要了。早就想除掉丁谓的刘太后理所当然地认可了这一说法。

据说后来丁谓听说此事，才知道自己被王曾耍了，丁谓的肠子都悔青了。没想到自己一个疏忽，竟酿成如此大错，面对这样的情况自己真是有口难辩啊。但丁谓一直试图着进行自救。有天上朝，轮到丁谓向太后报事。正事报完了，极力想洗清自己的丁谓硬着头皮隔着帘子就此事解释了一番。

丁谓正独自跪地低头讲着，内侍突然卷起帘子问道：相公，您在跟谁说话？

丁谓抬头一看，皇帝和太后早就走了。

丁谓知道自己已经完了，他恨得直用笏板打自己的脑袋。

打击接踵而来，没过几天太后约辅臣们在资善堂吃饭，所有人都叫了，唯独没叫丁谓。刘太后此举等于公然传出了丁谓已被边缘化的信号。

知道这一关不好过，丁谓积极地想尽一切办法进行自救。平时得罪的人太多，他知道能替自己说话的人不好找，便想起了老盟友兼亲家钱惟演。钱惟演是皇亲国戚，虽然是个老滑头，但两个人曾经联手对付过寇准，又有亲家关系，他想让钱惟演去太后面前替自己说几句好话。

见风使舵的群臣哪肯给丁谓这个机会。因一直不能单独跟钱惟演说话，丁谓等得心急。这天群臣议事，焦头烂额的丁谓当着别人的面向钱惟演表达了自己的想法。说实话，一向没有担当的钱惟演这些天一直在躲着丁谓，他没想到亲家公敢在公开场合跟自己提这件事，钱惟演心里有点儿慌，象征性地安慰他说：老兄不必惊慌，你好好做好自己的事就行了，没什么大事。

听到这话，次相冯拯向钱惟演抛过来一个严厉而意味深长的注视，吓得钱惟演再也不敢说话了。

丁谓心里凉透了，真是此一时也，彼一时也，他知道这一关自己是过不去了。

很快，对丁谓的处理也雷霆而至。

痛打落水狗在所难免，而墙倒众人推也是历朝历代的惯例。无须动员，丁谓的罪名早已经查清了，相关人员列出了罪名并拿出了证据：第一，丁谓勾结雷允恭，私用宫廷工匠为自己制造黄金酒器；第二，雷允恭请托丁谓，让太后同意自己管勾皇城及三司衙司，丁谓根本就没同群臣商量，却上报说这是群臣的意思，以骗取太后同意，教科书式的矫诬之举；第三，身为山陵使，擅自迁移先帝陵位，居心叵测。

这三条罪名虽看似不重，但哪一条都是死罪，如何定罪也颇有学问。在讨论处理方案时，次相冯拯早就准备好了发言稿。冯拯当然恨不得马上把丁谓干掉，他一本正经而又阴阳怪气地对太后说：这我才知道，原来先帝驾崩以后，所有的事都是丁谓与雷允恭两个人打着您的旗号办的。我们都以为这是太后和皇帝的意思，却不想都被他们两个蒙骗了。幸好太后您及时发现并制止，这是国家之福。

冯拯这话如火上浇油，太后气坏了，要杀丁谓。

冯拯却不想置人于死地，况且皇朝有着不杀文臣的传统。冯拯说：丁谓虽然有罪，但皇帝刚刚即位，不宜马上诛杀大臣。我觉得丁谓不过是擅权专权，也没什么谋逆行为。

听到这里太后怒气稍稍消了一些，她下令让次相冯拯牵头商量如何处置丁谓。

这时，一个毫无政治觉悟的、名叫任中正的参知政事说，丁谓是先帝重臣，虽然有罪，也不是无功。过是过，功是功，我们应该客观地处理这件事。

任中正的话把王曾给气坏了：丁谓人已不忠，还议什么功？

其他朝臣也纷纷附和，并指责丁谓执政时的种种不是。就这样，不可一世的丁大宰相的政治生命被乱棒打死了。

很快，丁谓被降职贬官。毕竟是罢免宰相，对丁谓的处理按说应该有一套正式的流程和手续。也许是怕夜长梦多，在太后指示下，由次相冯拯牵头，丁谓的罢免甚至连正式手续都没走就草草了事了。

因为替丁谓讲情，倒霉蛋任中正也被罢官。不但是任中正，连他的两个弟弟也一并受到了责罚。与此同时，处理先帝下葬有功的王曾、鲁宗道和吕夷简都升官了。

因丁谓被罢宰相出缺，王曾拜相。因王曾升职和任中正被免，空出来两个参知政事的位置，分别由鲁宗道和吕夷简担任。

进入中书，这一步对吕夷简来说太关键太重要了。

参知政事是副宰相，但副宰相也是宰相。

在惊喜之余，吕夷简心里却清楚得很，副宰相并不是自己真正的人生目标。

第五章　文武全才

高富帅

你有没有遇到过这样一个人：他出身好，是官二代，不但人长得帅，而且很聪明。尽管聪明但他却刻苦好学，同时三观也很正，他无时无刻不在努力寻找着每一个机会追求进步。因此，他少年成名，年纪轻轻获得了巨大的成功。

更难能可贵的是他谦虚、自律，待人待物一直都很和气，身上从来都没有一点儿官二代的骄横气。

说到这里你可能会不信，不相信世界上会有这样的人。

世界上到底有没有这样的人？

请你一定要相信，世界上不但有这样的人，而且这样的人还为数不少。如果某年某月在某个地方，你与一个这样的人不期而遇，请你一定要珍惜这个机会。

如果与一个这样的人不期而遇，你愿不愿意成为他的朋友？

当然！答案是肯定的，谁都愿意跟这样的人成为朋友。

可惜，不是谁都有这样的机会。比如接下来我们要说的这个人，你就不可能成为他的朋友。因为一是你没活在他那个时代，二是即使能生活在那个时代，你也根本不可能有与他成为朋友的机会。

因为你永远赶不上他上进的步伐，最多只能争取个擦肩而过，就已经很不错了。

因为他太突出了，而且他的人生步伐太快了。

而以上所说这些，也仅仅是他出色人生的一部分。

一个这样的神人，即使你把史书翻烂，相信也找不出几个来。是呀，从古至今，没有几个人能像他一样，做过的几乎每件事都成了别人的标杆。终其一生，都能保持着对别人碾压般的优势。

一个这样的人，你根本就没办法与他同行，你只能在仰望他的同时，发出由衷的赞叹。下面就让我们来看一看他辉煌的人生。

从小就养尊处优的他长得很帅，而且一言一行都有板有眼。在学生时代是学霸，不管什么东西一学就会。考试的时候他又是考霸，千军万马过独木桥的科举考试，他几乎不费什么力气就脱颖而出，不但一举高中而且中的是一甲头等：榜眼。小小年纪第一次考试就考了个全国第二，而这一年他才只有十九岁。

高中之后进入官场，虽然年龄小，他却升得很快。别人都在基层埋头苦干的时候，他早已经在中央工作多年。当别人用尽浑身解数，连滚带爬地进入中央时，他早已经身居两府，成为朝廷重臣了。虽然纵横官场几十年，一生起起伏伏，最终他不但官拜宰相位极人臣，而且是相三朝、立二帝，一生的荣华功业无人能比。

而最让人羡慕的，却是他一生超乎寻常的好运气。毫不夸张地说，在别人眼里他从出生起到去世一直都在开挂，而且基本没经历过什么重大的挫折。

他官大业大，文武双全，文能治国，武能安邦，家庭和睦，子孙众多，不但后继有人而且后辈个个争气。

一个这样的超级人生是不是已经让你看到眼红？

谁都眼红。

一个这样的人，似乎只能在传说里出现。

但在北宋，真就有一个这样的神人，他从一出生起就活成了别人眼中的神话。他几乎集齐了一个人理论上可能拥有的所有优点，并让自己每个阶段的人生都达到了别人无法企及的巅峰。

跟同代人相比，他始终高人一筹且早人一步，别人想做的事早就被他做过了，别人没做过的事他也做过了，最可贵的是他不但人生成功，而且污点不多，黑历史更是几乎没有。即使千百年后，他的人生也很少被人诟病。因此，他是历史上为数不多的完人之一。

人红招忌。一个人活得如此精彩很容易招人忌恨，这是人之常情。跟那些顺风顺水大红大紫的人不同，对他，几乎所有人都只是羡慕佩服，他一生招致的忌恨却为数不多。

这是他品德的高尚之处，同时也是他做人的高明之处，退一步想，也许是人们根本就没资格恨他吧？

用今天的话来说，他是那种让人连后尾灯都看不到的人。他不但跑得快，而且跑得远。别人低头喝个茶的工夫，他就跑到千里之外了。

一个人能活成这样，不是神话，便是神人。

进退间

这位超级神人，就出生在大宋真宗年间。

举世公认，在人才济济的北宋，没有两把刷子是混不出来的。

因为特殊原因，朝廷一贯安排文官掌兵。如果没有合适的文官，宁可退而求其次，让宦官带队也不会让武将掌兵。

北宋内政和外交都不是太省心，内有内乱，外有外侵，不管对内对外，经常需要用兵。因"不得重用武将"的祖训，成就了许多称得上"文武全才"的人。

北宋无将，南宋无相。平定天下以后，虽然除了种世衡和狄青，北宋能拿得出手的武将确实凤毛麟角，但指挥过打仗的文官却多如牛毛。

人分三六九等，人才也分三六九等。

文官不一定会打仗，文官也不一定不会打仗。在北宋，文官出身同样用兵如神、战功卓著的大有人在。

如果根据指挥水平给这些打过仗的文官划一下等级，相信一个名叫韩琦的人绝对能排在第一梯队。

不用再绕圈子了，我们要说的这个人就是韩琦。

说实话，对韩琦身份的定性有点儿难，因为他的经历太复杂了。虽然仗打得好吧，但他属于标准的文官。韩琦是进士出身，而且是榜眼，后来还做到了位极人臣的大宰相；说他是文官吧，他却以武起家，亲自指挥过大大小小无数次战役，最让人津津乐道的，是他在西北战场立下的赫赫战功。

虽然在西北战场上的战役有胜有败，但他治军有方军功卓著，而且最终把仗打胜了。他的军功都是实打实的功劳，每场仗都是他亲自指挥，他的功劳没有一项是靠挂名获得的。

韩琦治军有方、战略正确、战术精准且指挥得力，符合一名大将的基本特征。不但如此，韩琦治军之严、料敌之神、作战之勇，把同时代的武将如狄青、种世衡都看得一愣一愣的。

因此，把他排在文武全才的第一梯队，绝对不是无稽之谈。

书归正传。

说了这么多，我们只是为了给韩琦的出场拉开序幕，目的是让你明白一个人一生可以活得有多精彩、有多成功，而且还可以活得多么不可思议。

故事还是从公元 1055 年说起。

这也是一个惯例。本书起卷是从 1055 年写起的。让我们定神凝思，将关注的目光回到风云变幻的北宋。

公元 1055 年，大宋至和二年二月，朝廷颁下一道圣旨，同意 48 岁的韩琦以武康军节度使的身份出知相州。

相州，古州名，自北魏起置。

北魏天兴四年（401），以邺行台所辖之六郡魏郡、阳平、广平、汲郡、顿丘、清河设相州，此范围大概包括今天的河南北部的安阳、河北南部的邯郸及少数的鲁西地区，即包括今天的河南省安阳市、河北省邯郸市及河北省邢台市部分地区，再加上面积极小的山东省聊城、菏泽地区。相州州治设于安阳，属河北西路。

相州知州，似乎是一个不大不小而且怎么看上去都感觉不太重要的官。没错，相州是一个小州，地理位置也不怎么重要，这一职务对于已经48岁的韩琦来说，无论以前还是以后，都是他一生事业的低谷。

在出知相州以前，韩琦曾以三级跳的形式，陆续完成了一段段让人羡慕的人生表演。20岁榜眼及第，任淄州通判，没几年就擢升太常丞，开始了他的京官生涯。在京官任上，韩琦一干就是十三年。在这十三年里，他不动声色地一路升迁，从左库藏、开封府推官、度支判官到右司谏、知谏院、知制诰、知审刑院，中间还担任过出使辽国的"北朝正旦国信使"，直到以枢密院直学士的身份，担任体量安抚使去四川赈灾，他才由京官改为外任。

放外任这一年，虽然刚刚34岁，韩琦却已担任正三品的朝廷大员。

在担任京官的十几年里，韩琦混得风生水起，无论官声还是官运，都顺得不能再顺。担任体量安抚使以后，赶上西夏用兵，34岁的他旋即被任命为陕西安抚使，并以经略安抚副使的身份被派到西北前线。在西北打了两年恶仗，逼得造反的西夏不得不主动议和，担任副总指挥的他因军功升为枢密副使，官拜副相。

这一年，韩琦才刚刚36岁。

担任枢密副使以后，因和范仲淹一起推行新政，遭到排挤，韩琦于38岁这年被外放出知扬州，40岁时又改知成德军，41岁任定州路安抚使、都总管，知定州。46岁时拜武康军节度使，河东路经略安抚使，知并州。

即使被外放，但韩琦一直担任的是定州、并州等战略要地的大州州官，可以说是名副其实的封疆大吏。

在地方上工作了没几年，韩琦却向皇帝上了一道辞呈，请皇帝批准他辞去要职，批准他到工作相对轻松的相州去工作，这是为什么呢？

昼锦堂

之所以要去相州，是因为相州是韩琦的故乡。

向朝廷上这封奏表的真正原因，是年近五旬的韩琦对官场已经失去信心。几番起落以后，心灰意懒的韩琦对官场已经无望。

《礼记注疏》卷六《檀弓上》说，大公封于营丘，比及五世，皆反葬于周。君子曰："乐乐其所自生，礼不忘其本。古之人有言曰：狐死正丘首。仁也。"

狐死首丘，年近五旬韩琦已经做好了叶落归根并终老相州的打算。

而让人意想不到的是，仅仅在相州任职不到一年时间，韩琦的政治生涯又展开了一个波澜壮阔而且更加华美的篇章，这是后话暂且不提。

我们先从韩琦相州上任说起。

在传统的价值观里，有一个很重要的成语叫作衣锦还乡。这个成语出现得很早，源于鼎鼎大名的楚霸王项羽。

司马迁《史记》记载，楚霸王项羽攻占咸阳后，有人劝他定都关中。乡土观念浓重的项羽却说出了一番被后人载入史册的高论："*富贵不归故乡，如衣绣夜行，谁知之者！*"

可悲的是，说出这话不久，项羽就被他的老朋友、老手下兼老对手刘邦打得无处可逃，特别是乌江边四面楚歌，更是动摇了项羽的军心。

项羽是一个典型性的悲剧人物，想当初，为攻秦痛失了先破咸阳者为王的良机；再因为不忍心，错失了在鸿门宴上杀刘邦的机会；后来火烧阿房宫，收其货宝妇女，一错再错的项羽从骨子里一心想回到江东。几个愚蠢至极的选择，致使项羽在关键时刻接连犯下战略性错误，究其根本，都是受了衣锦还乡这一观念的影响。

富则归乡，这一深入骨髓观念的影响，让一心回到江东的项羽先后失去了本来属于他的江山和美人。而项羽人生的失败并不影响这一观念的正确性，后人根据此总结出了一个成语"锦衣夜行"，后来，慢慢就有了"衣锦当还乡"的说法。

我们不过多地评价项羽，就在那时开始有了"衣锦还乡"这一说法。

相信纵是今天，每个中国人骨子里都有衣锦还乡的情结，而生活在1055年北宋的韩琦，自然也不能例外。

其实，一心回到相州的韩琦内心更多的不是衣锦还乡，他内心纠缠的应该是另一个情结：叶落归根。

同时怀着这两种情结，接到朝廷的成命，韩琦没做过多的停留，在第一时间回到了他的故乡相州。

回到故乡，自然别有一番意味、不同感触和心情。

说实话，能批准韩琦回相州任职，仁宗皇帝也是出于对他的照顾。在宋朝，一向有地方官不得在家乡任职的惯例。韩琦奏请回故乡上任，自然有他独特的用意。他奏请的真正目的并不是求朝廷同意，更多的目的在于表明自己叶落归根的理想。

朝廷居然顺水推舟，批准了他这一请求。

朝廷自然有朝廷的想法。

回到故乡以后，韩琦不再像以前一样将所有的心思都放在工作上，他索性将复杂的政事放在一边，第一时间在官衙内修了一座书阁。值得玩味的是，他给这座书阁起了一个很别致的名字：昼锦堂。

俗话说衣锦还乡，回到故乡一般人都不肯锦衣夜行，韩琦做人做事从不逾越规矩，这时却光明正大地喊出了口号，不但要来个光明正大的衣锦还乡，而且是书阁字号明志。是不是感觉有些不可思议？

如果这么想，是你没明白韩琦的用意。

同样一件事情，发生在不同的人身上评价是不一样的。重要的不是它本身的高明与俗鄙，而是要看做这件事情的人是谁。比如昼锦堂这样一个名字，如果别人给自己的书房起这样的名字，也许会贻笑大方，但这件事发生在韩琦身上，结果却不一样了。

当时，虽说知任相州，但韩琦的待遇没有降，他仍担任着武康军节度使，也就是说当时他的官职和官阶没变，只是具体负责的事情变了。

大人物做的每件事情都有其深远而独特的意义。

后来发生的一系列事实证明果真如此。

韩大人的书阁很快就建好了，在处理不算繁忙的工作之余，不知道是不是为了沽名钓誉，也许仅仅是为了附庸风雅，或者仅仅是想和好朋友互动一下，韩大人差人给他的好朋友、当时文名正如日中天的副宰相、参知政事欧阳修送去了一封信。在信中，韩琦言辞恳切地请欧阳大人给他的书阁写一篇纪念文章。

因为两个人的特殊关系，欧阳修没有理由不答应。

很快，一个中国文学史上的精彩典故即将诞生。

这个典故的名字叫"欧阳修追字"，它被收录于今天我们小学五年级的语文教材。

追字

接到好朋友的请托，纵然一向眼高于顶，欧阳修却不敢怠慢。他反反复复地揣摩着好朋友的心思。昼锦堂，昼锦堂……

有了，原来是这个意思！欧阳修感觉眼前一亮，腹稿已经打好了：

仕宦至将相，富贵归故乡。此人情之所荣，而今昔之所同也。盖士方穷时，困厄闾里，庸人孺子，皆得易而侮之。若季子不礼于其嫂，买臣见弃于其妻。一旦高车驷马，旗旄导前，而骑卒拥后，夹道之人，相与骈肩累迹，瞻望咨嗟；而所谓庸夫愚妇者，奔走骇汗，羞愧俯伏，以自悔罪于车尘马足之间。此一介之士，得志于当时，而意气之盛，昔人比之衣锦之荣者也。

大文豪一向思如涌泉，写到这里，欧阳修略作思索，洋洋洒洒，文不加点一气呵成地接着写道：

惟大丞相魏国公则不然：公，相人也，世有令德，为时名卿。自公少时，已擢高科，登显仕。海内之士，闻下风而望余光者，盖亦有年矣。所谓将相而富贵，皆公所宜素有；非如穷厄之人，侥幸得志于一时，出于庸夫愚妇之不意，以惊骇而夸耀之也。然则高牙大纛，不足为公荣；桓圭衮冕，不足为公贵。惟德被生民，而功施社稷，勒之金石，播之声诗，以耀后世而垂无穷，此公之志，而士亦以此望于公也。岂止夸一时而荣一乡哉！

公在至和中，尝以武康之节，来治于相，乃作"昼锦"之堂于后圃。既又刻诗于石，以遗相人。其言以快恩仇、矜名誉为可薄，盖不以昔人所夸者为荣，而以为戒。于此见公之视富贵为何如，而其志岂易量哉！故能出入将相，勤劳王家，而夷险一节。至于临大事，决大议，垂绅正笏，不动声色，而措天下于泰山之安：可谓社稷之臣矣！其丰功盛烈，所以铭彝鼎而被弦歌者，乃邦家之光，非闾里之荣也。

余虽不获登公之堂，幸尝窃诵公之诗，乐公之志有成，而喜为天下道也。于是乎书。

尚书吏部侍郎、参知政事欧阳修记。

这注定又将是一篇会载入史册的名文大作。

成文以后欧阳修立即封好，差人将文章给韩琦送走了。文章送走后，欧阳修一个人自鸣得意地回味着，似乎总感觉哪里还有些不尽如人意。

他一个人慢慢地在院子里踱步走着，走着，突然灵光一闪，欧阳修想出来了。

原来是在这里！

欧阳修忙不假思索地回到屋里，又坐下品味了半天，才郑重其事地提笔改字。

大文豪的水平不是盖的，一个中国文学史上有名的点睛之笔由此诞生。

只见欧阳修略作改动，在文首第一句话里添加了两个"而"字。把原来的"仕宦至将相，富贵归故乡"改成了"仕宦而至将相，富贵而归故乡"。将开篇之语略加转折，这么一读，既避免了平铺直叙，又平添了回缓转折的意味。

点睛之笔！

读着改好的文章，欧阳修一面给自己叫好，一面差家人赶紧带上改好的文稿，骑快马追赶送信的人。

这就是欧阳修追字的故事。

　　细细分析这个故事，它本意讲的是欧阳修对文章一丝不苟的严格要求，而从侧面展示的，却是大文豪神乎其技的高明。

　　不服高人有罪。

　　再来看看这篇文章。

　　文人夸人，最高明之处是不着痕迹却又恰到好处。

　　一篇高明的文章，往往能把人夸得忘乎所以，却丝毫看不出是在夸他；同样，文人骂人也能骂得你不知所云。欧阳修的高明，在于捕捉到了韩琦内心深处那丝微妙的痒处，轻轻撩拨了一下，却不深加碰触。欧阳修的赞赏，既让人浮想联翩，却又不和盘托出，又充满了吐半分露半分的智慧。

　　这种高明，没有绝顶的才华和绝顶的情商是无法做到的。

　　在这篇精短的文章里，欧阳修不动声色地把自己的好朋友捧上了天。一般人衣锦还乡是沽名钓誉，但韩琦不是。好朋友之所以故意把自己的书房命名为昼锦堂，是因为衣锦还乡对普通人来说是一个梦想，一种骄傲，但对韩琦来说，却是再正常不过的事情。韩琦有这个资格。

　　与此同时，一身荣华富贵的他不肯以世俗为荣，这种高贵的境界，不管夸与不夸都不为过。故意以此给堂号命名，这对他来说只是一件稀松平常之事，这是他明志的同时并警示自我，绝非常人眼中世俗的夸耀。

　　绝。太绝了。真是太绝了。

　　高情商的人一向总能把话说到别人心里去，不服不行。

　　马屁就得这么拍，不能太轻也不能太重，关键是恰到好处。

　　《相州昼锦堂记》能够流芳百世，究其根本原因在于这篇文章的主人公是韩琦，还在于它的作者是欧阳修，大人做大事，大笔写大字，这是一个不争的事实，无须争论。

　　欧阳修为韩琦书堂写的这篇文章，还间接地成就了另外一段佳话。收到欧阳修的文章，韩琦先是命人刻于堂上，后来，这篇文章被"宋四家"之一的大书法家蔡襄书丹，刻在一座石碑之上。

　　若干年以后，昼锦堂的这座石碑被后人称为"三绝碑"。所谓三绝，即韩琦的事迹、欧阳修的文章和蔡襄的书法。

名分

　　韩琦将相州当成了他的故乡。但是，他的出生地却并不是这里。

　　韩琦真正的出生地是福建泉州。

韩姓，中华民族一个非常重要的姓氏，他们被认为是战国时期晋国名臣韩献子的后人。

韩献子，名厥，春秋时期晋国卿大夫，因谥号为献，史称其为韩献子。韩献子最初是赵氏家臣，位列晋国国卿之一，做过晋国的执政官，被奉为韩氏的先祖。秦灭韩以后，韩姓后人散居各地，以国为氏，其中以昌黎（今河北秦皇岛昌黎）一支最为有名。

昌黎韩氏在唐朝出过一个很牛的人，名叫韩愈。

而韩琦的高祖叫韩昌辞，曾经担任过县令一类的小官。韩昌辞的儿子韩璆也当过县令。因子孙有功，韩璆死后被追赠太师、开府仪同三司、齐国公，死后葬于相州安阳县。自韩璆以后，他的子孙们均葬于相州安阳，因此，虽然出生在泉州，但韩琦认为相州才是他的故乡。

虽身在官场，韩家人一开始的地位并不显赫。直到韩琦祖父这一代，才开始在政坛上有所起色。韩琦祖父韩构，官至太子中允，后知康州，死后被追赠开府仪同三司、魏国公。

水涨则船高，一代更比一代强。到了韩琦父亲这一代，因为起点不同了，人生高度也就不同了。

韩琦父亲名叫韩国华，进士出身，曾先后出任太常少卿、大理评事、监察御史、右谏议大夫。从官职来看，韩国华已经能够接触到权力中枢。

韩国华的官职虽然不是很大，但他被载入史册的事迹不少。最为人称道的是他在大宋国外交事业上的作为。

太宗时期，皇帝决定联合高丽夹击辽国，派韩国华出使高丽进行游说。韩国华不负众望，成功游说高丽国王共同击辽。完成使命以后，韩国华回到国内，太宗大喜，赐其紫袍金鱼袋，并将他的官职升为右拾遗、直史馆，刊鼓司登闻院，后又升其为三司开拆推官。

不久，大宋国和高丽国一起攻打辽国。久攻之下，辽国求和。太宗怀疑求和有诈，决定派个人去探探虚实。

派谁去合适呢？想来想去，中意的人还是韩国华。

领命以后，经过一番认真仔细的考察，韩国华写了一份考察报告。

报告的结论是辽国诈和。

太宗听从了韩国华的建议，避免了吃亏上当。因此，韩国华又一次得到重赏，官职也升为兵部员外郎、屯田郎中、京东转运使，先后知河阳、潞州，后来还做过江南巡抚。

韩国华以右谏议大夫的身份知泉州时，韩琦生于任上。

韩琦的出身也颇有争议。

争议的焦点是韩琦生母的身份。据一本叫作《泉州府志》的文献记载，韩琦生于景德年间，生母是韩国华的婢女蔡连理。

而根据北宋李清臣所著的《韩忠献公琦行状》记载，韩琦的生母是蜀人胡觉之女，即他的母亲是胡夫人。

两个截然不同的说法，到底哪个说法可以采信，哪个说法又是基本事实呢？

应该说李清臣所著《韩忠献公琦行状》的说法比较可信。可信的原因有两个，一是此书成于北宋年间，同时又是关于韩琦的"行状"。既是"行状"，应该由李清臣奉旨所写，在主观上有其严肃性，奉旨的文章谁也不敢胡言乱语；二是这篇文章的作者李清臣，官职为门下侍郎，属于有官方身份的人，文章当然也不会胡言乱语；三是李清臣是韩琦的侄女婿，属于晚辈、家人，对家中的情况自然了解得比较清楚。

另外，根据后来出土的韩琦墓志石碑，记载有文字"所生母胡氏追封秦国太夫人"，这句话证实了韩琦生母为胡氏的说法。该墓志由资政殿学士陈荐撰文，大文学家宋敏求书丹，大宰相文彦博篆盖。有了这三个超级大咖的背书，此碑文内容自然真实可信。

众说纷纭，当然要相信官方说法。

韩琦身世之所以会有如此争议，表面上争论的是他生母的身份，实际的指向却是另一个问题。

韩琦属于庶出。

庶出，用现在的话说就是"小老婆养的"。话很难听，现今社会对这一点已经不怎么在意，但在古代，出身却是一个人至关重要的身份标签。

正妻生下的孩子叫嫡出，或者正出，非正妻如妾、婢之类生下的孩子，都叫庶出。庶出的孩子是没有地位，同时也没有名分的。

这说明，在古代不管你是谁，出身很重要。

榜眼

因是庶出，韩琦从出生起面临的压力就很大。韩国华的正妻罗氏，是谏议大夫罗延吉的女儿。罗家是朝廷大员，罗氏出身显赫，又是知书达理的大家闺秀，在韩国华续娶胡氏之前，她共为丈夫生下四个儿子。因此，韩琦从出生起，就要面对四个名正言顺的哥哥，其在家中的处境可想而知。

问题又来了，既然不缺儿子，韩家为什么又会生下韩琦呢？

原来，韩琦的母亲胡氏本是正室罗氏的丫鬟。韩国华去福建上任时，由于地处偏远，没有携带家眷。善解人意的罗氏担心丈夫生活无人照顾，劝韩国华将丫鬟收房。

这是真爱。

被收房以后，胡氏共为韩国华生下两个儿子，韩璩和韩琦。

韩琦是韩国华最小的儿子。因为后来成了大人物，按照惯例，关于他的出生也应该出现一段异象，这一事件也被李清臣记录在《韩忠献公琦行状》里。

《韩忠献公琦行状》记载，有天晚上，胡氏做了一个奇怪的梦，她梦见一个身穿奇装异服的人指着她家的大门说："这家将降生一个奇才，一定要好生培养。"说完这句话，那个奇怪的人就不见了。

没过几天，韩琦出生了。

跟其他大人物不同的是，韩琦一出生就很幸运，他小时候几乎没受过什么苦。

虽是庶出，所有文献都没有韩琦母子遭受歧视的记载。父亲当大官，母亲知书达理，吃喝不愁，还有机会读书受教育，韩琦拥有一个快乐而幸福的童年。跟与他同时代的众多朋友相比，从出生起韩琦似乎就有好运的加持，而且这种好运伴随了韩琦一生。

没有对比就没有伤害。

以欧阳修为例，跟韩琦比，欧阳修成名前的每个阶段，都只能用"太惨"两个字来形容。韩琦比欧阳修小一岁，两个人算作是同龄人，但跟欧阳修比，韩琦的人生起点简直是太高了。韩琦一生享受的全是高配生活，从出生起就衣食无忧，从没为穿衣吃饭问题发过愁，这也客观地让他从小就养成了天生富贵庄严的气质。

当欧阳修折断芦苇在随州的沙滩上练习写字的时候，韩琦正坐在泉州官衙宽敞明亮的高房大屋里读书。起点不同，环境不同，人生格局和境界便会不同。也是因此，无论做人还是做事，韩琦的出发点从骨子里跟欧阳修是不同的。

《韩魏公家传》记载，公既长，朴厚不浮，少嬉弄，视瞻步履端正，而中甚敏，所学不用力而过人。性淳一，无邪风，孝于其母，悌事诸兄，皆不教而能。

环境决定性格，性格决定命运。这段文字记载了韩琦从小时候起就是一个标杆式的正人君子，举手投足之间自带贵气，他自然而然地拥有士林学子们几乎所有的美德：落落大方，举手投足间都有板有眼，完全是一副能当大器的形象。

试着想想，如果从小就为吃饭穿衣发愁，一个人不会长成这个样子的。

唯一的不幸是，韩琦四岁这年他的父亲韩国华死了。

幼年丧父，是一个人命中注定的不幸。但对韩琦来说，父亲的死对他生活的影响似乎不大。而同样是幼年丧父，欧阳修就远远没他这么幸运。欧阳观死后，他们一家没有了收入来源，基本的生存都成了问题，所以父亲之死让欧阳修的童年陷入无边的苦难。而韩国华之死对韩家的影响就没有这么大，因为当时韩琦的哥哥们都已经长大成人，而且有的已经在朝当官，最关键的一点是这些哥哥都对他不错。

这就是命。

命好的人，人生总是不讲理地顺。韩琦书读得好，19岁这年参加科举考试，没费什么力气，轻轻松松就一举高中了。

韩琦第一次考试就中了进士。不但考中了进士，韩琦中的还是全国第二名，即我们所说的榜眼。

在古代进士也是有级别的。进士的级别可以分为三等，这三个等级即人们通常所称的三甲。第一等是前三名，叫作一甲，称进士及第；第二等叫二甲，称进士出身；第三等叫三甲，称同进士出身。

韩琦考中的是一甲第二名，天下第二人，算得上是进士中的进士。一举高中的才华和运气不是谁都能有，很多士林学子考一辈子也许都无法混上个功名。还有很多功成名就的人，都是考了很多次才金榜题名。不同的人有不同的命运，不服不行。

韩琦高中榜眼这一年，他未来的好朋友欧阳修第二次考试落榜，正在愁肠百结地怀疑人生。而对韩琦来说，高中榜眼却仅仅是他人生开挂的开始。

传说殿试宣布名单时，当念到韩琦名字，太史突然跑进殿内向皇帝报告，说天边日下出现了五色祥云。善于见风使舵的群臣不失时机地争相进言：天子为日，日下现祥云，此乃大大的祥瑞，预示着我朝当出一个一人之下万人之上的贤相。

后来，这些话在韩琦当上宰相之后得到了验证。

天降异象，是必然还是偶然？这一点我们找不到因果关系。拿韩琦来说，到底是因为他日后当上了宰相证实了这些美好而神奇的预言，还是因为这些美好而神奇的预言能预示韩琦最终会当上宰相？其中的因果关系不需要求证，也没必要求证，尽管它们之间也许根本就没有什么关系，但二者之间的关联，却不失为一段能让人茶余饭后津津乐道的佳话。

待遇

走上坡路的时候，连空气都是甜的。

高中榜眼以后，韩琦授将作监丞，任淄州通判，官职为从六品。

说到韩琦第一个官职，也是有故事的。按照惯例，对高中的举子们的任命也是有章程的。通常情况下状元授将作监丞，榜眼授大理评事，探花授太子中允。也许是因为天降祥瑞，也许因为仁宗皇帝听说这位青年才俊的父亲是韩国华，也许只是因为他一时高兴，总之，在职务的任命上，韩琦被仁宗皇帝提了一级，直接享受了状元的待遇。

再说说这年的进士榜。

天圣五年的龙虎榜是北宋非常有名的一榜，号称宰相榜，又称王伯庸榜，这是北宋名臣辈出的一榜，只有若干年后的嘉祐二年，由欧阳修任主考官的一榜可以与它媲美。

宋天圣五年的进士榜，不但人才如涌，而且都很年轻。一甲进士状元王尧臣，字伯庸，24岁，后官至参知政事，副宰相；榜眼韩琦，20岁，后官至大宰相；探花赵概32岁，官至参知政事，副宰相；这一年同榜高中的进士还有后来担任大宰相的文彦博，中进士这一年22岁；还有后来担任枢密副使的包拯，包大人中进士这年是29岁。

北宋榜下择婿已经蔚然成风，既高中榜眼又长得帅，还身出名门，韩琦当然成了朝廷大员们竞逐的目标。

曾经的工部侍郎、时任相州知州的崔立崔大人不失时机地写了一封亲笔信，派大儿子崔勉亲自登门，找到韩琦的母亲胡氏求婚。

门当户对的婚姻哪有不成的道理？况女方又是清河崔家这样老牌的名门望族？

亲事很快答应下来。在去淄州上任之前，韩琦娶下了与他同岁的妻子、相州知州崔立崔大人的五女儿。

若干年以后，韩琦还接连娶下了两房小妾，一名贾氏，一名崔氏。她们接力似的先后为韩琦生下了六个儿子。日后，这六个儿子个个都成为人中翘楚。

淄州，属京东东路，通判这一职务却颇有来历。

太祖皇帝陈桥驿黄袍加身以后，一直对武官不大放心。为了避免大权旁落，重文轻武成为惯例。另外，为了便于中央集权并限制各地方官的权力，又于各路府州县设"通判"一职。

通判由皇帝直接委派，辅佐地方官处理政务。通判有直接向中央报告的权力，各级地方主政官向下级发布的文件，也须与通判一起签署方能生效。

说白了，通判的职责就是帮朝廷看着这些地方官。

韩琦的运气总是好得出奇，他遇到的第一个上司就是一个标准的好上司。

当时担任淄州知州的人叫王子融。王子融没什么名气，史载其"性俭啬，街道卒除道，侵子融邸店尺寸地，至自诣开封府诉之。然教饬子孙，严厉有家法。晚学佛氏，从僧怀琏游"，但这并不重要，重要的是他有一个好哥哥。

淄州知州王子融的哥哥名叫王曾。王曾，大宋第一正人君子，一个拥有"文正"谥号的牛人，当时正在朝中担任首相。在当上宰相之前，他完成了一件听起来似乎更牛的事情，那就是在科举考试中连中三元。

跟着宰相的弟弟混，其前程可想而知。

遇到这样的顶头上司是韩琦的运气，当然也是他的福气，关键是王子融不但对韩琦不错，而且很欣赏他。

高明

韩琦一直是那种与生俱来就知道该怎么做事的人，观其一生，他总是很清楚地知道该在什么时候办什么事，当然，他也清楚地知道事情该怎么办。

带着母亲和妻子上任以后，韩琦做的第一件事是"入其国问其俗"，先是在治内进行了一番微服私访。

用了不短的一段时间，韩琦在他的任地转了一大圈儿。对淄州的风土人情和社会现状有了一定的了解以后，韩大榜眼经过一番精心的梳理，给皇帝写了一封奏疏。

奏疏怎么写是一种学问，奏疏写什么更是一种学问。民生疾苦是老生常谈，没什么新意，很难引起皇帝的兴趣。写奏疏就像写作文，选材最重要。一封好的奏疏，一是要合情合理，二是要标新立异。

韩大榜眼的政治素养与文字功底绝不是盖的，他很快就从纷繁复杂的民生百态中梳理出一条线索：淄州旧学破败不堪，年久失修，规模太小，已经不能满足日益增长的社会需求。

从这里入手，兴学倡教，对，就从这里入手。

韩琦的奏疏写得很简单，建议朝廷对旧学进行修缮并扩建，让广大学子有一个说得过去的学习环境。

写完之后，韩琦想了想，又加了一句话，建议朝廷将治内各县的县学顺便也修缮一下。

文章写好了，情商满满的韩琦拉着上司王子融也签了个名，然后将奏疏交了上去。

又一个绝对高情商的操作：一不贪功，二是会走捷径，上司的亲哥哥可是当朝大宰相……

如不出意外，这封奏疏很快就会批复。

韩琦猜得没错。

没多久，他们就收到了朝廷的批复，上司王子融和韩琦不但都得到了朝廷的肯定，同时还都得到了表扬。

批复下达以后，他们立即着手开始一系列的相关工作。随着兴学活动的一步步开展，淄州的学子们开始交相称赞。官场做事，必须要做到点儿上。高智商的人做事，既能得到上峰的认可，又能得到群众的赞成。同样一个想法，有人轻轻松松地实现，有人却费力不讨好，费了半天劲只是在原地转圈儿。会做事的人不但省力，而且出彩。

如何将事情做好，对每一个身在官场的人来说绝对都是一个高难度的技术操作。其实最关键的无非是两点：一是准确的判断，二是高超的技巧。有的人生下来就会，有的人怎么教都不会，这就是人与人之间的区别。

人们都比较尊重踏实肯干的人，同时同情费力不讨好的人，往往还羡慕忌妒运气好的人。其实，运气好不过只是智商的不断积累，更是一种更高层次精明的外在表现。

精明不是错。

就这样，初入职场的韩琦出色地完成了他的首次表演。接下来，他埋下头，踏踏实实而又游刃有余地做起了自己的通判工作。

在他上任的第四年，发生了一件很意外的事情，这一意外直接改变了他按部就班的人生规划。

韩琦的生母胡氏死了。

生老病死本是寻常之事，为什么母亲的死对韩琦的影响这么大呢？

因为他不但需要承担丧母之痛，同时还需要告别官场一段时间。

韩琦告别官场是因为他需要丁忧。

"丁忧"一词，起于上古。《尔雅释诂》中解释说：丁，当也。《尚书说命上》对忧的解释是"忧，居丧也"。在宋朝，遇父母去世，官员要辞职去专门守孝，即称丁忧。小孩出生三年离不开父母，丁忧期限也被定为三年。

也就是说，因为母亲去世，韩琦需要告别官场去专业守孝。

而他的职场生涯刚刚做得风生水起。

没办法。一人之下万人之上的大宰相遇父母去世都要丁忧，何况他这样一个从六品的地方小官？

宋朝的丁忧制度很严格，如有官员父母去世隐匿不报，一经查实将严厉惩处。罪名有两个：一是不孝，二是不诚实。

当然情况也有例外。遇父母去世，在任官员需要主动向有关部门上报，请求解除官职。朝廷一般都是照单批准。遇有特殊情况，该官员确实不能离职，朝廷便会下文件不批准其丁忧守制。这种不批准丁忧的情况叫作夺情；如果丁忧居丧未满三年需要该官员出来任职，朝廷也可以下旨要求官员停止丁忧，这类情况称为起复。

对一个刚入官场，正处于事业上升期的年轻人来说，丁忧绝对是当头一棒，是一个不小的打击。整整三年的时间与世隔绝，一个人会完全跟官场脱节的。

制度就是制度，谁都得遵守，没办法。

保管员

韩琦这段时间很悲伤。

一是疼爱他多年的母亲死了，二是因母亲的死，他想起了多年以前去世的父亲，进而又想到了近几年接连去世的几位哥哥。韩琦弟兄六人，大哥比父亲死得还早，二哥没活到三十岁溺水而亡，四哥也在二十七岁时病死了，韩家男人不长命，他一面为母亲的死难过，一面为家人的不长命感到凄凉。

操办完丧事，韩琦扶柩回相州为母亲下葬。

胡氏的灵柩最终有没有埋进祖坟，相关文献没有记载。

接下来，韩琦开始规规矩矩地按要求为母亲守孝。丁忧很苦，按照要求，在这三年的时间里孝子必须在坟前搭一间草棚单独居住。丁忧之人不但不能住在家里，而且不能外出参加任何活动。在草棚里，要睡草席枕砖瓦，饮食粗茶淡饭，不能听音乐，不能洗澡，不能剃头，不能换衣服，还不能有与守孝无关的任何其他生活。

这样的生活其清苦可想而知。不过好在丁忧时是允许读书的，虽然只允许读关于礼法典制方面的书籍，但总算还能有点儿精神生活。

整整三年，韩琦都做得很好。这些年，他读过的书和他走过的路注定他能做得很好。

公元1032年，25岁的韩琦结束了丁忧。经奏报，朝廷对他的新任命很快就下来了。这次任命的职务是京官，除太子中允，后改太常丞，直集贤院。

任命文件有点啰唆，其实"直集贤院"才是他的真正工作，其他名头只是他的待遇。

集贤院，宋代掌管文史的机构，负责图书管理、校刊、编撰等事务。

清水衙门。

虽是清水衙门，但集贤院却是每个学问型官员人人挤破头都想进去的部门。

那时候，要想进入权力中枢，担任院职是一条必须要走的路。

一个有担当、能负责、肯努力的人从来都不会掉链子。一年以后，因为工作出色，韩琦被升为监左藏库。

左藏库是皇帝的小金库，韩琦的新职务通俗一点说就是皇家小金库的保管员。位置虽然不高，但这一位置的含金量却高得吓人。

对这个职务无须过多描述，皇帝能让他去管自家的小金库，你尽管脑洞大开地去想吧。

左藏库最初是太祖皇帝设立的。一开始，左藏库是用于贮存战争缴获的物资。慢慢地，随着南征北战，麾下军事实力越来越强，各类需要储存的物资越来越多，左藏库的用途也越来越多。随着用途越来越多，左藏库进行了分类，金银、绢帛等分类分别存放。后来，它慢慢发展成了皇帝个人的小金库。皇帝的个人私有财产全在这里存放，并统一管理。

优秀的人，放到哪里都会闪光。

在左藏库主管的位置上，韩琦很快就做了一件出彩的事情，他大胆规范了原来不规范的流程和手续。

可别小看这件事情。因为左藏库是皇帝个人的私库，使得很多与它有关的事情都有了特殊性。韩琦接任监左藏库时，宫内所用的金银钱帛等一干物品，都是由内臣先请示圣旨，然后直接到库中取货。

各级地方官贡给皇帝个人的物品，一般都由宦官们随机监收，却没人专门负责接纳，而且也都不登记造册。地方上的财物交过来以后，经常找不到负责接收的人。内臣们只好把财物放在廊下，或者堆在院里。时间一长，风吹雨淋，受潮受损。因为迟迟无人接收，这些负责进贡的官员还不敢回去复命。一是增加了费用，二是耽误了不少地方政事。

发现这一问题后，韩琦大胆地提出了建议和整改方案。这个方案的名字叫作《内臣支取库物乞仍用合同凭由条》。奏疏的内容不再复述，主要的意思有两个：一是贡品的接收要有专人负责，二是领取物资需要打条。

不要小看这封奏疏。虽然问题貌似不大，但这可是事关皇帝本人的事情。很多人都明白左藏库管理不规范，但谁都不敢提，因为不管提出什么建议，直接指向的是皇帝身边的近臣宦官们。能搞好还行，搞不好肯定就把皇帝身边的人给得罪了。

得罪内臣，呵呵……

艺高人胆大。

韩琦不管那么多，该做的事情就得做。事实证明，高智商的人做事总能做到点子上。

随着韩琦的上奏，左藏库迎来了一番洗牌和调整。一是罢黜了不少玩忽职守、贪赃枉法的人员，二是提拔了一些任劳任怨、踏实勤勉的人员，三是制定和规范了管理制度。

从那以后，左藏库面貌一新。

敢处理别人不敢处理的问题，一需要胆量，二需要智慧。

在左藏库监的位置上干了一年零三个月，将左藏库管理得井井有条以后，韩琦升官了。这次升任的还是京官，开封府推官，大概相当于今天国家首都城市的政法委书记。

幸运的是，这次韩琦又遇到了一个好上司，当时权知开封府的是老臣王博文。王博文，字仲明，曹州济阴人，北宋名臣，后来官至权三司使，同知枢密院。在开封府推官任上，韩琦恪尽职守，秉公执法，陆续赢得了良好的名声。

又干了一年零三个月，韩琦光荣地再次升职。

超升

韩琦这次晋升的官职是度支判官。

在宋朝，三司是中央集中财权的最高机构。三司长官为三司使和副使，三司使称计相，掌握一个国家的财权。三司使的具体职权可以概括为"掌邦国财用之大计，总盐铁、度支和户部之事，以经天下财赋而均其出入焉"。

三司下设盐铁、度支、户部三个部门，其中盐铁部的职权为"掌天下山泽之货，关市、河渠、军器之事，以资邦国之用"；度支部的职权为"掌天下财赋之数，每岁均其有无，制其出入，以计邦国之用"；户部的职权为"掌天下之户口、税赋之籍，榷酒、工作、衣储之事，以供邦国之用"。

用今天的话说，度支部是负责整个国家财政支出的部门。度支部一把手叫度支尚书，判官是协助一把手处理、决策和把关的官员，职位大概相当于今天的国家发改委副主任兼财政部副部长。

聪明的人总是很快就能进入角色，在这个职位上，韩琦不久就提出了一个很好的政治建议。

这一建议得益于几年前他的丁忧。

按北宋的制度，丁忧期间工资是要打折的。制度规定，在京丁忧的官员，工资需要打六折，在京之外丁忧的官员打四折。因此，在外丁忧的官员们牢骚满腹，恨父母把自己生错了地方。

针对这一现象，韩琦认为，丁忧期间的最低生活费不应该根据地域和社会消费水平而有所区别。官员挣多少俸禄，是根据官职的品位决定的，不是根据他生活的地区和生活支出决定的。

对于同一件事情的评价，往往仁者见仁智者见智，怎么说都有其道理。丁忧期间的最低生活保障到底应该怎么执行，不是我们需要关心的问题。我们更需要关心的是，韩琦把这个问题提出来，而且还得到批准了。

这是韩琦的高明。同样一个建议，不同的人提出来，得到的答复可能是不一样的。这就是人与人的不同。

不服不行。

在度支判官岗位上干了不到一年，韩琦突然向朝廷提出了一个听起来比较荒唐的请求：外任。理由很简单也很可笑：家贫。

至于这是不是他要求外任的真正原因，我们无从考证，而且也不重要。古往今来，想达到目的，需要找个能说得过去的借口和理由。

这是惯例。

韩琦的这一请示居然也很快就得到了批准。

韩琦即将上任的地方是舒州，职务是州一级的长官，即只许州官放火不许百姓点灯的州官。宋代舒州属淮南西路，即今天的安徽潜山市一带。

就在韩琦收拾好家当，准备去舒州上任的时候，朝廷突然改变了主意。

一道旨意下来，传旨官告诉他说：你不用去当地方官了，还是留在京城吧，你的新职务为右司谏。

也许是觉得放任外官埋没了韩琦这个人才，朝廷突然将他任命为右司谏，真是上意难测，而这一结果对于韩琦来说，幸福来得简直是太突然了。

右司谏，正七品的职业谏官。虽官级不高，但绝对是一个炙手可热，同时又是人人眼红的岗位。

我们有必要专门介绍一下右司谏。

在介绍右司谏之前，先说一说它的品级。在宋代，右司谏是正七品谏官。正七品，韩琦是不是降级了？

不是。在这之前，他已经被任命为从五品的州官。此时担任右司谏，是大官小用的一种情况，这种情况在北宋比较普遍。

谏官是对君主的过失直言规劝并使其改正的官吏，说通俗一点儿就是专门给皇帝提意见的官员。宋代沿用隋唐的官制，只是在一些细微的地方进行了调整。宋代很重视谏官，专门从"三省"中的门下省分出一个谏院与三省并行。谏院以左右谏议大夫为长官，加上门下省的"给事中"，合称为"给谏"。同时改原来的"补阙"为"司谏"，改"拾遗"为"正言"，仍分右左而置。

宋设"司谏"表示专司谏诤之职；"正言"则表示向皇帝说正确的话，纠正皇帝的错误言论。正所谓"正言之为官，以谏救遗失"。司谏、正言都是很重要的专职谏官。

谏院一般置谏官六人，以"司谏""正言"充任，这六个人都为职业谏官。另外，还会有许多以他官兼领者，谓之"知谏院""同知谏院"，虽带有加官性质，但也是很重要的谏官，但他们都是兼职谏官。

宋代谏官职权很大，"朝夕耳目天子行事"，一切是非"无不可言者"，对各方面的问题都可以提出自己的看法。

韩琦此次担任的是职业谏官，这一职位最大特点是不管什么事情都直接可以向皇帝报告，甚至可以批评皇帝而且不需要承担什么责任。如果再说通俗一点，韩琦的新职务就是骂人随便骂，可以随时随地提任何意见而且不用承担什么责任。如果说得再深刻一点，历来皇帝无私事，可以向皇帝提意见或批评为政得失，等于是可以对所有国家大事自由地发表自己的看法。能把韩琦放在这一位置上，足见朝廷对其的认可与重视。

因其特殊性质，这份工作很容易出彩。这一职务的最大好处是可以批评皇帝而且都不用承担责任。如果你的意见被采纳，它会被当作你的个人成绩。

这个岗位对韩琦来说真是太重要了。不久的将来，在这个岗位上，他将完成一件前无古人后无来者且足以撼动整个北宋朝堂的大事。

谏言

本来已经做好了去偏远的舒州上任的准备，却阴错阳差地当上了职业谏官，韩琦当然是喜出望外。不过，此时的他已经有了足够的淡定面对所发生的一切。

在新岗位上，韩琦不动声色同时又中规中矩地开始了他的工作。

官职虽然不高，但有特权直接向皇帝进言，这是新岗位的含金量所在。在这之前，韩琦曾不止一次地规划自己的人生，在朝为官，一个人最梦寐以求的是获得直接接触皇帝的机会，几乎所有的官员做梦都在寻找这样的机会，没想到这一天来得这么猝不及防。如今这一梦想终于实现了，虽然幸福来得有点儿太突然，但韩琦心里很清楚，在此之前自己那些辛苦打拼，以及自己曾经做出的种种努力，终于开始得到回报了。

这一年，韩琦才刚刚30岁。

他30岁所达到的人生高度，是一个很多人奋斗一辈子都无法实现的梦想。

谏官韩琦接到的第一个任务是和同僚们一起议定钟律。

礼乐代表着一个国家的社稷尊严，几乎所有的国事活动都会用到礼乐。在这些重大活动中，所演奏的雅乐是朝廷规制、尊严和形象的象征，用今天的话来说礼乐可以算是国乐，包括国歌、国歌演奏的方法以及相关的规章制度等。仁宗皇帝亲政以后，对现有的礼仪制度和音乐内容有些不太满意，于是便委派大臣阮逸、胡瑗、邓保信等饱学博闻之士联袂进行了修订。

议定，即评价、建议和商定。因此，韩琦接到的第一个任务是评价别人的作品，即写一篇议论文。

一篇好的议论文，首先得有自己的观点，然后一一讲出支持自己观点的论据，同时还得需要高明的文法。这就是后来被人们总结为义理、考据和辞章的写作标准。

韩司谏榜眼出身，文采自然不在话下，因此他的文法肯定不会有问题，但一篇好的议论文最主要的还是观点。既然需要"议定"，就是去讨论行或者不行，好或者不好。行，行在什么地方，好，好在什么地方；不行，不行在什么地方，不好，不好在什么地方，都需要有理有据地说个一清二楚，因此，不明确地表明自己的观点是肯定交不了差的。

议定国乐，事关国体，建议一旦被朝廷采纳，你的观点将会成为国家价值观，韩司谏责任重大。

韩琦自然不会掉链子。

"乐音之起，生于人心，是以喜怒哀乐之情感于物。则噍杀啴缓之声随而应之，非器之然也。故孔子曰：'乐云乐云，钟鼓云乎哉！'孟子对齐宣王云，今乐犹古乐，能与百姓同乐，则古今一也。臣奉诏与丁度等详定阮逸、胡瑗、邓保信所造钟律，粗考前志，参验今法，二家之说，差舛未安。窃以祖宗旧乐，遵用已久，属者徇一臣之偏议，变数朝之同律，赐金增秩，优赏其劳，曾未周岁，又将易制，臣虑后人复有从而非之者，不惟有伤国体，实亦虚费邦用。臣窃计之，不若穷作乐之原，为致治之本，使政令平简，民人熙洽，海内击壤鼓腹以歌太平，斯乃治古之乐，可得以器象求乎！就达其原，又当究今之所急者。

且西北二陲，久弛边备，陛下与左右大臣宜先及之，缓兹求乐之议，移访安边之策，然后将王朴、逸、瑗、保信三法，别诏稽古之臣，取其中合典志者以备雅奏，固亦未晚。"

这同样是一篇可以载入史册的文章。

在这篇文章里，韩琦明确地提出，音乐的起源源自人的内心，是人们喜怒哀乐的情感施于外物的结果，而非仅仅来自乐器本身，因此音乐是有感情的。

讲到这里，他话锋一转，进而以孔子和孟子的事例来说明，君王当以与百姓同乐为目标，同时委婉地提出王朴、阮逸、胡瑗、邓保信这几位大咖所作的乐律乖谬古怪，不符合历代典章制度以及礼乐传统等问题。据此，他自然而然地提出了罢黜新作、恢复古律、裁减冗员的建议。同时，他又将话题引申到国家应该把更多的精力用于富国强兵、巩固边防这一高度上。

皇帝看了韩琦的文章，很舒心。

不出意料，皇帝采纳了韩琦的建议，下令恢复古律，裁减冗员。

皇帝交办的第一件差事办得不错，年轻的韩司谏在得到皇帝表扬的同时，也加深了同僚们对他的认识。

但这仅仅是韩琦在谏官任上的一次牛刀小试。或许此时连他都不知道，在不久的将来，会有一个极其重大极其艰巨的任务在等着他。在完成那项重大任务之前，韩谏官还需要做好多准备和热身。

日子就这么平平稳稳地过着。

一个不平凡的人自然不甘庸碌一生，鹰立似睡，虎行如病，有些人看似平平凡凡地活着，不是他不想出手，是他在寻找合适的机会。

试牛刀

很快机会就来了。

不敢批龙鳞的谏官不是好谏官。要想做一名好谏官，最出彩的事情当然是拿皇帝开刀。官场之事没有一定之规，尤其是捧与骂，有很多事情都在言辞之间。很多时候骂的真正目的是捧，而捧的目的也许是骂。捧杀的例子自古以来不乏有之，而骂人则更有学问。高明的骂人一定要骂得恰到好处，尤其是面对皇帝这一说一不二有生杀大权的人。

韩琦决定要骂骂皇帝。韩琦很清楚，骂皇帝一是要骂得在理儿，让他知道是自己错了。二是一定要总结好，在批评的同时一定要把事情的责任推到别人头上，只有这样才能达到效果。不管什么事情，皇帝最多只会是识人不明，他是不会承担责任的。

也是因此，自古以来谏官要想有所作为是件很微妙的事情。不敢骂皇帝出不了名，骂不对身败名裂，弄不好还会有性命之忧。而骂皇帝导致龙颜大悦，加官晋爵的也大有人在。

既会说话又会办事的人总是能将这类事情做得滴水不漏，通过批评皇帝而名利尽得，韩琦决定小心翼翼地大胆一试。

真宗皇帝的天书事件前文我们已经讲过，受老爹神道设教事件的影响，仁宗皇帝也多多少少延续着前朝迷信的传统。特别是每当遇到各类自然灾害，找不到科学原因解释的皇帝便将其归为天怒，开始通过做法事、打醮问道等以禳灾祸。此类事件往往涉及圣尊，官员一般都不敢对此类事件发表什么意见。

但韩琦却想试试。

这一年频遇天灾，为了给生民祈福，仁宗皇帝大张旗鼓地在皇宫召集了很多法事活动。皇帝的初衷是好的，以求国泰民安嘛，这件事本身没什么毛病。艺高人胆大、一向善于把握分寸的韩琦决定好好利用这一机会。

韩琦是不相信这类迷信活动的，从小读圣贤书的他不相信烧香拜佛与国富民强有什么因果关系，他决定向皇帝提出批评。这个建议该怎么提是至关重要的，为此韩琦费了一番脑筋。

这一次，早已将各类官场规则烂熟于心的韩琦并没有直接旗帜鲜明地反对皇帝这一做法，他找到了一个独特的角度，避开了矛盾的主要方向，委婉地向朝廷提出了他的建议：

皇帝大人，你的祈福活动太好了，我坚决同意也坚决拥护，普天之下所有的人都会感恩于您的诚心。但是您有一个细节做得不够完美，是不是可以改进一下呢？

完全一副商量的语气。韩琦说的是什么细节呢？

北宋皇宫最著名的宫殿是大庆殿。大庆殿是皇宫的正殿，也是举行大典的地方，它是皇帝接见群臣并处理国家事务的地方，它位于丹凤门以内，宫城南北轴线的南部。位于皇宫最前面的大庆殿东西九间，皇帝于此大朝，不难看出，它是国家最重要的政治活动场所。如果没有什么国家大事，皇帝和大臣们一般也不会在这里开会。仁宗皇帝不知听了谁的建议，居然把一些迷信道场设在了大庆殿。

韩琦敏锐地抓住了这一点，委婉地向皇帝说：圣明的皇帝呀，这些祭祀活动你选的地方是不是不太合适？您更不应该让僧道这些庸俗之人在大庆殿进进出出，这样有失国家威严。

劝人最有效的办法是捧，韩大司谏作文一篇，文中写道：

启奏陛下，前世祁禳之法，必彻乐减膳，修德理刑，下诏求言。侧身避殿，始可转祸为福，愿陛下法而行之。或宫中有宴饮之事，亦想稍加节减。不独仰奉天戒，实可上安圣躬。且大庆殿者，国之路寝，朝之法宫。陛下非行大礼，被法服，未尝临御；臣下非大庆会，则不能一至于庭。岂僧道凡庸之人，继日累月，暗杂于上，非所谓正法度而尊威神也。昔唐高宗立皇太子，将会命妇于宣政殿，博士袁利谏曰"前殿正寝，非命妇宴会之地。望请命妇会于别殿，自可备恩私"。

接到韩琦的奏疏，皇帝想了想，觉得他说得貌似挺有道理，自己心里也没感觉到什么不舒服。于是"帝纳之。即令移于麟德殿，臣亦望今后凡有道场设醮之类，并于别所安置"。

说实话，韩琦这绝对是一个让人挑不出毛病来的建议。在这次委婉的劝谏中，他先是讲大道理，一通道理讲得让人无话可说之后，再把先朝的例子拿出来，告诉皇帝类似应该怎么做才不失体面。

谁都不愿意接受别人的批评，皇帝内心虽然多多少少有些不爽，但似乎觉得韩琦说得更有道理。既然事关社稷尊严，那就照准吧。很快，韩琦达到了自己的目的，并间接地遏止了皇帝为所欲为的迷信活动。

要知道，类似话题一向是没人敢碰的。在真宗一朝，神道设教和天书事件搞得如火如荼，甚至到了举国之力搞封建迷信的地步，连名垂青史的大宰相寇准、王旦都没敢发表过不同意见。

韩司谏，好样的。

碰硬

成功地劝谏了皇帝不该大张旗鼓地搞封建迷信活动以后，韩谏官很快又做了一件大快人心的事情。

这同样也是一件人人想做，却人人都不敢做的事情。

在讲这件事情之前，我们需要先了解一下北宋选拔和任命官员的办法。在北宋，选拔和任命官员的途径主要有以下几种：科举考试、国子监考试，恩荫、流外、进纳和军功。

科举在前文中我们已经讲过，在客观上来说科举是给予了普通大众平等的竞争机会，它是面向所有士林学子的开放性考试。科举不重门第，没有门槛，相对来说比较公平，只要文章和诗赋足够好，就有机会录取，只要考中进士就可以直接为官。

再说说国子监考试。北宋初年设国子监，即后来人们常说的太学。太学学生通过一定的考试也可以举进士为官，但国子监考试的范围跟科举比就小了很多，因为一般人是没有资格入国子监学习的。比如大韩琦一岁的欧阳修，当年屡次科举不第，后来就是走了后门先进入国子监，然后通过国子监推荐才考中进士的。

以上两种途径都属于考试，既然是考试，就需要有真才实学和一定的运气。除此之外，宋朝选拔人才还有几种被后世称作"走后门"的办法。虽然这几种办法属于走后门，但选拔出来的人才也未必没有真才实学，之所以称为走后门，是因为这几种方式的选拔标准一是有门槛，二是主要看的不是学问。

办法一：恩荫。

恩荫是朝廷根据官员职阶的高低，授给其子弟、亲属、门客以官职或差遣的制度。这类情况在古代比较普遍，可以算作朝廷给其赏识官员的福利。恩荫的对象一般都是直接给儿子，当然也可以给其他亲属。在古代，父亲当官儿子就可以当官，这类现象在北宋的官场比较普遍。

因为父辈特殊的背景，很多受恩荫的人官职都做得比较大，这也验证了朝里有人好做官的老理儿。比较突出的一个例子是当朝强人夏竦，他也是本书中一个非常重要的人物。夏竦学问不大，因为父亲战死沙场，夏竦得以恩荫为官。封官之后，靠着强悍的个人性格和出众的领导能力，他竟也一路做到了枢密使这样的高位。如果靠文化考试才能晋级，恐怕夏竦在官场一辈子也难以出头。

办法二：流外。

流外是指在中央各机构和各路、府、州任职的吏胥具备一定资格和条件可以出职补官的制度。流外主要有年劳补官，官员奏补等形式。朝廷有专门机构负责这类人员的考评，择优录取。当然，获得流外的资格，最主要的还是由主官推荐。

办法三：进纳。

进纳是指有钱人通过向官府纳粮或交钱得官的办法，即颇受后世诟病的"买官"。在宋朝，买官是朝廷允许且名正言顺的合法行为，让人好生羡慕。

办法四：军功。

在战场上立下功劳的军人可因功得官。比如狄青，原来只是一名戴罪的士兵，靠着军功后来做到了枢密使。但军功一般指的是本人得官，因军功子孙兄弟得官的途径称恩荫。

宋朝得官无非是以上几种形式。但到了真宗一朝，却出现了一个得官的新办法：内降。

真宗晚期，因体弱多病真宗皇帝常将朝政交给皇后刘娥处置，一些人通过走后宫门路的办法，通过取悦和贿赂皇后及受皇帝宠幸的嫔妃们，通过她们在皇帝枕边美言，为自己或家人谋取升官或当官的机会。真宗去世后仁宗即位，在即位初期一直由太后刘娥专政，导致这一现象愈演愈烈。

这是一种更赤裸裸的走后门、跑官买官，而且走的不是名正言顺的路线。

官员内降首先惹恼了天下的读书人。后来，就连那些恩荫、流外、进纳、军功得官的人也开始愤愤不平。宋朝得官的手段早有规制，通过规制得官这些人虽不一定全有真才实学，但他们或是祖上有德，或是为政出色，或是立过军功，或是为朝廷出过钱或出过力，而搞搞裙带关系就能轻轻松松得官而且还颇受重用，很多人都不服气。

刘太后当政时，碍于她的权势很多人敢怒不敢言。虽然后来刘太后死了，但内降官们的势力已经太大，这股歪风一直没能刹住。

以正人君子自处的韩琦当然看不惯，经过一番深思熟虑，他果断地站了出来。

此时的韩琦，已经有处理类似事件的丰富经验，更有高超的政治智慧和政治技巧。

韩琦上仁宗皇帝奏道：

祖宗以来，躬决万条，凡于赏罚任使，必于两地大臣于外朝公议。或有内中批旨，皆是出于宸衷。只自庄献明肃太后垂帘之日，遂有奔竞之辈，货赂公行，假托皇帝，因缘女谒，或于内中下表，或只口为奏求。是致侥幸日滋，赏罚倒置，法律不能惩有罪，爵禄无以劝立功。唐之斜封，今日内降，蠹坏纲纪，为害至深。陛下盛德日新，惟此久弊未除，愿降招谕戒饬，及出于请者姓名，付有司治之。又闻文臣中近有进状，乞充三司副使，及开臣内示甚有进状乞加遥郡或横行使额之人。缘此任使，并是国家要近之职，必须稽合公议，选于圣衷，固非臣僚自可陈乞。此后辄上章妄求选任者，乞重置于法。

不但提出了问题，还提出了解决办法。

无一不当。

厚积

这一年，仁宗皇帝28岁，这是他亲政的第四年，他还未完全从刘太后垂帘听政的阴影里摆脱出来。在这之前尽管他也憋了很久，尽管他也很想有一番作为，但苦于找不到发力点，新皇帝需要尽快从太后垂帘听政的阴影里走出来。

韩琦不失时机的一封奏折，不但给了自己扬名立万的机会，同时也给了皇帝重整朝纲的借口。

照准。

诏令一下，韩琦借机完成了一件让天下人拍手称快的大事。

做一件事，既要挑对人、选对事同时还要选对时机。细细地分析"抑内降"这一事件，我们不得不佩服韩琦超乎常人的精明和高明，更佩服他把握时机的判断和能力。

每当重大的关头，韩琦总能做出正确的选择，而且总能做到政治正确。为什么他总能选对方向、选对事情，而且他的建议总能得到皇帝的批准呢？不得不说，表面上看是运气好，实际上这是韩琦高超的政治远见和政治素养的表现。

能做到这一点，一需要精准的判断，二需要有把握机会的能力，当然，更需要高超的政治技巧。

其实，拿内降这件人人喊打的事情开刀，本身就是一件做好了出彩、做不好也能出彩的事情。其他官员不敢做，是因为对方势力太大，做这件事情难度太大也风险太大。对韩琦来说，他却不畏强权、敢于碰硬，急皇帝之所急想皇帝之所想，而且把握住了最好的机会。

在这个时候上这样一封奏疏，不管皇帝批与不批其实并不重要。重要的是把这个想法讲出来让天下的人知道，重要的是给皇帝一个理由和借口重整朝纲。韩琦恰到好处地选对了时机，他准确地判断出皇帝早就想有所作为，早就想肃清刘太后垂帘听政的影响，早就想改变朝政的局面了，只是他一直找不到办法和借口。

一向善于做文章的韩琦将奏疏写得无可挑剔，最重要的是，韩琦在奏疏里提出了皇帝解决这一问题的办法：亲自挑选重要岗位人员。

一封这样的奏章，有什么理由不被批复？

因为这件事，韩琦在士林和官场均赢得了良好的口碑。问题在那儿摆着，大家都看到了，有人敢说有人不敢说。尽管有人也说出来了，但只是敷衍了事，有人却能说得入木三分，而且让局面得到了根本转变；有人的建议被采纳了，有人的建议没什么结果，这些都是水平问题。

其实，这件事远远不是大臣上一封奏折皇帝照准这么简单。在做这件事情之前，我们相信韩琦一定是做了一番精心的调查和准备的。

比如，在上这封奏折之前，他先是上了一个奏疏进行铺垫。那封奏疏的议题同样也很敏感，是关于管理后宫的。相信韩琦这封关于后宫管理奏疏的目的是醉翁之意不在酒，他主要的用意并不在于建议皇帝如何管好后宫，而是在投石问路，他是想通过这样一个建议，试探一下皇帝对于整饬后宫对朝政的影响到底有没有决心。

如果皇帝想来真的，自己就搞点大动作出来。如果涉及皇族和社稷的关键事情皇帝的态度不明朗，也许此类问题他会不再关注。

皇帝的肯定让韩琦得到了鼓励。在担任谏官期间，韩琦陆陆续续地提出了很多高质量的建议。在这些建议中，有被批准的也有没被批准的，但绝大部分都被批准了。根据相关资料统计，担任谏官期间韩琦总共上了七十多封正式奏疏。史载其：凡事有便，未尝不言，每以明得失，正纪纲，亲忠直，远邪佞为念，前后七十余疏。

几个回合下来，韩琦对于游戏规则和游戏技巧已经烂熟于心。随着谏官工作越来越得心应手，韩琦已经慢慢具备了足够的经验、魄力、才华与技巧。

我们相信，在这以前所做的一切，都是他为日后要做的那件大事进行足够的准备。

薄发

让我们回到当时的历史背景。

一朝天子一朝臣，被养母刘太后垂帘听政了 12 年的仁宗皇帝，在亲政不久便任命了属于他自己的宰相班子。

北宋一向是群相制，由多名宰相共同执掌朝政。亲政以后，仁宗的第一个宰相班子里设有宰相三人，这三个人分别是张士逊、吕夷简和李迪，副宰相即参知政事有王随、宋绶两个人。

仁宗时期的宰相班子一直比较乱，他亲政开始时期更乱。亲政当年仁宗皇帝就罢了首相张士逊，然后由王曾拜相。不到一年的时间，他又罢免了李迪，同时补陈尧佐入相。这样一来，他的第二个宰相班子的成员变成了吕夷简、王曾、王随、陈尧佐四个人。

1037 年即景祐四年四月，宰相王曾和吕夷简在朝堂公开争斗，导致双双被罢。吕夷简被罢为镇安节度使、同平章事，判许州；王曾被罢为左仆射、资政殿大学士，判郓州；同他们一起被罢免的还有参知政事宋绶和蔡齐，宋绶被罢为尚书左丞、资政殿学士；蔡齐被罢为吏部侍郎，回吏部归班。

说来可笑，堂堂的宰相居然当着皇帝和群臣的面在朝堂吵架，真是不成体统。王曾和吕夷简的矛盾由来已久。一开始，两个人是关系很铁的朋友，他们相互欣赏相互扶植了很长一段时间。虽然是同岁，但王曾资格老官职大，没少在朝堂支持吕夷简，是他一手将吕夷简拉进了中书。吕夷简荣登相位羽翼渐丰以后，就不太拿这个老大哥当回事了。老大哥当然看不惯他的所作所为，终于有一次上朝的时候，两个人公然吵了起来。

敢当着皇帝的面斗嘴，是宋朝官场的风俗。只是这一次仁宗皇帝烦了，对双方各打五十大板，不问对错直接贬出京城。关于这段趣闻史书上是这样记载的：

天圣中，曾为首相，夷简参知政事，事曾甚谨，曾力荐夷简为亚相。未几，曾罢，夷简为首相，居五年罢，不半岁复位。李迪为次相，与夷简不协，夷简欲倾迪，乃援曾入使枢密，不半岁迪罢，即代之。始，曾久外，有复入意，绶实为达意于夷简，夷简即奏召曾。及将以曾代迪，缓谓夷简曰："孝先于公，交契不薄，宜善待之，勿如复古也。"夷简笑诺其言。绶曰："公已位昭文，处孝先以集贤可也。"夷简曰："吾虽少下之，何害？"遂请曾为首相，帝不可，乃为亚相。孝先，曾字；复古，迪字也。既而夷简专决，事不少让，曾不能堪，论议多不合。曾数求去，夷简亦屡丐罢，帝疑焉，问曾曰："卿亦有所不足邪？"曾言夷简招权市恩；时外传夷简纳知秦州王继明馈赂，曾因及之。帝诘夷简，至交论帝前。夷简乞置对，而曾亦有失实者，帝不悦。绶素与夷简善，齐议事间附曾，故并绶、齐皆罢。

罢免两位宰相以后，仁宗皇帝又组建了一个新的中书班子。新内阁班子成员有王随、陈尧佐、盛度、韩亿、程琳、石中立和王鬷。几人的具体职务为：以知枢密院事王随、户部侍郎知郑州陈尧佐并为平章事，以参知政事盛度知枢密院事，同知枢密院事韩亿及三司使程琳、翰林学士承旨石中立并参知政事，枢密直学士王鬷同知枢密院事。

韩琦对皇帝的宰相班子很不满意。也不知道韩琦是什么时间做出这个决定的，"胆大包天"的韩琦竟弹劾起了皇帝的宰相团，要把皇帝的宰相班子全部搞掉。

弹劾宰相？

对不起，你理解错了，韩琦要弹劾的是整个宰相班子，所有的宰相。

韩琦疯了吗？

韩琦没疯。

他有着自己详尽的计划和周密的安排，同时也有充足的理由和信心。

在正式动手之前，他已经做好了足够的铺垫。很久之前韩琦就开始为此造势，他不断地在奏疏中劝皇帝"明得失，正纪纲，亲忠直，远邪佞"，针对这一建议他一连上了十几封奏疏，陆续摆事实讲道理，向皇帝表达了对宰相班子的不满。

弹劾宰相绝对是件大事，宰相们是皇帝任命的，当然不会轻易换掉。见一连十几封奏疏都没什么动静，坚定了主意的韩琦却不达目的决不罢休。这年十二月，并州、代州、忻州一带发生了一次大规模的地震，吏民压死者三万二千三百六人，伤五千六百人，畜扰死者五万余。

在古代，类似自然灾害往往被认为是最高统治者治国失策惹怒上天，导致天降灾祸予以警告和惩罚。这是一个很好的借口。一是此类事件需要有人承担责任，作为百官之首的王随等人自然首当其冲；二是赈灾抚恤时很多政策和措施安排得严重失当，尤其是抚恤金的发放标准不统一，惹下了许多乡情民怨。

这正是一个千载难逢的好机会，韩琦当然不会错过。借着地震的发生，他将猛烈的炮火对准了皇帝身边的四名中书成员。

捅天

这四位倒霉的仁兄分别是宰相王随、宰相陈尧佐、参知政事韩亿和参知政事石中立。

宰相王随，老而无能，目光短浅，不思进取，延僧纳道，倚老卖老，尸位素餐。

宰相陈尧佐，以权谋私，贪墨枉法，欺君罔上，擅权独断，奢靡浮华，欺下瞒上。

参知政事韩亿，视朝廷官员的任命为儿戏，以权营私，紊乱纲纪。

参知政事石中立，懒政怠政，不思进取，少有建树，有才无德，天天只顾着舞文弄墨而无所建树。

一个小小的谏官，敢指名道姓地弹劾皇帝的宰相团队，得需要多大的勇气？做这件事韩琦是从哪里来的自信我们无从知晓，但艺高胆大的韩琦就是做了，而且还做成了。

也许这几位仁兄点儿真是太背了，那一年天旱少雨，河湖干涸，大批灾民流离失所，饿殍遍野，偏偏还赶上了地震，如果宰相有所作为，哪怕只是安排得当，也绝对不会发生这样的局面。

宰相们处理这一事件的严重不力惹恼了仁宗皇帝，而不达目的誓不罢休的韩琦仍坚持着自己不屈不挠的斗争，他将这把弹劾的火烧得越来越旺。

地震发生以后，以接踵而来的天灾和赈灾不力为突破口，韩琦向仁宗皇帝上了至关重要的一封奏疏。这封致命的奏疏是压倒宰相团队的最后一根稻草，韩琦这一奏疏的名字叫作《丞弼之任未得其人奏》。

这篇文章的内容很长，我们在此不再复录。

文章一开始先把仁宗皇帝捧上了天，接着话锋一转，旗帜鲜明地指出以王随为首的宰相班子的现状和他们所犯下的诸类错误：众望不协、差除任性、延僧纳道、褊躁伤体、因私弄权、欺罔圣明、紊乱纲纪、举朝非笑、滑稽谈笑、参决大政，诚非所长等等。将这些情况说明以后，韩琦又指出，之所以天灾频发，是因为这四名宰辅不能尽职尽责。他们不但不尽职尽责，而且泰然自若地认为过错不在自己。

话说到这个份儿上，我们分明可以感觉到它巨大的杀伤力。韩琦这句话绝对是细思极恐，宰相们说过错不在他们身上，如果过错不在他们身上，那过错在谁身上呢？

是个人都能想明白，宰相们已经无力抗辩了。

文章已经写得收放自如的韩琦没忘了在末尾又加了一段话。话的大意是：身为谏官，我是知无不言。如果皇帝您认为我是在挑拨君臣关系，请您把我的奏疏明发中书省，安排御史台在朝堂上让大臣们公开讨论，看看我说得对不对。

敢不敢拉出来遛遛？

话已至此，仁宗皇帝早已被韩琦牵着鼻子走了，处理结果已经呼之欲出，四位宰相老兄的命运也已经可想而知。

因为韩琦这封奏疏，仁宗皇帝痛下决心，于宝元元年三月在同一天罢免了他亲自任命的四名宰相。

这一年，韩琦韩谏官刚刚 31 岁。

让我们看看跟韩琦同时代的诸位大咖在 31 岁的时候都在做什么吧。31 岁的晏殊正在担任太子左庶子，兼判太常寺、知礼仪院，虽然位置不低，但没有做出什么惊天动地的事情；31 岁时的范仲淹刚刚被批准复姓范氏，正担任集庆军节度推官，还只是一个基层小官；欧阳修 31 岁时刚死了头任妻子并娶了二房夫人，正在乾德县担任县令；富弼 31 岁时还在开封府推官任上，文彦博 31 岁时刚刚担任监察御史，王安石 31 岁时担任的是舒州通判……这些同样名垂青史的人在 31 岁的时候，都还没有什么重大的人生起色。

而韩琦，在他 31 岁时靠一个人的力量搞掉了朝廷整个宰相班子。

没有对比就没有伤害。成名须趁早，没有争议。

韩琦成功地弹劾掉四名宰相的光辉事迹让他一夜之间名扬天下。当然，韩琦能够成功当然有其客观因素。天下大旱，灾难频仍，皇帝既需要立威，又需要找替罪羊，还需要改变当时困纾的政治局面。有人说韩琦的运气太好了，我觉得运气好只是表面现象，既不是关键，更不是原因，只是众多努力与刻苦的沉淀和积累。机会对每个人都是均等的，韩琦准确地把握住了这一机会，从此扬名于天下。

别人为什么没有做到？

韩琦的成功，靠的绝对不只是运气。

一个人要想做大事必须有卓绝的见识。有如此卓绝的见识，又有如此能把握机会的能力，同时还背负着一身才华，一个这样的人想不成功都难。

可怜的是贵为宰相的那四位老兄，虽然从客观上讲他们四个人能混到宰相都不是白给的，但自古以来官场的规律就是长江后浪推前浪，前浪死在沙滩上，成为炮灰是他们命中注定的结局，只是他们都没有想到自己的下场会这么惨，只是他们都没有想到，自己短暂入阁拜相的经历只是为了一个毛头小子的扬名立万做愚蠢的背书。

堂堂的宰相团队被一个毛头小子团灭，悲哀。

立威就得拿人开刀，谁被选中只能自认倒霉。相信这四位宰相仁兄当初肯定没有想到，他们会在一个年轻后生手下输得这么惨。

让人难过的是，因弹劾被罢免的第二年，王随王宰相就死了。

我们无法知道，在闭上眼睛那一刻，王老宰相混浊的眼珠里是否还有被罢时的不甘、屈辱以及怨恨，但他去世前留下的遗言却貌似他已经将一切看淡。所有过往的一切，于临终之时王随已经不放在心上。人之将死时，王随内心是释然的：

画堂灯已灭，弹指向谁说。

去住本寻常，春风扫残雪。

转折

成功干翻皇帝的宰相团队以后，韩琦一夜之间名扬天下。

如果你对要做的事情还没有信心，请你想想当年的韩琦。一名小小的谏官，当初是怎么一连干翻四名当朝宰相的。

名扬天下并不是韩琦做这件事的真正目的，他的真正目的在于人生的精进。而升职是一名官员需要不断追求的量化目标。虽然俗，但官职大小确实是一个人能力和人生成就的表现形式。就像现在很多成功人士一样，一旦达到一定的高度，财富不再是他做事的唯一目标。在做事的时候，挣多少钱，甚至挣与不挣在很多人眼中已经不再重要，重要的是他在享受这一过程时能够得到的满足。

此时的韩琦就在享受这样一种过程，他的人格和目标也已经上升到这个高度：在乎成败不在乎得失，追求进取却没有进取的具体目标。只要功夫到了，结果自然会如约而至。至于升迁带给自己的荣誉和喜悦，只是附加值。

不出意料，韩琦很快又升官了。

大概是在半年以后，在这年的八月里，韩琦以太常少卿、昭文馆直学士的身份光荣地担任了"北朝正旦国信使"。

这是一个子承父业的岗位，若干年之前他的父亲韩国华曾担任过类似的职务，并且干得有声有色。北朝，即辽国，此时宋辽的关系是兄弟之邦；正旦，春节；国信使，国家使臣。这个三词合在一起的意思就是"为庆贺春节出访辽国的使臣"。

一时之间，荣光无比。更瞩目的是，这一年韩琦还不满三十二岁，跟他同龄的很多人还在埋头苦学努力地考进士。在北朝正旦国信使位置上，韩琦平稳而又风光地做了两年。在这两年时间里，他的荣誉和成就更多地被人们认为得益于父辈的光环。也许是因为有着父辈的经验保佑，他信心十足地面对着若干需要跟外邦交涉的机会，在努力为自己的国家争取权利的同时，谨慎地宣耀着兄尊弟卑的规矩。他把很多大国的价值观和文化传统带到了辽国，影响了许许多多边地的人民。

那几年，宋辽修睦，日子平平淡淡地过着，韩琦在努力中寻找着属于自己的下一个机会。在33岁这年，韩琦再次得以升职，这次他是以谏官身份知制诰、知审刑院，官升三品。

同时也正是在这一年，四川地区发生了严重的旱灾。及至八月，庄稼颗粒无收，灾民流离失所，韩琦被朝廷委以重任，担任体量安抚使，赴四川赈灾。

终于下基层了，这是一个良好的信号。

这次派韩琦下基层，相信仁宗皇帝一定有着深刻的用意。自高中榜眼开始，韩琦的表现一直称得上不负众望。可是，皇帝对他的期望是一名真正有能力海纳百川、调燮阴阳同时又有远见卓识的宰执大臣，进入官场以后，除了头几年韩琦一直在中央工作，地方经验太少，这离皇帝的要求还有很远。

此时的韩琦，正经历着皇帝对他委以重任的考查期。虽然朝堂论事见地深远，但他会不会只是一个纸上谈兵的绣花枕头？皇帝决定深入地考查考查，这次派韩琦下基层，我们有足够的理由相信仁宗皇帝一定是想考查他为官为政的真才实学。

从这一天开始，这个出色的年轻人将开启一段崭新的人生，虽然这段人生还称不上是他人生的顶点。

　　事实证明，出色的人走到哪里都会发光，他不但能够随时随地把各类工作都做得井井有条，让人交口称赞，也能够随时随地得到上峰的各类满意，并得到臣民百姓的一致赞誉。体量安抚使的工作繁重艰巨，韩琦做得也仔细、认真、严谨、公平而且没出任何差错。

　　皇帝和大臣们对韩安抚使的表现还算满意。

　　就在完成任务准备回京时，一个突发事件再次改变了韩琦的人生轨迹。这一年，一向臣服于大宋的西夏国公开与宋朝对抗，一面公然称帝，一面加强边界军备，狼子之心昭然若揭。

　　西线边事一时吃紧。韩琦临危受命，赴任陕西。这一次，他担任的是陕西安抚使，正式成为大宋国的封疆大吏。

　　自担任陕西安抚使起，韩琦开始了他第二阶段的辉煌人生。

人生

　　走到今天，韩琦叹为观止的才华和不断精进的人生轨迹已可见一斑。在以后的很多年里，甚至是终其一生，他出众的政治嗅觉和判断力，尤其是时机和分寸把握，总是能够做到别人远远无法企及的高度。

　　在合适的时候做正确的事情，是每一个身在官场的人生存的基本技能。从步入官场的第一天起，韩琦最让人佩服的是他能够做到政治站位永远正确，这是和他同时代的那些大人物都无法做到的。虽然后来也有为数不多的几个人生污点，但人在江湖，谁能保证自己不犯错呢？

　　文能治国，武能安邦，是一个文武全才者必备的特长，同时也是韩琦最显著的人生标签。在担任陕西安抚使以后，韩琦会在很长一段时间内与本书主人公一起共事，因此，关于韩琦的章节暂且到此为止。

　　既然说起了韩琦，按照惯例我们应该对他做一个客观而公正的评价。

　　毫不掩饰地说，韩琦是一名出色的体制内才俊，他人生的每一个阶段都将旧时代文人有可能做到的事情都做到了极致。小时候一身光环，从学霸到考霸，从高中榜眼到正式为官到屡屡获得朝廷的破格提拔，一生得以三次荣登相位，终其一生他始终在领跑和他同时代的人。在仕途上，他始终有着让别人羡慕的好运气，尽管这种运气并不是与生俱来的。

　　在做人方面，尽管从小就起点很高，他却始终有着清醒的头脑、良好的教养和严谨的修为。他做人做事有板有眼，而且还多才多艺。他文能高中榜眼，武能经略边事，直到后来做到了大宰相，甚至一度拥有废立之权，但他从不敢僭越造次，也从来没有像老朋友欧阳修一样放飞人生。尽管掌权多年，他也没有像另一位政坛前辈、大宰相吕夷简一样被人诟病为"独断专权"。

他少年成名，起步早而且进步快，30多岁就已经被人们尊称为"韩老"。他是一个出色的人，在保持着高质量精进的同时，却一生都没降低过对自己的要求，同时也没停止过高速度的进步。对国家社稷来说，他是一个名副其实的良臣贤相，对友朋同僚们来说，他是一个人人敬仰的正人君子。

可惜，再伟大的人物也有他的不足之处，韩琦也一样。

历史评价人一向比较公正同时也比较残酷。不管是谁，千秋万代之后只能任人评说，而不是看他当时活得有多精彩。从历史的角度看，韩琦却只能委屈做一个出色二流人物。这是因为他虽然活得足够精彩，却不能成为第一流的高德大贤。这是因为他的功劳和影响仅仅限于当朝当代，他的事迹和品德无法做到持续长久地在历史的长河里闪光。

第二卷　剑胆琴心

第一章　道在何方

终南问道

宋大中祥符元年，即公元 1008 年。

秋，长安城，终南山。

这天，秋高气爽，群雁排空。山高林密，幽深清远。杜陵通往鄠县的官道上，赶来了三位骑驴的少年。这几名少年虽然看上去年龄都不大，但是一个个英姿勃发，神采飞扬。他们正有说有笑不紧不慢地赶路，其中两人是道士打扮，另外一人虽身着俗装，身上却背着一张古琴和一把宝剑。

这三名少年都来头不小。那两个道士装束的少年，名字分别叫作周德宝和屈元应。身背琴剑的少年来头更大，他的名字叫作朱说。今天的朱说虽说还籍籍无名，但日后他会有一个响当当的、足以彪炳史册的伟大名字：范仲淹。

长安号称十三朝古都。自秦汉以来，先后有西晋、前赵、前秦、后秦、西魏、北周、隋、唐等十三个王朝在此建都。加上之前的西周、秦、西汉、新、东汉，作为王朝的都城，作为王朝的都城，长安历时竟长达一千一百四十年之久。

每个王朝的都城都是与国同休，因此，在一千多年的统治背景下，长安城有着极其深厚的政治背景和文化积淀。

杜陵位于长安东南，是汉宣帝刘询陵墓的所在地。

夹在潏、浐两河流经之地的杜陵，是长安城一处非常重要的历史遗迹。源于秦岭北麓，分别注入沣河和灞河的潏河和浐河，中间有一块自然形成的高地，自汉宣帝刘询在此下葬以后，下葬之地被称为杜陵，时长日久，逐渐成为长安一处有名的人文景胜。

历朝历代，许多知名的文人学士曾会集于此。登高览胜，游目骋怀，思绪飞扬，把酒作赋，他们在此地留下了许多脍炙人口的文章和诗篇。其中最为久负盛名的，要数唐代大诗人李白写下的《杜陵绝句》：

南登杜陵上，北望五陵间。

秋水明落日，流光灭远山。

狂放不羁的李白流连长安时，曾多次到杜陵游玩。除了《杜陵绝句》，他还写下一首同样非常有名的《题东溪公幽居》：

杜陵贤人清且廉，东溪卜筑岁将淹。

宅近青山同谢朓，门垂碧柳似陶潜。

好鸟迎春歌后院，飞花送酒舞前檐。

客到但知留一醉，盘中只有水晶盐。

大唐文化盛况空前，有此胜地胜景，除了李白，还有许多知名的大家在此留下了他们的足迹。

比如号称诗圣的杜甫。

杜甫也曾客居长安，一生颠沛流离的杜甫那几年也经常来杜陵散心，同时也留下了多首与杜陵有关的诗句。

春日春盘细生菜，忽忆两京梅发时。

盘出高门行白玉，菜传纤手送青丝。

巫峡寒江那对眼，杜陵远客不胜悲。

此身未知归定处，呼儿觅纸一题诗。

除了这两位顶级诗坛大咖，号称小杜的杜牧也经常到杜陵打卡。他的作品同样在文坛有着极其重要的地位。比如这一首：

杜陵萧次君，迁少去官频。

寂寞怜吾道，依稀似古人。

饰心无彩缋，到骨是风尘。

自嫌如匹素，刀尺不由身。

中唐大诗人、人称大历十大才子之一司空曙有诗：雨后园林好，幽行迥野通。远山芳草外，流水落花中。客醉悠悠惯，莺啼处处同。夕阳自一望，日暮杜陵东。

而另一位大诗人许浑在此也曾留有：杜陵池榭绮城东，孤岛回汀路不穷。高岫乍疑三峡近，远波初似五湖通。楸梧叶暗潇潇雨，菱荇花香淡淡风。还有昔时巢燕在，飞来飞去画堂中。当然，许浑最有名的还是那首送别诗：劳歌一曲解轻舟，红叶青山水急流。日暮酒醒人已远，满天风雨下西楼。

众多大家纷纷打卡，可见作为长安郊外的一处胜景杜陵在文化界和文学史上的重要地位。也是因此，作为凭吊古人、仰慕前贤不可多得的游览胜地，杜陵逐渐成了长安城一张重要的文化名片。

此时大宋开国已经四十多年。经历了太祖、太宗二朝，缘于两代人的努力奋斗，如今的大宋已进入国富民强、万邦来朝的太平盛世。

沿杜陵西行不远，就进入了连绵的秦岭山脉。

秦岭山脉最著名的一座山是终南山。

终南山，又名太乙山、中南山，简称南山，它在我国文化史上是一座极其重要而且具有特殊意义的大山。之所以如此重要，一是它毗邻长安，独特的地理位置让这里成了京城达官贵人、文人雅士们休闲集会的去处，他们在终南山留下了许多传世的典故和美好佳话；二是作为道教文化重要的发源地，终南山在宗教界也有着不可撼动的崇高地位。随着道教的盛兴并一度被定为国教，道教的宗教文化和政治影响的共同加持，不但给终南山增添了一分极其重要的政治色彩，同时也升华了其在宗教界的特殊地位。

一路向西。

沿终南山西行四十里，就到了鄠县。

当时的鄠县即今天的西安市鄠邑区，其方位大致在西安市西南。鄠县北临渭水，与兴平、咸阳二市隔岸相望。同时，它又东以高冠河、沣河与长安毗邻，西以白马河与周至为界，在山与水怀抱中的鄠县，自古是一个物华天宝、人杰地灵的绝佳所在。在这里，既有佛教三论宗的祖庭草台寺，又有道教全真派的祖庭重阳宫。

草台寺是佛教中国化的起点，大学者鸠摩罗什曾长年在此译经，很多广为人知的译作都是鸠摩罗什在这里完成的。而道教圣地重阳宫则是全真派的祖师王重阳早年修道和最终的遗蜕之地，不过此时全真派的创始人王重阳还没有出生。

作为道教文化和佛教文化重要的发源地，双重文化的交汇让鄠县在宗教史上占据了极其重要的一席之地。

宋代行政区划从大到小依次为路、府、州、县，那时的鄠县属陕西路京兆府管辖。陕西路在北宋是一个不大不小的路，陕西路于长安设京兆府，下辖长安、樊川、鄠、蓝田、咸阳、泾阳、栎阳、高阳、兴平、临潼、醴泉、武功、乾祐十三县。因陕西路辖地接邻西夏，宋夏关系一直不怎么和睦，朝廷于京兆府设永兴军以备边防。

鄠县是杜陵西行的必经之路。

鄠县再向西就到了终南。宋代的终南县位于今天的陕西周至县终南镇一带，这里更是一处绝佳的风水宝地。史料记载，终南县是秦汉时期鼎鼎大名的上林苑所在地，不过此地已不属于京兆府，而是由陕西路归凤翔府管辖。

圣地

终南山，道教的历史上一个殿堂级的神圣存在。

北宋初年，终南镇是朝廷专门为道教设立的一个建制，独特的地理位置和道教文化的兴盛，成就了终南在宗教界无可比拟的独特优势。这里不但是道教大神钟馗的故里，而且有一座意义非凡、背景深厚的道观——太平兴国观。

当年的太平兴国观今称上清太平宫，其位置位于今天陕西省周至县终南镇。在宋代，太平兴国观是除京城之外，地位最为特殊的一个政治符号。

说其地位特殊，是因为太平兴国观是一座由朝廷敕建的道观。关于它的历史，需要从太宗皇帝的继位说起。

宋初，终南一带有个名叫张守真的人，自称汉代张良后人。此人平时喜欢装神弄鬼，传经布道。突然有一天，张守真对外宣称，他听到了空中有一位神人跟他说话。张守真说，跟他说话的人自称是玉皇大帝的辅臣，名叫黑煞大将军。黑煞大将军奉天神玉帝之命，降显于世，以辅佐大宋王朝。之所以将这一消息告诉他，是想让张守真将这一消息告诉世人。

关于这一神迹的过程，张守真不但讲得绘声绘色，而且还煞有其事地告诉人们说：黑煞大将军专门告诉他，说要他一定要虔心崇奉，以便利济苍生。

以此为据，张守真不敢怠慢，他开始了一番堪称大神级的表演。先是前往离他住处不远的道教圣地楼观台，求楼观台观主梁筌度他为道士。见奉有玉皇大帝的旨意，梁筌自然没有反对，于是顺理成章地度张守真入道。有了道士身份以后，张守真摇身一变，不但合情合理地成了一个能通神的奇人，同时还成了天神的代言人。

楼观台，位于终南山南麓，相传是先秦函谷关令尹喜的故宅。当年尹喜在此结草为楼，以观天象。据说尹喜仰观天象，见紫气东来，知有圣哲临关，时值老子正由楚入秦路经函谷关，尹喜请老子著书以传后世，世间才得以留下《道德经》这部道家的圣典。也是因此，道教在此地逐渐兴盛，并形成了一个最原始重要的教派：楼观派。

楼观兴于魏晋，盛于北朝、隋唐。当年，唐高祖李渊领兵起事，曾受到过楼观的资助。登基以后，李渊敕令扩建楼观庙宇，以示答谢，同时又将其改名为宗圣观。而本地人按照习惯，对它仍一直以楼观相称。

作为道教的圣地，楼观在长安一带乃至全国的影响力不可小觑。张守真之所以选择在此地出家，绝对是有一定企图的。虽近水楼台是客观因素，但能在一所有如此影响力的宫观出家，为他日后所做的一系列事情做好了足够的铺垫。

披上楼观道士外衣以后，张守真并没有老老实实地住在楼观修道。他回到老家，在自家旁边建了一座小庙，并取名为北帝宫，专门用于供奉黑煞大将军。

当时道教正为国教，从皇帝到百姓对道教都比较信奉。那时候的人们，普遍热衷于传播一些有关神迹的传说。张守真通神的事情一传十十传百，很快就传到了京城达官贵人那里。

当时，身份还是晋王的赵光义听到张守真遇神的传说，颇为惊奇，于乾德年间专程遣近侍前往北帝宫致祭，并郑重地向黑煞大将军许诺：有朝一日会为"天神"修建殿宇。

听到晋王的许诺，张守真喜出望外。终于搭上了皇族这层关系，他决定让自己的事业进一步发扬光大。张守真迫不及待地抓住了这一宝贵的机会，在不停四处传播"天神"旨意的同时，有意无意间在民间传播各种对晋王有利的"天机"。

张守真的活动能力在当时绝对算得上是超一流选手。没过几年，随着黑煞大将军传得越来越神，晋王在民间的威望和影响力也越来越大。

张守真的种种举动惊动了一个人，这个人不是别人，就是太祖皇帝赵匡胤。赵匡胤一方面感觉其神奇不敢轻易得罪，却又对张守真总借助天神名义给弟弟做宣传有些警惕，便下令派遣使者专程来了一趟终南山，召张守真入宫并详问其事。

苦心经营多年，张真人真是一步登天。

可惜事情打开的方式有些不太对。太平兴国元年（976）十月十八日，张守真奉旨入宫，专门为太祖皇帝降神。说实话，太祖皇帝武人出身，哪会轻易相信这类迷信表演？为此，他暗中派了一名小黄门官，在张守真入宫的时候突然一声长啸，模仿降神的声音，以试探张守真的虚实。

张守真的心理素质绝对没的说。闻听此声后立即正色跪告太祖说："如果陛下认为臣是妖妄之人，现在就可以戮臣于市，陛下不可以这样亵渎神灵。"

见此，太祖皇帝感觉有些不好意思，便命张守真在建隆观留居候旨。

通过这一举动可以看出，太祖皇帝对张守真讲的这一套是根本就不相信的，但作为皇帝，他还是表现出了对宗教人士的足够礼貌和尊重。然而，后来事情的发展却远远超出了他能意料的范围。

第二天，也就是太平兴国元年（976）十月十九日，太祖皇帝派内侍王继恩在建隆观监造法坛，当着文武百官的面，让张守真登坛降神。表演的过程惊心动魄而且神秘莫测，良久之后，张守真传真君神谕说："天上宫阙已成，玉锁开。晋王有仁心！晋王有仁心！"

言毕不语。

王继恩录其神谕上奏太祖皇帝，太祖闻听神谕，心下不安。

史书记载，更为传奇和吊诡的是，就在当天晚上，朔风凛冽，大雪飞扬。太祖皇帝从御风阁下来，回宫后连夜召见晋王入宫议事。大殿中，太祖屏退左右，只留王继恩在殿外侍候。他与当时的晋王、后来的太宗皇帝赵光义兄弟二人在殿中饮酒密谈。良久，只见烛影之下，赵光义忽然起身离席，像是在躲避什么东西。再后来，又有人听到玉斧落地之声，又听到太祖皇帝大声对弟弟说："好为之，好为之！"

众内侍欲入殿查看，王继恩制止说："没有圣旨，不得入内！"此后，殿中有鼾声响起，众人方才心安。又过了很久，晋王赵光义从殿内出来，出宫回到他任职的开封府。第二天凌晨，宫中突然传出太祖驾崩的消息，太祖皇帝享年仅 50 岁。旋即，晋王赵光义登基，改年号为太平兴国。

这就是"烛影斧声"这一成语的由来。

宋史记载，赵光义登基以后，立即召张守真在琼林苑设周天大醮，并作延祚保生坛祈祭。很快，又派遣内供奉官王守节、起居舍人王龟从于终南山选地造宫，算是还了当年许下的愿。

修建这座宫观前后共历时三年，这一工程自公元 976 年到 979 年方才完工。建成以后，太宗皇帝亲自将其命名为"上清太平宫"。

上清太平宫建造规模空前，前后共有四座大殿。前为玉皇通明殿，次有紫微殿，再次为七元殿，然后是真君所御殿。在东庑之外，还有天蓬殿、九曜殿、东斗殿、天地水三官殿；在西庑之外建有真武殿、十二元神殿、西斗殿、天曹殿，还又有灵官堂、南斗阁，并列星宿诸神之像。除了这些，观内还建造了钟楼和经楼。至于其他一些斋道堂室，皆是一应俱全。

为示恩赏，朝廷还专门给上清太平宫划拨了一些土地作为宫产，其中有膏壤熟地二百顷，开荒山地三百顷，山林地一千余顷，土地田产所收之租皆由上清太平宫专用。

顺理成章地，太宗皇帝任命张守真为首任观主。

上清太平宫建成以后，国家凡有重大政治军事活动，或遇水旱灾害，太宗皇帝都会派人专程前来致祭。在祭神之日，太宗还会率群臣在京师遥向参拜。

除了住持上清宫以外，张守真还统管了楼观台的一应事务。后来，太宗皇帝又下令将上清宫改名为太平兴国观。因拥立太宗皇帝继位所做出的突出贡献，张守真不但一步登天，荣升为国师，同时让太平兴国观在王朝的政治生活中占据了十分重要的地位。

公元 997 年，太宗驾崩，真宗继位。继位以后，真宗又晋封太平兴国观天神为"翊圣保德真君"，并命宰相王钦若将天神及张守真的事迹编定成一本书籍，名为《翊圣保德真君传》。该书由真宗皇帝亲自作序，敕令颁行天下。就这样，太平兴国观在国民日常生活中的声望水涨船高，它不但成了神圣的道教祖庭，还成了朝廷指定的皇家圣庙。

既然与朝廷和皇族的命运有着这么多隐秘的关联，太平兴国观自然成了当时文人志士朝拜的圣地。今天这三位骑驴的少年要去的地方就是太平兴国观。虽然都不是本地人，但身为道士的周德宝和屈元应早就游历至此。今天他们是受朱说之请，专门来陪同带路的。

虽然都是去太平宫，但三个人的目的却各不相同。

小道士周德宝和屈元应除了陪同带路，来到祖庭他们需要虔心地进行拜祭。少年朱说除了朝圣拜祭之外，还有一个更远大的目的。之所以不远千里从家乡来到终南山，除了拜谒太平兴国观，他还要拜访一个重要的人。

名士

种放，字明逸，洛阳人，宋太宗、真宗年间名士。其父种诩，曾为吏部令史，后调补长安主簿。因此，种放从出生起便是土生土长的长安人。

从小时候起，种放就表现出了种种傲世孤标的特征。据说，他从小就沉默好学，7岁已经能够写文章。少年的种放志趣高远，从不与同龄的孩子玩耍。长大以后，父亲令他考取功名，他却以学业未成为辞，不肯追逐俗世的名利。

青年的种放经常一个人外出游学，足迹踏遍了三秦大地。他经常一出门就是很多天，往往会去很远的地方。种放最常去的地方就是嵩山和华山，在名山大川之间来往穿梭久了，种放便生出了隐居山林的志向。

父亲去世以后，几名兄长都在忙着营谋功名官职，唯独种放不慕世间名利，与母亲一起隐居在终南山豹林谷的东明峰上。在东明峰，年轻的种放和母亲结草为庐，虽仅能遮风避雨，他却丝毫不以之为苦。

在隐居东明峰那几年，种放一直以教书为业。慕名前来向他学习的年轻人很多，他和母亲便靠学生赠送的礼物来维持生计。

就这样，两个人简单地在山中住了几年。在读书、教书的同时，种放写下了许多名传后世的作品，并在这一期间学会了道家的辟谷术。

学会辟谷术以后，种放在东明峰峰顶另建了一间房子。一有空闲，他便一个人坐在这间屋子里修行。他时常仰望长空，时常又遥望天边的云彩沉思默想。

那几年的种放，像极了陶渊明笔下的五柳先生。像五柳先生一样，种放也极为嗜酒，他同样也因为家贫不能常饮，便在山上自种高粱酿酒。生活日常，他将一切都简单到了极致。据说他常常穿着短短的粗布衣服，裹上头巾，背一张古琴，提着酒壶沿着长溪逆流而上，自由地穿梭于山水之间，终南山每一个隐秘的去处都留下了他的足迹。

月夜时分，种放还经常在宁静的深山中戴月夜行。他独自步行从豹林谷穿过长长的密林抵达州城，然后折返。路上他时常会遇到打柴晚归的樵夫，他就与他们结伴而返。

是大隐士自风流。终南山一带的人们对种放的特立独行很是称许，因此种放的名气也越来越大。

宋代，地方官员有着向朝廷推荐优秀人才的责任和义务。宋淳化三年（992），陕西路转运使宋惟幹向朝廷推荐了种放。一向重视人才的太宗皇帝收到宋惟幹的推荐，迫不及待地立即下诏，想见见这位当世大隐。

不想接到诏令以后，种放的母亲对此却并不感冒。母亲责备种放道："我常劝你不要聚徒讲学，你就是不听！你都已经隐居了，还写什么文章？如果你真的被朝廷任命，我将独自前往深山隐居。"

听了母亲的话，种放是何种心情不得而知。结果却是种放向朝廷的使者推说自己有病，委婉地拒绝了这次召见。

种放的母亲是个高人。拒绝召见以后，母亲把种放用过的笔、砚全部烧掉，然后带着他移居到了更为偏僻而且人迹罕至的深山中去了。

越是得不到的东西越是宝贵。有感于种放高尚的节操，太宗皇帝命京兆府赐予种放钱财以供养母亲，同时也不再强迫他入朝为官，还下令要求地方官每年都要定期前去慰问。

皇帝的嘉赏从来都不会是白得的，种放的拒绝和太宗的厚待让种放一夜成名。

隐居的生活平淡无奇，山中日月长，尘世之事却如白云苍狗，转眼之间朝代更替，太宗去世、真宗继位。真宗咸平元年（998），种放母亲去世。母亲去世后，种放三天不进水浆，在墓旁搭了一间草棚为母亲守墓。

听闻此事，翰林学士宋湜、集贤院学士钱若水、知制诰王禹偶联名向朝廷上报，具述大隐士种放因贫困不能体面葬母之事。刚刚改朝换代，又一向礼遇人才的真宗皇帝一听急了，他亲自下令赐种放钱三万贯、布三十匹、米三十斛，以助其妥善办理母亲的丧事。

咸平四年（1001），后官至大宋宰相的兵部尚书张齐贤再次向皇帝推荐了种放。张齐贤说，种放隐居终南山三十年，不入城市十五年，孝行纯正，足以激励世俗，简朴隐静的节操不逊于古人。

因为张齐贤的大力推荐，真宗再次下诏，命西京（今洛阳）官府派人前往种放隐居之地，礼邀种放到朝廷做客。为了表达对人才的尊重，前去邀请他的官员还带了五万贯行装钱。对此，种放只是一再谢绝，并不动身。

咸平五年（1002），张齐贤改任京兆（今西安）太守，再次不遗余力地向朝廷推荐种放，同时请朝廷尊重人才应该拿出一个尊重人才的样子，先行对种放加以褒奖。听了张齐贤的话，真宗皇帝可能也感觉自己上一次的态度不够真诚，他亲自提笔写了邀请函，并派内廷供奉官周旺带上诏书专程上门邀请，同时还备了一份厚礼：布一百匹、钱十万贯。

见真宗皇帝如此真诚，再行拒绝可以说是真的不识抬举了。于是在这年的九月，种放受诏入朝。

面见皇帝时，种放依旧穿布衣、裹头巾，泰然自若。真宗皇帝命他坐下回话，并向其询问了一些关于民政、边防方面的事情。种放回答说："贤明的君王治理国家，靠的只是对百姓的慈爱而已，对百姓唯有慢慢教育感化。"

真宗皇帝一连问了种放很多问题。对于其他问题，种放都谦让着没有回答。当天，真宗皇帝命种放为左司谏、直昭文馆，并赐其头巾、衣服、简册和腰带。皇帝特意为种放专门安排了住处，并命好几位朝廷大员设宴进行款待。

不想，第二天种放却上表一道，态度诚恳地辞谢皇帝的恩命。按照惯例，官员在接到皇帝任命后都要上谢表的，不知种放此举是真辞还是做做样子。见是这样，真宗皇帝有些不知如何是好。听说种放与大臣陈尧叟有旧交，皇帝亲命陈尧叟对种放进行劝谕。经过陈尧叟一番努力，好不容易才做通了种放的思想工作。

种放同意留下来以后，真宗皇帝不但再次进行了隆重的专门召见，而且又一次赐给他官员专用以显示荣耀的绯衣、象简、犀带和银鱼袋。据说，真宗皇帝觉得这么做还不够，他本人还专门亲笔写了一首自作的五言诗赠予他。

隐士

从这天开始，大隐士种放终于回到人间，开始了入朝为官的生活。

名士的牛绝对是真的牛，这类人的牛就在于不但任性，而且有任性的资本。世人看重的名利，在他们眼里统统都狗屁不是。过惯了山林生活的种放，在朝中按部就班地待了没几天就烦了。

咸平六年（1003）春，种放突然上表谢恩，请皇帝允许他暂时回归山林。也许是出于对他隐士身份的尊重，也许随着磨合真宗皇帝发现他真的不是当官的料，真宗皇帝竟也批了。

在种放将要动身之际，真宗皇帝突然又感觉后悔了，觉得自己不该放种放回去。但说出去的话就是泼出去的水，收不回来。为了表达自己的诚意和朝廷对人才的嘉赏，他下令将种放升任起居舍人，并命馆阁官员们在琼林苑设宴饯行。为了表达自己的不舍，真宗皇帝还亲赐其七言诗三首，并告诉他玩烦了随时可以回来。

此时，种放的待遇可以说是亘古未见。虽在朝为官，领着朝廷的俸禄却不受制度和工作的约束，皇帝包括群臣都拿他当成客人看，可以随时想来就来、想走就走，这种待遇是任何朝代任何人都没有过的，甚至包括皇帝自己，他也不能轻易地想上班就上，不想上班就不上。

皇帝的恩遇让种放的名气越来越大。

回归山林以后，皇帝立即派使臣到终南山进行了抚恤和慰问。惜才的真宗皇帝很是关心种放的生活状况，他命人把种放居住的林泉等环境画成图册呈给他看，后来，又接连下诏催促种放早日回朝。

皇帝的眷顾无以复加，而种放却端起了架子，屡屡以旧病未好为由，再三拒绝了皇帝的邀请。

皇恩浩荡且盛情难却，景德元年（1004）十月，种放再次入朝"做客"。这次觐见，种放像模像样地对皇帝说：自己归山时间太长了，在这期间不应该享受朝廷的俸禄。

是呀，哪有不上班还白拿工资的道理？按理说，种放这一说法勉强说得过去，吃空饷是很容易招人忌恨的。

哪知道种放这一举动被皇帝理解成了高风亮节的表现，真宗皇帝直接拒绝了种放的谦辞，并特许他回来以后不必坐班。

就这样，在以后数年里，不脱产官员种放频繁地走动于朝廷与终南山之间。在山林里玩烦了就到朝廷里转转，散散心，顺便给皇帝讲讲课，或者在大臣们面前装装清高。过段时间，一旦不堪官场的束缚，便潇潇洒洒地请假回山。

不得不说，种放是大宋作秀的第一人。数次拒绝皇帝的邀请让他享誉四海，一步登天和皇帝的礼遇让他的名望高得无以复加，种放在当时绝对活成了文人隐士们的神话。

因此，不远千里来到终南山游学的朱说想要拜见这位大隐士，自然是情理之中的事情。

可惜的是，潇洒的生活没过了几年，种放最终却因晚节不保而名声扫地。

恃宠而骄是人们通常会犯的毛病。因恃有皇帝的青睐和恩宠，种放频繁地穿梭于朝廷和山林之间，这一行为遭到了越来越多人的质疑和诟病。最早先是有话传出来，说种放有贪恋荣华之嫌，后来，又因他晚年的奢侈骄横和傲慢不恭，种放得到了很多人的怀疑、批评和诟病。

其实，在种放刚刚获得真宗皇帝赏识的时候，这种怀疑已经初见端倪。据说有一次，真宗皇帝设宴让群臣陪种放饮酒。席间，皇帝命大臣们做文章对种放表示欢迎。大学问家、号称杜万卷的老好人杜镐却并不买账。他推说自己不善文章，即席吟诵了一篇《北山移文》，专门对种放进行了讽刺。

《北山移文》是南北朝时期孔稚珪所作的一篇骈文，文章意在批评揭露假隐士的虚伪面目。杜镐在宴会上公然吟诵这篇文章，当时种放的感受可想而知。

有了一定名位以后，种放做人确实有点儿飘。虽终生未娶，但种放的侄子们很多，仗着种放的声名，种家人在终南山一带势力很大。史载其：**晚节颇饰典服。于长安广置良田，岁利甚博，门人族属依倚恣横。**

本来，频繁地在朝廷进进出出就已经很让人很看不惯了，身为隐士却享受着奢侈的生活，还欺压鱼肉百姓，人们对他的意见就更大了。朝中有个叫王嗣宗的人，曾经中过状元，更是认为种放沽名钓誉徒有虚名，根本不把他放在眼里。

巧合的是，这位王大状元有一天成了种放老家的父母官。

种放虽是个特立独行的人，王嗣宗更是一个特立独行的人。跟种放比，王嗣宗只能是有过之而无不及。

在朝中王嗣宗名头一直很响。这位仁兄名头响一是因为他是太祖朝的状元，天下学问第一人；二是在封建迷信盛行的古代，他从不语怪力乱神，而且还敢于做斗争，一向是见神灭神见佛灭佛。尤其是世人普遍尊信的妖狐鬼怪，王嗣宗不但根本就不相信，甚至还有过火烧狐仙洞的壮举。

不难看出，虽然有状元的身份，王状元做事却一点儿都不像个读书人。他做人做事不但没有君子之风，而且是既不讲斯文，也不讲体面。那些传统文人眼中的美德，在他眼中统统狗屁不是。

两个人的相遇，必定会碰撞出激烈的火花。

种放回归山林自然要经过官府，同为朝廷官员大家相互拜访一下是人之常情。种放去拜访王嗣宗的时候，大家都是文化人，王嗣宗对种放也很尊重，甚至还专门设宴进行了款待。

酒酣耳热之际，王状元还让自己的下属们组团前来拜见。

事情就出在拜见仪式上。为了表示对这位大隐士的尊重，王嗣宗命自己麾下永兴军自通判以下的官员都对种放行了跪拜礼。一向嗜酒贪杯的种放可能酒喝得有点儿多，有些忘乎所以。王状元的下属们拜见时，种放只是抬了抬手，象征性地回了个礼，这让王嗣宗心里很不舒服。

碍于面子，王嗣宗当场没有发作。

有初一就有十五。后来，种放让自家的侄子们也组团来拜见王状元。老王心胸狭隘，爱记仇，在种放侄子拜见时，他故意大大咧咧地坐着受礼，连身子都没欠一下。

见王嗣宗如此傲慢，种放生气了。

据说两个人当场就翻脸了。王嗣宗阴阳怪气地说：原来我手下拜见你时，你只是抬抬手装了装样子。你这些侄子都不是读书人，我堂堂状元出身，怎么就不能坐着受礼？

种放讥讽道：你这个打架打来的状元，在老夫面前也好意思提？

种放这句话可把王嗣宗给惹恼了。

骂人不揭短。说实话，王嗣宗虽负状元之名，但他这个状元确实是靠打架打来的。原来，北宋初年的科举不但要看谁答得好，还要看谁答得快。开宝八年的殿试，王嗣宗和一个叫陈识的人在同一时间交卷。到底点谁为状元呢？这让大老粗皇帝赵匡胤为难了。脑洞大开的太祖皇帝想了个让人哭笑不得的损招——让王嗣宗和陈识对打，谁打赢谁就是状元。

王嗣宗先发制人，没等陈识反应过来就把他打倒在地，因此他成了那一年的状元。

史载王嗣宗性忌刻，多与人相忤。据说王嗣宗晚年专门记了一个仇人簿，这个仇人簿他随时都带在身上，报了哪笔仇他就把仇人的名字勾掉。可见他不但是个狠人，而且是个心量狭小有仇必报的人。对当年中状元的事王嗣宗一直非常敏感，种放上来就打脸，王嗣宗岂有不恼之理？

遇到一个这样的狠人种放只能自认倒霉。

有了那次冲突以后，王嗣宗开始不惜一切代价地弹劾种放。

王嗣宗告种放的罪名主要有两个：第一，欺世盗名；第二，阴结权贵。

状元之才，弹劾词写得也非常狠，王嗣宗遂上疏道："放实空疏，才识无以逾人，专饰诈巧，盗虚名。陛下尊礼放，擢为显官，臣恐天下窃笑，益长浇伪之风。且陛下召魏野，野闭门避匿，而放阴结权贵以自荐达。"

魏野是同时期的另一位著名的隐士。王嗣宗以魏野为例，将两个人的所作所为进行了鲜明的对比。一比之下，高下立见。

而种放的运气却始终不错。毕竟是自己标榜的典型，又正赶上朝廷恩赦，尽管王嗣宗不依不饶，真宗皇帝对两个人都没有怪罪。他采取了一个和稀泥的办法：将王嗣宗的奏折留中不发。同时，皇帝知道王嗣宗死缠烂打不达目的决不罢休的性格，担心种放因此遭到报复，便下令安排种放去嵩山的天封观居住。

惹不起还躲不起吗？啥也不说了，朕让你躲得远远的好不好？

不知道被安排去嵩山居住，种放能不能理解真宗皇帝的良苦用心。不管种放理解还是不理解，从那以后，真宗皇帝对种放的态度也开始明显地疏远起来。

朝廷的冷落对种放的打击不小，他的盛名也开始渐渐退去。揭露种放假隐士的真面目让王嗣宗一举成名。也是因此，王嗣宗在史上留下一个"终南处士

名声歇，邻土妖狐窠穴空。二事俱输王太守，圣朝方信有英雄"的美谈。

这些都是若干年之后发生的事情。虽有此美谈，而且是状元出身，但王嗣宗生性刻薄却是无须争议的事实。尽管身有争议，但王嗣宗为官的政名和官声却一直不错。史载王嗣宗历事三朝，**为政严明，政绩卓著。**

另外，因生性凉薄，王状元虽在官场奋斗了一辈子，却没交下什么朋友。比如他与同时代的大名臣寇准就一生交恶，两个人死活互相看不上眼，是一对打不散的死对头。最终，王嗣宗以左屯卫上将军、检校太尉的身份致仕。宋天禧五年（1021），王嗣宗病逝，享年78岁，他死后得到的谥号是"景庄"。

少年隐士

在终南山幽静深林里，几位结伴而行的少年兴冲冲地向前走着。阳光透过枝叶的罅隙照下来，光线明明暗暗，在山路上投下斑驳的影子，驴蹄叩击石板发出清脆的响亮，越发显得山林静得可怕。

大家饶有兴致地走着，一向不太爱说话的周德宝突然若有所思地感慨道："朱兄，此时此地我突然有一个想法。你说，若干年后会不会有一天，我们想起此日此时？"

周德宝这番话让其他两位少年都沉浸到了无限的遐想之中。走的时间不短了，正好停下来歇一歇。朱说从驴背上翻身跳下，两位少年道士见状也跟着停了下来。三人站定，沉默了好大一会儿屈元应说："周道兄，人生最是无常。今日此行大家注定都会想起。想一想吧，若干年后当我们想起今天的情形，那将会是一个何等美好的回忆。"

朱说却没有说话，虽然周德宝这个问题最初是问他的。他沉思的表情仿佛穿越到了多年以后。他望了望远方道路的尽头，高大的树木合在一起。他不知道路程还有多远，人生就像终南山的深林一样深不可测。

"只是遗憾王镐兄没能成行，如果他能一起来，"说到这里屈元应叹了一声，"那将会是一件多么美好的事情！"

原来，在出发之前他们本来还有一个约好的朋友。这个人的名字叫作王镐。临出发的时候，王镐却突然消失不见了，屈元应素知王镐的脾性，三个人便没有再等。

王镐，字周翰，澶渊（今濮阳）人，当时是终南山一带有名的少年隐士。他不但有学问，而且善琴能饮。王镐喜独行，经常戴一顶小道冠，一袭白衣，骑一头白驴在京兆府南部的山中往来穿梭。

王镐好交游，慕名来拜访他的朋友很多。朱说此番游学终南山，就是奔着王镐的名声来的。到达京兆府以后，朱说先是住进了当圭峰下的王家。王镐的父亲名叫王衮，也是当地一位名士，当时担任着皇家道观太平兴国观的宫监。

王衮也是个很有故事的人。史载王衮慷慨有英气，善为唐律诗，曾经做过彭州通判。当时的彭州太守玩忽职守，僭越法度，王衮因看不惯太守的行为，一气之下对他进行了顶撞和辱骂。得罪长官让王衮失去了官职，便举家搬到长安当起了隐士。因性情豪爽，王衮喜欢与豪士交游，纵饮高歌，其颇有西晋竹林七子之嵇康、阮咸的风骨，世人经常对他的所作所为感到震惊。

举家搬到长安以后，王衮"*公不安其高，复起家就禄，得请监终南山上清太平宫，从吏隐也*"。身为一名有官职的隐士，对于晚生后辈的年轻人，王衮很是赏识豁达。家学如此，王镐从小就习惯了不拘一格、闲云野鹤般的生活。

"王兄闲云野鹤，行踪不定，这倒是符合他的性格！"朱说道。

沿着逶迤的山路，三个人不紧不慢地走着。宁静的山林之中，只有驴蹄叩击在石板上清脆的响声。突然，一只大鸟拍着翅膀从林子里飞出来。三个人抬头看去，那只大鸟已经飞到密林深处去了。

鹤！是鹤！

屈元应叫道。三人看得分明，那只拍着翅膀飞去的大鸟似乎真的就是仙鹤。此情此景，朱说心中突然升起一股肃穆神圣的感觉。他们一路从杜陵走来，太平兴国观是他们要去朝拜的圣地。随着距离越来越近，周围的环境越来越神秘。贵为皇家圣地的太平兴国观，既让人神往，又让人感到扑面而来的神秘和庄严。

看着远远飞去的大鸟，朱说不由自主地轻声吟道：有鸟有鸟丁令威，去家千年今始归，城郭如故人民非，何不学仙家累累！

丁令威，道教上古大神，相传本是辽东刺史，后学道于灵虚山。成仙以后丁令威化鹤归辽，栖于城门华表之上。有位少年举弓欲射，鹤振翅而飞，徘徊在空中唱的就是这首诗：有鸟有鸟丁令威，去家千年今始归，城郭如故人民非，何不学仙家累累！

朱说方才所吟之诗，正是当年丁令威所唱。

丁令威在道教一直极负盛名。道教有一个非常有名的名为"嵩岳嫁女"的传说。这一传说的内容并非嵩岳嫁女，而是记述西王母宴会周穆王和汉武帝的场面。席间麻姑弹琴，谢自然击筑，丁令威唱歌，王子晋吹笙。各路大神都来捧场，让这一盛事更加让人神往。据传，当时丁令威当时所唱的仙乐是：*月照骊山露泣花，似悲先帝早升遐。至今尤有长生鹿，时绕温泉望翠华*。

可见丁令威早已不是一般的得道之人，而是女仙领袖西王母的座上客了。朱说此时吟诵起丁令威的诗作，自然是此情此景，有感而发。道教圣地，仙鹤的突然出现让三个年轻人心头突然之间增加了几分神秘感。

"方才周道兄的话让我想起了这首诗。天上一日，人间千年。人世之间，瞬息万变，"朱说若有所思地说，"我也可惜今日王镐兄没能成行。如果王镐兄能一起来，此情此景，必会不同。"

说着，朱说解下背上的古琴，席地而坐。只见他手指拨动，长啸一声，弹琴而歌。

朱说弹的是古曲《履霜》。琴声响起，本来就寂静的山林此时更静了。周德宝和屈元应两个人垂手站立，认真听着。

一曲已尽，群山皆响。

"早就听说朱兄长于《履霜》，今日听君一曲，真是三生有幸。不过我劝朱兄一句，《履霜》虽好，但过于悲怆，朱兄可以试着弹弹别的曲子。"屈元应说。

"我平生只喜此曲，"朱说一边说着，一边抖抖衣服起身，"大概是怜惜其中人物的命运，唯有它能引起我内心的共鸣。"朱说说，"正好咱们都休息片刻，二位道兄也弹上一首，我好开开眼界。"

就这样，三位少年于终南山深林之中弹琴而歌，三位少年都是有感而发，而且都极善音律。比之朱说所弹之《履霜》，二位少年道士的即兴之作更显清澈高远。

南宋陆游《老学庵笔记》记载：范文正公喜弹琴，然平日止弹《履霜》一操，时人谓之"范履霜"。

蔡邕《琴操》记载：《履霜操》者，尹吉甫之子伯奇所作也。伯奇母死，吉甫更娶后妻，生子曰伯邦，乃谮伯奇。伯奇被逐出家，清晨履霜，自伤无罪，乃援琴而鼓之曰："履朝霜兮采晨寒，考不明其心兮听谗言，孤恩别离兮摧肺肝，何辜皇天兮遭斯愆。痛殁不同兮恩有偏，谁说顾兮知我冤。"便是《履霜操》。

过而不入

琴声的穿透力响彻山林。四下静寂，空灵、深厚而且幽远的琴声，在终南山间久久回响。沉浸在这如天籁般的声响中，三位少年都听得醉了。

许久，朱说感慨道："听了二位道兄弹奏，我才知道自己本不识琴。人外有人，天外有天。二位道兄的建议我会认真听取，只是一曲便是曲中人，我已专攻《履霜》多年。听到二位的琴声，此时此刻，我想起了孟东野的南山塞天地，日月石上生。高峰夜留景，深谷昼未明。山中人自正，路险心亦平。长风驱松柏，声拂万壑清。到此悔读书，朝朝近浮名。二位皆是方外之士，你们的境界我是比也比不了，学也学不来啊！"

孟郊，字东野，唐著名诗人，少年时曾隐居嵩山。孟郊一生放迹于林泉之间，是与贾岛齐名的前辈大家。

三个人不约而同地启程。又走了大半天，屈元应摘下驴背上的皮囊，一仰脖，大口大口地饮了几口。他顺手将手里的皮囊递给朱说："朱兄，累了吗？咱们要不要再歇歇？"

朱说向密林远处望了望，问："还有多远？"

"应该是不远了。"屈元应答道。

周德宝是个一直不怎么爱说话的人，三个人结伴而行，基本只是朱说和屈元应一问一答，他只是默默地跟在后面，从不插话。

就在这时，远处隐隐似有一阵笛声传来。群山之中，只是闻声却不知远近。"我怎么听着像王兄的笛声？"朱说认真听了听，突然开口说道。

屈元应侧耳一听，点点头兴奋地说："没错！我听着也是。王兄是个神人，行踪飘忽不定，虽没能一起出发，说不定他在不远的地方等着我们！"

就在前段时间，朱说不远千里从淄州长山来到终南，偶遇周德宝和屈元应，大家一起住在当圭峰下的王家。一起相处的这些日子，四个人之间彼此交流了很多。循着笛声传来的方向，三个人不觉加快了脚步。

"王兄才是真正的世外高人，神龙见首不见尾，也许他就在前面等着我们，只是云深不知处。"周德宝好不容易才开口说了一句话。

说话间，三个人又加快了步伐。

笛声越来越近。

"没错，就是王兄！"屈元应兴奋地说着。随着山路的转折，他们绕过一个峰回路转的曲折，远远看见一头白色的驴子。驴背上的人一袭白衣，不是王镐又能是谁？

惊喜大于兴奋。

"果然是王兄在等我们，"朱说兴奋地说，"原本只道王兄神龙见首不见尾，无意于世俗，所以不肯与我们同行。不想到底是缘分奇妙，不可思议！"

随着距离越来越近，他们看到，一袭白衣的王镐正在不远处的树林下聚精会神地吹笛。仙乐一般的声音，带着强大的穿透力在山林之间传出很远。不期而遇的惊喜让三个少年人兴奋异常。待走到近前，几个人都没有说话，只是静静地听王镐将一曲吹完。

空灵的笛声穿越长空，在群山和树林间萦回流转。而王镐似乎早有预料，他不紧不慢地将一曲奏完，从驴背上跳下来向三位好朋友点头致意。朱说忙拉住王镐的手："王兄，本以为今日之行稍有遗憾，不想能在此遇见。大家真是三生有幸。咱们结伴去吧！"

一身英气的王镐，双目炯炯有神。虽也是道士装束，但一眼望去他的气质和神态与另外两位道士有着明显的不同。他不露声色地笑了笑，对几位颇感意外的朋友拱手致礼，却又平静地说："昨日我想了半天，觉得朱兄还是不必太在意世间的尘俗。"

听到这话，朱说不经意地一愣，他不明白王镐说出这话是什么意思，忙问："王兄此话怎讲？"

王镐叹了口气，目光先是望了望远处，然后看着朱说不紧不慢地说："世人喜逐名利，而名利最终还是在自己的心中。朱兄远道而来，游学终南，小弟可敬可叹。但思来想去，我想起了白乐天的《答崔十八》说的那番话。劳将白叟比黄公，今古由来事不同。我有商山君未见，清泉白石在胸中。小弟愚见，这才是朱兄该有的境界。"

听着王镐的话，朱说低头似有所思，却仍是不得其中要旨。

"不见即见，见即不见。虽然来了，何必非得见到呢？"王镐继续说，"昨日我想了许久，之所以不告而别，我是不忍拂了朱说远道而来的热肠。终南山朱兄毕竟来过了，又何必非得去兴国观？与其信道礼教，不如把它放在你的心中。你是一个有志向的人，小弟略通相学，你的人生应在世间，而非方外。你追求的不应该是这些东西，不知这话朱兄能不能明白？"

远处，高大的太平兴国观已隐约可见，虽近在咫尺，但王镐一番话让三位赶路的年轻人都静了下来。

过了好半天，朱说说："王兄一席话，如醍醐灌顶，小弟豁然开朗。古人云君子不独乐，此番终南之行，我一直把与名士交游唱和、与知己谈琴论道引为平生快事。因此方有幸结识诸位，此为朱某平生一大快事。多日以来，与诸位弹琴饮酒，赋诗答和，好不快哉！方才王兄一席话，小弟受益终身。不来终南，不知人生远大。到了终南，何必非进入终南。王兄一席话让我改主意了。方才听了王兄的笛声，已让我突然感觉人生不应只隐逸山林。今日王兄的指点小弟铭记在心，至此我方知人生为何。我想，我来终南日子已经不短，我要回去了。"

"兴国观虽然神圣，虽是方外之地，却也有尘世之俗。世间诸事，皆不能免俗。朱兄是个做大事的人，你的功业不在这里。"王镐平静地说。

见朱说突然改了主意，屈元应有些不解："朱兄，你的意思是……兴国观咱们不去了吗？"

朱说淡然一笑："屈道兄，周道兄，难得二位今日陪我此行。兴国观还是不去为好，给自己留个念想，我到过此地便心愿已足。志不可满，王兄一席话，我将时时铭记在心。"

"既然已经来了，不见终是遗憾。"屈元应不解地望着朱说劝道。他一边说着，一边看了看王镐。王镐并没有理会屈元应的不解，只是神情自若地望着远处山林尽头那一方蔚蓝的天空。

"今日此行，小弟定当不负此生！"朱说说着，环手向王镐、屈元应和周德宝分别行礼。见是这样，周德宝和屈元应虽然扫兴，但也都没有了前去拜谒的兴致。就这样，本来要去兴国观拜谒的四个人，竟头也不回地结伴下山了。

见或不见

源于陕西周至的楼观道，于唐安史之乱以后，至五代十国时期开始走向衰败。作为道教非常重要的一个教派和李唐皇家的宗庙，许多仁人志士为重振楼观做出了很多不懈的努力。

公元960年，后周殿前都检点赵匡胤在陈桥驿发动兵变，推翻后周，于显德年间登基创立大宋朝，建都开封，时称东京。

天下平定以后，振兴楼观的愿望更是迫不及待。其中最著名的有三个人，这三个人分别是在仙游宫修道的陈抟，楼观观主梁筌和自称张良后人的张守真。北宋初年，三人编织了一个天神降语的神话，助宋二世赵光义登基。

事成之后，赵光义却又不想重修楼观李唐的宗庙，于是便在楼观东部的终南镇新建了一座皇家道观：太平兴国观。为了体现国家的尊严和其独特的地位，他又降旨改楼观为顺天兴国观，以谢天神和楼观道。

如今的终南山上清太平宫即为当年的太平兴国观。其实，它最早的名称就是上清太平宫。到了元代，改称太平兴国宫，大文豪苏轼却给它起了个雅名为"雪映宫"，这些都是多年以后的事情了。及至清代，人们又称它为太兴宫，而在清代大画家路慎庄的笔下，它的名字又变成了太平宫。路慎庄的著名画作《终南五景图》用写实手法将上清太平宫旧时的风貌描绘得细致入微。

太宗皇帝为太平兴国观赐名以后，专程由东京至翊圣天神降灵之地致祭。他先是在北帝宫祀神，又去通明殿祭天，然后为通明大殿欣然题额曰——上清太平宫。因终南县当时改名为清平县，归凤翔府辖治，所以碑文史称其为凤翔终南山上清太平宫。上清太平宫的建筑面积是楼观的十几倍，宫产占地范围大致为终南山下至渭水边的广大地域，史称鲜原逶迤，邻尹喜之仙宅，接汉皇访道之台，三轴二十一座大殿，作宫千柱，千二百个小区，天上神仙各有其位，号称天下第一道宫、大宋宗庙、玉帝人间行宫等，是宋金元三百年楼观道的主教之地。

虽已经近在咫尺，但过其门未得其入的遗憾多少让朱说心里有些失落。但这种遗憾很快也就过去了，王镐的话让他感觉就像突然打开了一段全新的人生。他发现自己的内心跟以前相比，已经有了很大的不同。

回到当圭峰下的王宅，四位少年依旧谈笑风生，不以为意。

王衮依旧热情地招待着这位远行而来的少年。颇具长者之风的王衮，虽然在官场眼里揉不得半点沙子，但对于后生晚辈的宽容绝非一般人可比。有意思的是，回到府中，王镐老实得像个缩手缩脚的孩子。宋代重礼教，王家的家风很严。纵是王镐这样放浪形骸的少年隐士，一旦回到家里，照样规规矩矩地像个老实的孩子。只要有父亲在场，他甚至都不敢大声说话，起走坐立，无一不有板有眼，不敢造次。

而在不当着父亲面的时候，王镐不再束手束脚。王宅后院的几间屋子，成了四位少年的独立空间。他们读书论诗，饮酒弹琴，常玩得昏天黑地，不亦乐乎。就这样，少年朱说又在王宅盘桓了几日，才向好朋友们提出将要辞行的想法。

"我离开家中时日已久，家中还有老母在堂。梁园虽好，不是久恋之家。"朱说深有感触地说。

"既然你这么说，虽是不舍，但我也就不再挽留了。"王镐骨子里一向不拘俗世规矩，对于离别来去看得很淡，"唯愿朱兄勤学上进，建功立业。期待有一天立下不世之功，他年他日，你我定会再见。"

临行之前，朱说想了半天，还是决定把心底那件事说出来。说实话，尽管内心已经释然，但没能去成太平兴国观，朱说内心多多少少还是有些遗憾的。他没有忘记自己来终南山的另一个目的：拜访种放。

因为王镐反对去太平兴国观的事，朱说想去拜访种放的想法本来不想再提了。可是出于真诚同时又碍于礼节，朱说觉得自己不能不提一下。

"王兄，临行之前我还有件事情，不知当不当讲。"朱说有些难为情地说。

"朱兄是缺了盘缠不成？"王镐问。

朱说只好把自己想去拜访种放的想法和盘托出。不出所料，这一想法刚提出来，就遭到了王镐的反对。

王镐似乎对种放很不以为然，王镐说："不知朱兄怎么看，家君与种某素有旧交。小弟认为，种某人名头虽大，但欺世盗名，不足为敬。其沽名钓誉、装腔作势，不是君子所为。小弟更愿朱兄做一个有真才实学于国于民有益的人，我看朱兄以后的人生未必不如他。未知真是岳，只见半为云，世事世人皆不过如此。所以我劝你，此人不见也罢，你前途无量，当在建功立业，莫图虚名。如朱兄认为确实想见他一面，我面禀家君，可当一见。"

听了王镐的话，朱说默默想了半天，有些怅然地说："我再好好想想吧。"

说实话，在这之前他对种放的了解仅限于各种传说，他并不真正了解这个人。

临行这天晚上，朱说翻来覆去怎么也睡不着。山中的夜晚真静啊！这天晚上，他想起了远在长山乡下的母亲，想起临别时母亲的嘱托，想起了父亲和一干兄弟，想起了众多的长山乡亲父老。他想起了几个月前自己怎么渡过黄河，一路向西，经东京，过西京，一路跨过无数名山大川。三里不同风，五里不同俗，这次宝贵的游学让他见识了很多，同时也收获了很多。本来，正值弱冠之年的他是赌气从家里出来的，出发的时候也没什么方向和目的，身上也只携带了一张古琴和一把宝剑，不承想却成就了一番如此宝贵的游历。

回想起那些过往的岁月，再看看当下，尤其是在终南山盘桓的这些时日，与好友相伴交游的这些日子让他眼界大开。虽这些年有志于学，但自己一直不得要领。冥冥之中他似乎感到，前方有一条光明的大道已经向他展开。

如果不是这次宝贵的游学，他不知还要迷茫地走多久。就这么想着，想着。越想越是兴奋，人生的方向在心中已经暗暗拿定。

可是，到底去不去拜访种放呢？朱说想，自己以后要做他那样的人吗？

朱说再次想起了山林中王镐对他说的那番话。大丈夫生于天地之间，必当建功立业，唯有当世之功，才能体现一个人存在的意义和价值。

是呀，这大半年自己一路走来，虽眼界大开，但在内心深处，自己想要的人生绝对不是满足于饱读诗书和隐逸山林，自己真正想要的是利国、利民和利生，只有做到这些，才是一个大写的人。

王家父子皆是好客之人。同几位好朋友唱和互答，这些事情会让他毕生难忘。这种感觉很好。可是，如果让他终日选择这样的人生，他是不情愿的。再如王父，虽官职不大，一家人却也能过着衣食无忧的生活。当年一气之下辱骂太守，让他名扬天下，只是不知他是不是曾经后悔。自己会做一个他这样的人吗？

想到这里，朱说又摇了摇头。

他想要的人生不是这个样子的。如果人生这么随意，那人生的精进只能止步于自己的个性。一个大写的人，不是这样子的。大写的人生，是中流砥柱，是国之栋梁，是为国为民，是能忍辱，是能担当，是勇于为朝廷承担并处理一切，是以己之力能让百姓们活得更好，而不是王镐父亲这个样子。

什么是建功立业？通过自己的力量去改变身边的一切。做一个忠臣，做一名孝子，这才是自己的理想和愿望。想到这里，他又在不知不觉间想起了自己的身世，内心再度哀伤起来。

他起身离床，强迫自己不去想这些。是大丈夫就要建功立业，而不是做独善其身的隐士，他反复地告诉自己。这时，朱说突然觉得，自己想要拜访种放的愿望没那么强烈了。世人都不过如此，何必追逐那些不切实际的浮华？

这么想着想着，一股傲气在心里油然而生。

这天晚上，大宋祥符元年（1008），终南山当圭峰下，朱说突然明白了人生的很多道理。

现在，他迫不及待地要起身回乡。

他决定，回去之后，放下一切埋头读书。要想得到自己想要的，一切从获取功名开始。

临行前，一向不按规矩出牌的王镐不知躲到了哪里，不肯给他送行。而为了感谢王镐的父亲王衮，作为临别相赠，朱说认真地为老人舞了一套剑，然后又弹了一段琴。老人拉着他的手说："孩子，带好你的琴和剑。记着，以后不管你走到哪里，都要把它们带在身边。以后这把剑就是你的胆，这张琴就是你的心。有了它们，走到哪里你都不怕。圣贤之道，既在山水之间，也在尘世之里。有益苍生才是大道。望君好自为之。从此以后，山高水长，前程无量。"

说着，王衮冲朱说深深一揖，表达了他对眼前这位少年不可限量前程的期许与尊重。

多年以后

多年以后，已经改回本名的朱说时常会怀念起终南山这段难忘的岁月。

那一年，虽然没能进入道教圣地太平兴国观，也没能见到种放这位当世大隐，但朱说却从此跟终南山结下了千丝万缕的不解之缘。

又是若干年后，种放一位侄子成了他的下属，在西北战场上，两个人是彼此最为信赖的朋友。只不过那个时候，在这个世界上没有几个人知道他当年曾经到过终南山，也没有几个人知道他本来想去拜访种放、最终却没去拜访他这段历史。而种放这位侄子，就是后来威震西北、大宋朝赫赫有名的种家军创始人种世衡。

在以后的很多年里，每当回想起这段往事，他都会想起一袭白衣的王镐，想起他在终南山小路上对自己说的那番话，尤其是"虽有道家的心，但你不是道家的人"这两句话。每当想到此处，他都记忆犹新，热泪盈眶。虽然与王镐的交集只有短短的一个多月，但他高尚的情操和志趣，以及在人生关键阶段给予自己的帮助，让他终生难忘。

自离开终南山那天起，他开始重新规划自己的人生。

每当想起这些事情，他还会想起王镐的父亲王衮。这位特立独行桀骜不驯的老人，虽然一生不得志，可以说在官场活得很不成功。但老人当初对他的宽容和嘱托，让他感觉到了人格的伟大力量。在终南山告别的时候，王衮告诉他说，年轻人一定要入世，要入世首先应该读书。作为一个失败的前辈官员，王衮虽然人生成就不能算大，但他对自己的嘱托，无疑是他历尽人生坎坷和磨难之后，发自内心最真诚的总结。这是一个长辈人对后人晚辈的关心、指点和警示。从那以后，无论在朝廷还是在江湖，无论是在官场还是在民间，无论是在朝为官还是在西北战场，无论是荣升还是贬谪，这位当初名叫朱说的少年一生都没离开过书卷。

不同的人注定命运各不相同。最让人痛心惋惜的是王镐，这个当年曾极力劝朱说靠读书博取功名的人，最终却没能免俗。隐逸多年之后，经人推荐他子承父业，获得了太平兴国观宫监的职位。命里无时还是无，没能等到上任王镐就突然死了，说起来他也算是命薄之人。而范仲淹当年的另外两位好友屈元应和周德宝，则一生守道，行游于名山道场之间，最终虽没能成为能够影响历史的人物，却也活得逍遥自在。

三十七年后，这位已经改回本名的少年被罢去参知政事，再次赴西北问兵，他的新官职是知邠州、兼陕西四路缘边安抚使。这次上任的时候，他再度打终南山路过，经过艰难的寻访，终于找到了三十多年前的故人。

故人相逢，几十年不见的老朋友又见面了。可惜此时能共语的却只剩下了他和屈元应两个人。周德宝闲云野鹤不知所踪，白衣飘飘的王镐早在几年前就已经羽化升仙。

就在这一年，望着天空飞过的大雁，二位故人感慨唏嘘。想起三十多年前的往事，他喃喃道：

有鸟有鸟丁令威，去家千岁今来归。

城郭如故人民非，何不学仙冢累累？

说到此处，两个人都已是泪痕斑斑。

那一年，少年朱说背着他的琴和剑，告别终南山，踏上了归程。

沿终南山一路向东，从京兆府到河南府，他在西京稍作停留，然后经过京城汴梁，过黄河后一路北上来到大名府。沿大名府向东，再次跨过黄河，少年朱说终于回到他的出发地，京东路淄州长山。

一路之上，他没做任何停留。既然人生方向已经找到了，这次游学便不虚此行。一路之上，他反复思考这次游学过程中的所见、所闻，努力把它们一一梳理出来，整理成属于自己的思想。与此同时，关于自己的人生，他也进行了一番详细的规划。

这次宝贵的游历让这位弱冠少年一生获益匪浅。此次游学，他从老家京东路淄州长山出发，一路向西几乎横穿了大半个国家。他走过荒无人烟的小路，走过繁华热闹的城市。他穿州过府，既见到了一望无际的大平原，也见证了崇山峻岭激流回湍。他风餐露宿，饥餐渴饮，吃过农家的饭菜，接受过别人的施舍。他感受到了王朝的地大物博，同时也看到了许许多多的民生疾苦。身上一张古琴，腰间一把宝剑，他感受到了仗剑走天涯的意气，同时也体会到了许多不曾体会过的世态炎凉。这次宝贵的游学，为他成为世间第一流人物奠定了坚实的基础，同时也完成了一次宝贵的积淀。

读万卷书，行万里路。没有这样的经历，一个人的内心无法得到真正的升华。

最早出发的时候，他对这个世界满是抱怨、愤慨和不解，当他真正接触到世间万象，才发现当初的自己不过只是井底之蛙，自己所学也不过是一管窥豹。如今，他的心胸宽大了，他的情怀高尚了，他的理想和追求同时也得到了宝贵的提炼与升华。

经历了这些以后，这位少年终于开始成熟起来。

当年，这位年方弱冠就游遍名山大川的少年不是别人，他就是日后被尊称为大宋第一圣贤的范仲淹。当时他的名字为什么会叫作朱说呢？

说起此事，还有一个更加凄惨的故事。

第二章　少年多难

高平往事

宋建隆三年（962），是太祖皇帝赵匡胤在河南封丘陈桥驿发动兵变、黄袍加身、从马上夺取天下的第三个年头。

始祖皇帝三年前的黄袍加身，是中国历史上非常著名的一次不流血的王朝更替。大宋王朝建立以后，在以后短短的几年之内，太祖皇帝在弟弟赵光义和宰相赵普的鼎力帮助下，南征北讨，东战西伐，逐渐开拓并稳固了大宋王朝的万里江山。

随着疆域版图的进一步稳定，宋朝的统治也进一步有序化地进行管理。宋沿唐制，几乎完全照袭了唐代的政治体制和管理办法。在重要大臣的任命上，采用了分化事权的方式，宰相职位由多人担任。除此之外，还实行了官衔与实际职务分离的官吏任用制度。

坐天下和打天下是完全不同的两个概念。在用人方面，尤其是到底使用谁来治理天下，武将出身的太祖皇帝没有太多经验，只好大量起用了后周的旧臣。

事实证明，这是一个简单而有效的管理办法。官都是好官，吏都是好吏，那些亡国之主当初只是没把他们用好。

当年北宋的疆域，东北方向以今天的海河、河北霸州和山西雁门关为界；西北以陕西横山、甘肃东部、青海湟水为界；西南以岷山、大渡河为界。国土面积约二百八十万平方千米。自统一后，北方一直不太稳定。东北不断与辽国作战，西北又与西夏作战，当时的疆界也时有变化，因此北宋的疆域面积很难有确切固定的数字。

当时的疆域区划，采用"路"—"府、州、军、监"—"县"的三级机制。府州军监虽名称不同，但为同一级。宋代的"路"为监司区划，和唐代的"道"如出一辙。太宗淳化四年（993），又分全国为十道，后于至道三年（997）改定为十五路。

河北路是朝廷于兖、冀、青三州之域设置的一级行政区。

河北西路治于真定府，治所为镇州，又称常山镇，即今天的正定县城。距离常山镇西北不远，有个村子叫作高平村。

高平村有户姓刘的人家，是当地的富户。虽然富足，但这户人家却香火不盛，多年以来只生下了一个女儿。为延续香火，刘家不得已只好招赘上门。

挑来选去，他们最终选中了一个叫谢东霖的外村青年。

谢东霖一表人才，不但为人好，而且忠实可靠。当上刘家的上门女婿以后，因多才多艺，勤劳朴实又善于治家，刘家很快便成为方圆几十里内最富裕的人家。谢东霖乐善好施，又为人和善，当地的人们都尊称他为谢员外。

真定人大都信佛，刘家也是信佛的人家。谢东霖入赘以后，也深受佛教文化的影响。不幸的是，谢东霖与刘氏成婚以后，虽接连生下几个孩子，却都不幸夭折。

上代人本就无后，难道下代人还要无后吗？延续香火的事情成了一家人心头最大的阴影。

这年农历二月十九日，天气回暖，阳气初升，又值观世音菩萨的生日。在老人的嘱托下，谢东霖夫妇准备了厚礼，双双整装进城，准备去龙兴寺大悲阁，去拜一拜大慈大悲千手千眼观世音菩萨。

观世音菩萨慈悲为怀，救苦救难，在当地有着很多救苦救难的传说。尤其是观音送子，更是灵验。来到菩萨像前，谢东霖夫妇上香磕头，虔诚地许下了生儿育女的心愿。

巧合的是，就在第二年即建隆四年（963）的二月十九日，又逢观音菩萨生日这天，刘氏果然生下了一个女儿。

一家人千恩万谢，隆重地到龙兴寺还愿。为了感谢菩萨的大恩大德，谢东霖夫妇给爱女取名为"观音"。取此名字，一是感谢菩萨的慈悲，二是纪念菩萨的灵验，更是希望以此保佑女儿能够平安长大。

按照当地的民俗传说，观音菩萨共有三个生日。这三个生日分别是农历二月十九日、农历六月十九日和九月十九日。二月十九日是她为人的生日，六月十九日是她跳火坑的日子，而九月十九日则是她成佛的日子。

也许正是因为有了菩萨的保佑，谢观音自幼聪明伶俐，娴静端淑，一直被父母视为掌上明珠。因家中别无子女，她一直被父母当作男孩培养。

既然已经不能生养，谢东霖夫妇的本意是日后让这个女儿来继承家业。

也是因此，谢东霖从小便亲自教习女儿识字算数，同时也传授她一些地方文化和民俗世理。不管什么知识，聪慧的谢观音都一学就会。因此，她不但识文断字，同时也学会了一些常山蛇阵、常山战鼓之类的知识。

真定古称常山，历史上曾与北京、保定并称"北方三雄镇"，为百岁帝王赵佗、常胜将军赵云的故里。其地政治、经济、文化、教育、军事皆很发达，不但民风淳朴，民众的文化底蕴也相对较高。

常山蛇阵，可见于《孙子》之《九地》篇："故善用兵者，譬如率然。率然者，常山之蛇也。击其首则尾至，击其尾则首至，击其中则首尾俱至。敢问兵可使如率然乎？曰可。"而常山战鼓，则是由鼓、大钹、中钹、小钹、小锣等打击乐器组合而成，主要用于战场和集会性表演的一种民间锣鼓。

宋太平兴国二年（977），谢东霖因病去世，享年64岁。此时，他唯一的爱女谢观音年仅15岁。孤女寡母，年少的谢观音便主动扛起了生活的重担。

又是几年过去了。

女大当嫁，日子总这么下去也不是办法，家中无论如何也得有个男人。对于女儿的亲事，母女二人都很谨慎。这些年来，两代无子的阴影始终笼罩着这个不幸的家庭。就在此时，谢观音显露出了性格强韧的一面。为了传承家族的香火，同时也是为了能继承父亲留下的家业，她断然决定，走母亲的老路招婿入赘。

谢观音人才出众，又知书达理，方圆百里之内难以有人匹配。母亲刘氏挑来选去，竟没选上一个中意的人。见是如此，母女二人只好暂时将婚事搁置下来。就这样拖来拖去，一拖就拖到了谢观音26岁。

眼见女儿越来越大，却仍无合适的女婿可选，急坏了母亲刘氏。

真定佛缘

谢家一向有闭门早睡的传统。

这天掌灯时分，母女二人刚刚吃过晚饭，突然听到一阵紧急的拍门声。刘老夫人开门一看，原来是在城里开店的高掌柜。高掌柜本是刘老夫人娘家的表兄，他这么大老远地从城里过来，一定是有什么急事。

只见高掌柜一边兴冲冲地走进院内，一边告诉刘老夫人说："喜事，喜事，真是大喜事来了！"

刘老夫人不明所以，将表兄请进屋内，女儿谢观音奉上茶水，高掌柜这才慢慢将事情一一道来。原来，城里的成德军中有位名叫范墉的官员，前两天突然死了妻子。

话到此处，刘老夫人当然已经知道表兄的来意。她有些迟疑地望了望女儿，不想一听是这个话题，女儿谢观音早已躲到别的房间去了。

毫不掩饰地说，刘老夫人对表兄的想法有些不满意。女儿好歹是一个黄花闺女，而且对男方的最低要求是上门入赘。如今，表兄竟将一个丧妻的人介绍过来，女儿嫁过去就是填房，对方不但有孩子，还是个南方人，最重要的是人家还是官家的人……仔细想想，她感觉哪方面都不合适。

高掌柜看出了刘夫人的顾虑，说："大妹子，人家可是朝廷官员，不挑咱的身份！范官人人不错，我一向与他相熟。如果这事由我出面，他一定不会有意见。你不想想，咱闺女也都这个年龄了……"

毕竟是做人家的填房，高掌柜说话的时候多少有些底气不足，但可以明显地看出他对这门亲事有着足够的信心。

"人家是官家的人，能看上咱一个平头百姓？"刘夫人有些将信将疑，她不相信官家的人肯娶一名农家女子。

"这你包在我身上就行了！"高掌柜胸有成竹地说，"范官家平日也常到我这里来，人很老实，也很可靠。虽是个南方人，不过这也正好没什么顾忌。只是我还不太清楚他家世的情况。如果不是自己人我可不敢管这事儿。老妹妹你好好想想，他现在是这个情况，我一想就替他难过。如果他肯上门入赘，岂不是件两全其美的事？"

"别的倒是小事，想想咱闺女我就发愁。人家官家的人，只怕入赘是不会答应。"刘老夫人一脸难色地说着。其实，她是想以这个理由拒绝表兄。

谢观音突然从里屋出来："娘，如果他肯答应，我就答应。"

说着，一扭身又回里屋去了。

"你看，你看，老妹妹，我就说吧，咱孩子也没什么意见！范官家那头儿我去说说，说不定这就是一桩菩萨送给咱的好缘分呢！"见谢观音并不反对，高掌柜忙不迭地劝道。

高掌柜走后，刘老夫人呆呆地想了半天。如果这桩婚事能成，只是可惜了自己如花似玉的女儿，一过门就给两个孩子当娘。她转念一想，对方毕竟是官家的身份，如今肯倒插门的人越来越少，他肯改名换姓入赘吗？再说，女儿年龄越来越大，到底什么时候才能找到一个合适的夫婿？她不知道女儿方才说那话是赌气还是真的愿意。女儿从小就心比天高，她真的肯嫁给一个南方人做填房？

她想得越多，越是不知如何是好。

后来发生的一切证明，刘老夫人所有的担心都是多余的。

也许是菩萨保佑，也许是上天注定的缘分，没过两天，高掌柜从城里捎回话来，说范官人已经答应入赘了。听到这话，刘老夫人不知该喜还是该愁。

世界上很多事情，缘分不到任凭怎么努力都是白废。一旦缘分到了，一切皆水到渠成，无须多虑。就在刘老夫人左右摇摆、既担心女儿嫁不出去又担心女儿嫁出去受委屈的时候，高掌柜在第一时间将范官人带到了高平村。

范墉，字佛克，又字德防，河内人（今河南沁阳），生于苏州吴县，原仕于吴越王钱俶。钱俶降宋后，历任武信军和成德军节度掌书记，现正在成德军中任职。

范家出身名门，据说是唐代名相范履冰的后裔。

早先，范墉曾娶妻陈氏，并生有二子。就在不久前，生第二子时陈氏夫人不幸去世。一个大老爷们儿拉扯两个孩子，既当爹又当娘，一时之间被压得喘不过气来，现急需续娶继妻，否则生活难以为继。

虽然两家身份不同，文化差异也很大，但上天注定的缘分挡也挡不住。有了高掌柜的穿针引线，宋端拱元年（988）五月初五端午节这天，谢观音和范墉正式见面，并定下了亲事。范墉看到谢观音不但才貌双全、贤惠成熟且通情达理，而且家境富有，于是放下了七品官的身份，答应可以带着孩子到谢家入赘为婿。

二人很快成亲。成亲以后，谢夫人在家照料两个年幼的孩子，范墉则每天骑快马往返于成德军与高平村之间，如此生活倒也安定。

但是，很快他们就面临着一个十分必要同时又让双方非常尴尬的话题：改姓。既然是入赘，范墉要不要改姓绝对是一个关键问题。这件事不但关键，而且敏感。

关于范墉入赘后改名换姓到底是怎么商量的，相关史料并无记载，因此也难以落实。但结果却只有一个，范墉没有改姓。不但范墉没有改姓，连谢观音后来为范墉生下的儿子也没有改姓，这是后话。

相信当年夫妻二人考虑了很多同时也商量了很多。按照当时的风俗，改名换姓必须得到本家父母和族长的同意。当时范墉有没有征求苏州族人的同意已无据可考，如果曾经征求过他们的意见，苏州范氏有没有同意他改姓也已经无据可查，此事为后来发生的一系列公案埋下了祸根。

两年以后，范墉突然去世，当谢观音带着刚出生一百多天的儿子范仲淹和前夫的儿子范仲温回姑苏州范家投靠，范氏只是承认了范仲温的身份，却根本就不承认她这位妻子，同时也不承认她与范墉生下的儿子。孤苦无依的谢观音带儿子范仲淹回老家认亲被族人无情地拒绝，这也是后话暂且不提。

但范墉当初没有改姓是不争的事实。想想当年，也许是谢观音了解到了范墉的为人，同时又得知了他显赫的家世，像这样的人改姓必须经过皇帝的亲自批准，又加上父亲谢东霖入赘后也一直没有改姓，因此谢观音没有坚持让丈夫改姓。

相信关于丈夫和儿子姓氏的问题一直是谢观音心头的一块石头。范墉死后，谢观音母子被范家无情地抛弃，在走投无路之际改嫁长山人朱文翰。改嫁之后，谢观音在第一时间决绝地为儿子改名为朱说，这多少让人感觉有些意想不到。而更让人意想不到的是，当儿子金榜题名高中进士以后，为了儿子和家族的尊严，谢观音又积极支持儿子恢复本姓，这也是身为一个女人，谢观音对名分和礼教的忠信，以及她不计前嫌以德报怨伟大人格的闪现。

很多时候，人活的就是一口气。

婚后不久，谢观音发现自己已身怀有孕。她第一时间把这一消息惊喜地告诉了丈夫，刘老夫人自然也是喜逐颜开。按照当地的风俗，夫妻二人准备了许多供品赶赴真定城，双双拜倒在龙兴寺大慈大悲千手千眼观世音菩萨脚下。

得知范官人携妻子前来礼佛，龙兴寺住持自然不敢怠慢。他不但全程陪同，还对这个没出生的孩子作了一番颇有禅机的预言。

范墉问："我夫人腹中孩儿是男是女？"

住持道："奇儿一位，做高官。"

范墉问："高官？能做到宰相吗？"

住持答："不能。"

范墉想了想，说："既然不能做宰相以安邦治国，那么就求菩萨赐儿以医术，让他做个良医为民疗疾吧。"

住持说："还是让他当官保朝吧！"

说着，住持揖手向菩萨深施一礼："佛祖赐相保朝。"

这一故事便是范仲淹"不为良相，则为良医"的由来。

据说，夫妻二人当日还于菩萨像前许愿，愿菩萨保佑小儿健康成长，他们一定为菩萨重塑金身，并重修大悲阁。

许愿以后，范墉立即履行诺言，在征求长官同意后，由成德军上奏朝廷，请求抽调三千兵丁，以修缮隆兴寺观音大悲阁。

朝廷很快就批准了成德军这一请求。

范墉重修大悲阁还有一段公案。因范墉的诚意，为了感谢他的功德，龙兴寺住持专门为他还没出生的儿子送上了一段偈言。偈言的内容为：

修观音阁，观音菩萨送子，生在娘生之处；

建摩尼殿，释迦牟尼收儿，死在爹死之所。

多年以后，大师竟真的一语成谶。范仲淹的人生归宿不但果如龙兴寺方丈所言，而且分毫不差。他的出生地为母亲谢观音出生的高平村，而他的去世之地，同样也是父亲的去世之地徐州。

更为巧合的是，范仲淹的外祖父谢东霖去世时64岁，母亲谢观音去世时64岁，范仲淹自己去世时也是64岁。母亲谢观音26岁生下范仲淹，范仲淹则于母亲去世26年后去世。

范仲淹一生无数次与佛家邂逅交集，却一直不曾以佛门弟子自居，不知道他们这一家族是否真与佛门有着解不开的神秘渊源？

亡国之人

北宋端拱二年，即公元989年，大宋河北西路，真定府。

两年前的太宗雍熙四年（987），朝廷将河北路分为东西两路，河北东路仍治于原河北路治所大名府，真定府则升格成为河北西路的首府。

路是直属于中央并高于府、州、军、监的一级监察区。同时按照防务要求，在军事重镇或要冲还安排了设军。真定府近辽，故设成德军以御边防。

成德军驻地真定府，即今天的河北正定县城。

隋文帝开皇六年（586），真定城内修建寺院一座，时称龙藏寺。至唐代，其改名为龙兴寺。安史之乱肇始，国运凋敝，战事频仍。后历经五代十国的战乱，赵匡胤于陈桥驿黄袍加身平定天下，定国号为宋，史称北宋。

在这几百年的时间里，龙兴寺在一些信众和有识之士的保护下，虽未遭大规模破坏，但也年久失修，破败不堪。尤其是后汉契丹犯界，及后周世宗柴荣毁佛铸钱，两次大劫难让龙藏寺元气大伤。

宋开宝二年（969），当时天下还未完全平定。太祖征河东意图北汉，围城数月却无功而返。班师回京时曾驻跸于镇州（今正定）。武人出身的太祖皇帝自起家前就一向对宗教方向的事情比较热衷，因此也受益不少。听说附近有一座寺庙很是灵验，太祖皇帝决定去参观一下。

那一年，太祖皇帝前去礼佛的寺庙并非城内的龙藏寺，而是位于镇州城西的大悲寺。

真定大悲寺是一座由唐代高僧自觉禅师创建的寺庙，当时在方圆百里之内也很有名气。始祖皇帝慕名到这里一看，连年的战争让这里早已满目疮痍。太祖皇帝有些失望，他发现寺内原供的四丈九尺高的铜铸大悲菩萨已经破败不堪，便问起了庙里的和尚："这菩萨是铜的还是泥的？"

当时，主持大悲寺的和尚名叫可俦，他叹了口气向太祖皇帝诉说道："菩萨本来是纯铜所铸，可如今却为泥塑。"

太祖追问其因，可俦开始给太祖皇帝讲故事。他先后述说了铜菩萨两次的不幸遭遇，同时还编造了一个更为神奇的故事。可俦和尚一脸严肃地告诉太祖皇帝说：当年毁佛时，在佛像下面的莲花座内发现有一个八字偈语，这八个字为："遇显即毁，遇宋即兴。"

"显"即显德，是后周的开国年号，赵匡胤窃取了北周的天下，谁心里有什么梗谁自己知道，可俦和尚胡编乱造的这句谶语正戳中了赵匡胤的心事。赵匡胤一听高兴万分，当即下旨于城内龙兴寺重铸铜佛，同时建大悲阁一座。

其实，在龙兴寺新建大佛应该是赵匡胤觉察到佛教在北方民众中的影响，借此以收买人心。也是这段公案，方得以给后人留下大佛寺千手观音这尊佛教至宝。

龙兴寺千手观音的重铸工程自宋开宝四年（971）开始，至开宝八年（975）落成。该千手观音像高十九余米，举高二十二米，是中国保存最好同时也是最高的铜铸观音菩萨像。铜像共有四十二臂，分别执日、月、星、辰、裳带、香花、宝剑、宝镜、银拂尘、金钢杵等法器。一座如此高大的铜造佛像，却比例适度，线条流畅。大铜佛面部细致入微，表情端庄恬静，神态温悯而慈祥。

在铸造铜像的同时，高大巍峨的大悲阁也落地建成。新建成的大悲阁是隆兴寺的主体建筑，坐落于寺庙中轴线后部。阁高三十三米，面阔七间，进深五间，为五重檐三层楼阁。

如今，离太祖皇帝新建大悲阁和千手观音像又是十几年过去了。经历了十几年的风雨，大悲菩萨的金身再次遭到损坏。

这年春天，时任成德军节度掌书记的范墉接到朝廷敕令，由他主持大慈大悲千手观音铜像和大悲阁的修缮工作。

该工程是从这年春季开始的，几个月过去了，如今已是深秋，眼见工程完工在即，范墉终于长长地出了一口气。

对于这项工作，范墉自始至终都十分用心。虽然修缮大佛是自己的提议，但圣令一下便成了自己的任务。上方交给他的任务，自然是不敢怠慢。范墉如此用心还有另一个原因，那就是大悲阁的观世音菩萨是他一家人的保护神，他要用一丝不苟的工作来报答菩萨对他一家的恩情。

望着整修一新的观音像和粉刷修葺的大悲阁，范墉满意地点点头。来到天井，他抬手叫过一个石匠模样的人，低声问着什么。

范墉本是吴越苏州人，自随吴越忠懿王钱俶归宋以后，虽也被任命了官职，但一直处于边缘化的位置。当初被安排到真定府这一极寒的北地，他的内心多少是有些低落的。毕竟是归降之人，不受重用在情理之中。如今儿子出生在即，他只有一个心愿：踏踏实实地做好本职工作，以求一个安稳前程。

作为一名低层小吏，范墉的人生要求并不高。一个亡国之人，岂敢对生活有太多的奢望？

人生虽不得意，但他对自己的个人生活倒挺满足。军中掌书记即长官的机要秘书，在这一职位上，他的工作做得不算好也不算差。军中的文字工作，他能应付得来。只是近两年生活的寒酸和窘迫多少打击得他有些筋疲力尽。本来孱弱的身体就不太适应北方的生活，挣得又少，特别是在去年，原配夫人的突然去世，更是让他感到手足无措。

妻丧子幼，嗷嗷待哺，一时将他的生活搞得手忙脚乱。丧妻不久，经好心人介绍，一筹莫展的他于半年前入赘到了当地一户谢姓的人家。谢家是当地富户，入赘以后生活方面倒是不成问题。虽仲温仲镃二子年幼，但谢氏知书达理，对孩子们照顾得还不错，这多少让范墉省下心来。谢氏很快怀孕，如今离生产也为期不远。

修缮竣工在即，谢氏又要临产，辛辛苦苦忙了大半年，他计划将这项工作完成之后，就向长官告假，以好好照料一下临产的妻子。

叫过石匠，范墉认真询问着勒石刻碑的详细进程。

为了修缮大悲阁和千手观音铜像，太祖皇帝亲自敕令，为了纪念这件事他又亲自下旨，命兵部尚书田锡撰写了碑文，还钦命翰林待诏、大书法家吴郧书丹，可见朝廷对此事的重视。

刻碑的石匠有些拘谨地告诉他，七天之后碑刻即可完成。

范墉掐手算了算日子，还好。不出意外，在入冬以前所有工程都可完成。

一阵秋风吹来，范墉不经意间打了个哆嗦，他咳嗽了两下，背起双手准备再去阁内看看。七丈三尺高的千手观音修葺一新，虽然不是件容易的事，但中间如果出了什么差错，他可承担不起。

事无巨细的工程总负责人范墉，小心翼翼地进行着自己的工作，聚精会神地仔细察看着千手观音粉刷的每一个细节，就在这时，突然有人急匆匆地跑了过来。

远远地看到范墉，来人一把拉过他的胳膊，低声在他耳边说着什么。

只见范墉突然脸色大变。

他愕然地愣在当场。

原来，来人告诉他说他的小儿子死了。这个名叫仲镃的小儿子刚出生，他的母亲就死了，如今还不满一周岁。因为没有母乳的喂养，他从一出生起就身体不好，三天两头地闹病。再娶之后一直由继室谢氏照料，却总也不见起色。没想到今日……

范墉感到一阵阵的心疼。

亡国之人，丧妻失子，为什么一个人的命运会遇到如此连续的不幸？本来就是寄人篱下漂若浮萍，如今小儿子的死又让他脆弱的内心雪上加霜。自己一个微末小吏，虽未改姓却也是入赘为婿，多亏谢家富足，谢氏又知书达理，否则自己真不知道该如何生存下去。不想日子刚刚好过了一点，小儿子竟然死了。

命运啊，你不要对一个人太不公平。

闻听小儿子的死讯，孤苦伶仃的范墉一句话也说不出来，两行热泪顺着他的脸颊无声地滑下，滴落在大悲阁青石砌就的地面上。

他呆呆地在原地愣了半天，方才回过神来。浑身哆嗦着，转身疾步向阁外走去。刚冲出山门，想了想却又定下神来。他擦擦发红的眼圈，神色自若地叫过几个头目模样的人，又反复嘱咐了一番，才跨上马背向高平村飞奔而去。

还愿修佛

已经人到中年的范墉虽然过得落魄，但范家祖上也曾显赫一时。

范履冰（637—690），字始凝，河内顺阳（今河南淅川）人，唐贞观十一年（637）生于怀州（今河南武陟）。唐显庆元年（656）中丙辰科进士，于垂拱二年（686）任鸾台（门下）侍郎、天官（吏部）侍郎，升任春官（礼部）尚书，同凤阁（中书）鸾台平章事，兼修国史。在唐代，同凤阁鸾台平章事即宰相。

永昌元年（689）十月，范履冰被一代酷吏、大名鼎鼎的《罗织经》的作者来俊臣逮捕下狱。天授元年（690），另一酷吏周兴诬告范履冰，说其所举荐的官员对武则天犯有忤逆之罪。武则天亲自下令将范履冰处死，其尸首埋于长安灞桥万人坑墓。

可怜一代名相终年只有54岁。

三十年后，经宰相姚崇、狄仁杰努力奔走，在太极元年（721）由唐睿宗李旦下诏给予范履冰平反，并对其后代进行抚恤。

在唐代，范履冰不但是一名出色的政治家，同时还是一名出色的文学家，其有作品《列女传》《臣轨》《百僚新诫》《乐书》等传世。

虽范履冰蒙冤而死，但其家风不改，后氏子孙多以耕读为生，自唐代以来，在仕为官者多不可数。

传至范赞时一代，范家仍为耕读世家。

范赞时，原名范赞谟，字汝节，生于江苏吴县，9岁举神童，授秘书监正字，历官朝散大夫、检校少府少监、上柱国、赐紫金鱼袋，终秘书监，后以孙范仲淹贵拜枢密副使，赠太子少傅、太子太傅、太师、曹国公、累赠太师，追封唐国公。

范墉即为范赞时第三子。

范墉奉命修缮龙兴寺这一年是太宗端拱二年，即公元989年。这年正月，朝廷以涪州观察使柴禹锡为澶州兵马部署，诏议北伐辽国。二月，诏令河北东、西二路招置营田。由此可见，当时宋辽关系紧张，小规模边境纠纷不断，河北东西两路的防务处于时刻备战的状态。因此，驻防真定府的成德军自上而下，都在时刻警惕而不敢放松。

成德军节度掌书记范墉当时的生活状态就一个字：穷。入赘和亡国双重身份注定他是一个不得志的人，好在岳母和妻子谢观音对他不错，又加上儿子将要降生，这一消息多多少少给他愁苦的内心一丝慰藉。

好不容易有了一丝温暖，谁料乐未至而悲先来，丧子之痛让范墉内心痛苦得无以复加。在这个世界上，没有人们受不了的苦难，只有他们享受不了的荣华。作为家庭的主心骨，按照当地的风俗，范墉草草埋掉了还未满一周岁的儿子，打起精神回到军中，继续兢兢业业地做着属于他的本职工作。

没过几天，雄伟壮观的大悲阁和千手千眼大悲菩萨铜像整修一新，接下来，范墉带领一众官兵又将整个龙兴寺里里外外都整修了一遍。

新修好的大悲阁，高大整齐，庄严肃穆，在蓝天白云的掩映下，更显出几分神圣和平静。天越来越冷了，作为一个南方人，范墉实在受不了北方寒冷的气候。与凛冽的寒风相比，更让他忍受不了的是北方干燥的天气。每天，他自顾一个人默默地低头往返于军署、龙藏寺和家中，三点一线，尽职尽责。

再痛苦的事情也都会过去，丧子之痛很快就平复了。随着妻子的产期越来越近，内心的喜悦慢慢替代了原有的痛苦。有了菩萨的保佑，他相信自己这个还没出生的儿子以后一定会是人中龙凤，每当想到这里，他内心便开始释怀。这种释怀，远不同于其他任何事情给自己带来的欢欣。那些日子，他常常一个人静静地坐在龙兴寺隋代那时立下的那座石碑前，一个人沉思默想。石碑是建立这座寺庙的见证，小心地触摸着几百年前斑驳的文字，感受着时间和岁月的力量，范墉仰望长空，遥向江南。虽已是故国难再，但生活似乎还有奔头。

他从来没有像今天这样，如此憧憬美好的生活早一天到来。

和谢氏结婚以后，他进一步了解到了妻子的家世，他可怜妻子一家无后的命运，同时也越来越爱惜这个来之不易的家庭。妻子当初没有强迫他改名换姓，对此他感激万分。高平村的父老对他这位"官老爷"也都很友好，虽然在此生活时间不长，但他感受到了北方人独有的淳厚和宽容。如今他和他们已经相处很熟了，他亲切地管他们叫着"大伯""二叔"这类称呼，而他们只是尊敬地称他为"范官家"。他知道，这些人不是排斥他南方人或者官员的身份，之所以这么称呼只是出于对他的基本尊重。高平村的人都是拿他当一门亲戚来看的。也是因此，每当想起自己的故国，再想想归宋以后的这段岁月，虽前途艰难，但以后的日子会越来越好。

高平刘家无后，从最原始的刘氏，到谢氏，再到如今的自己，命运在以一种多么不可思议的方式在延续着这个家族的香火。虽不信佛，但范墉听说妻子家族的往事以后，还是尊重了妻子和岳母的习惯。家中逢初一十五必会上香，也必会到龙兴寺前来礼佛。想一想，自己如此执着地为大悲菩萨重塑金身，究其根本原因，不也是为了内心一个强烈的执念吗？

范墉把自己所有的希望都放在了这个还未出生的孩子身上。

转眼就到了大修工程完工之日，这一天，验收和祭拜同时进行。朝廷派来验收的人先是肯定了范墉的工作，嘉赏结束以后，在僧众和朝廷特使的带领下，成德军高层人物开展了一番隆重的祭拜活动。

说来也怪，天气本来是晴空万里，就在祭拜刚刚完成，突然之间风起云涌，大雨如注。北方的九月这样的天气是极其罕见的。人们纷纷跑去避雨，而范墉，只是一个人默默静立在大悲阁外面，任凭大雨冲刷着他的身体和心灵。

黄昏时分，雨终于停了。大悲阁飞檐后面竟突然出现了一道彩虹。这奇异的景象让范墉突然之间激动得不知如何是好。他赶忙向着大悲阁哆哆嗦嗦地跪下身去，叩头不止。

他相信，彩虹的出现是菩萨在显灵，他仿佛看见了观世音菩萨就在云端悲悯地注视着他。

彩虹很快就消失了，天也慢慢地黑了下来。

范墉不愿意离开这里，他憧憬在方才美好的回忆里，一个人静静地倚靠在隋代那座石碑前。他没有想到，岁月的沧桑和内心的压抑竟会随着这项工作的结束，让他在同一天释怀。

隋碑后面，是他为此次修缮活动竖立的石碑。跟隋碑相比，两座石碑一前一后，一新一旧。

突然一阵急匆匆的脚步声传来。

"范官家，范官家……"来人一面急匆匆地走，一面大声四下喊着。

范墉心中一惊，莫不是又发生了什么事情？

仲淹出生

好在这次带来的不是什么坏消息，范墉心中一块石头方才落地。

原来，来人告诉他说是妻子谢观音要生了。这些年，谨小慎微的范墉被各类突如其来的坏消息快打击崩溃了。虽然不是什么坏消息，范墉不免还是担心。他一面急切地询问着来人关于妻子的情况，一面出门上马，向高平村疾驰而去。

回到家里，见刘老夫人和接生婆早已准备好了热水，一只小火炉烧得正旺。躺在炕上的妻子满头大汗，咬着牙尽量不让自己发出声音。范墉又是关心，又是担心。一年多前，前妻陈氏因产而死的阴影还笼罩在他的心头。

见帮不上什么忙，范墉默默地从屋里出来，冲着大悲阁的方向默默念着什么。刘老夫人每隔一会儿就会到佛龛前磕上几个头，一遍遍念诵"救苦救难观世音菩萨保佑"。刚刚5岁的仲温似乎还不知家里发生了什么，只是在厅堂里跑来跑去。

别人都在忙，时间静得似乎有些可怕。

掌灯时分还是不见动静。范墉默默地去灶间煮饭，他拉过仲温，告诉他要安静。饭做好了，可谁也没有心情吃饭。范墉见帮不上什么忙，又忙哄仲温睡觉。

没见过这么难生的孩子，一家人熬到半夜，还是不见生下来。仲温也早已睡去，接生婆似乎也等得不耐烦了。谢氏躺在床上，只是咬着牙，任凭豆大的汗珠滚落。

"没见过这么难生的孩子！这孩子一定是个有福的人，当大官的命！"接生婆说，"贵人不肯轻生，如果不是福气大，早就生下来了呢！"

范墉无心听接生婆的话语，只是担心妻子别出什么危险。在一家人紧张的期盼中，直到凌晨丑时，随着一声清脆的啼哭，这个日后将震烁大宋王朝史册的孩子才来到人间。

关于范仲淹的出生，和其他一些大人物不同的是，相关史料中没有什么详细的记载，同时也没有什么异象出现，也许这与他当时的出身有关。

过程虽然艰难，但母子平安。

心里的一块石头终于落地，范墉忙不迭地跑前跑后。他既是兴奋，又是忙碌，以至于手忙脚乱地都没顾上跟刚刚生产的妻子说话。

宋端拱二年（989）八月二十九日丑时，范仲淹降生。就在他出生的当晚，不知是因为过分高兴还是过度劳累，谢氏的母亲刘氏老夫人，在外孙出世的同一天竟突然去世了。

一喜必伴一悲，这一奇怪的规律多年以来一直如影随形地伴在这家人身上。因为一生吃斋信佛，刘老夫人去得很平静。范墉夫妇强忍着大喜大悲的复杂情感，隆重地为刘老夫人处理了后事。

因一向仰慕隋代大儒王通的为人，范墉取王通的字"仲淹"给自己这个刚出生的孩子命名。王通，字仲淹，隋初大儒，世称文中子，即传统启蒙教材《三字经》中"五子者，有荀、扬，文中子，及老、庄"中的"文中子"。由此可见，从一出生起，范墉就对自己这个儿子寄予厚望。

　　这年九月二十八日，天已立冬，再过几天就是小雪了。范仲淹满月，范墉和妻子高兴地带着儿子来到成德军府邸，他们在这里为范仲淹举办了满月庆典。

　　成德军自上而下，无不替这个老实厚道的掌书记感到高兴。

　　虽然军中刀寒剑霜，甲帐内却热火朝天、炉火正红。看着大家欢宴喜庆的场面，此情此景，范墉感慨万千，不管怎么说，经历了这些年的风风雨雨，自己终于算在这个地方扎下根了。

　　然而好景不长。就在这年的十二月八日，范墉突然接到枢密院的调令，将他由成德军节度掌书记调任为武宁军节度掌书记。

　　宋代官场有两大特点：一是以文抑武，二是干部交流频繁，尤其是军中职务，更是经常不定期地相互交流。

　　接到调令以后，范墉不知是喜是忧。他一脸愁苦地回到家里，向妻子谢观音诉说了这一消息。

　　调令一下，势在必行。好在谢夫人开明，她决定舍弃在真定的一切，带孩子随夫从军。就这样，在这年的腊月，夫妻二人果断地变卖了真定的所有家产，全家人一起准备去武宁军上任。

　　唐贞元四年（788）于徐州设节度使，贞元十六年（800）废。永贞元年（805）再建，并赐名为武宁军。武宁军领徐、泗、濠三州，后又增领宿州。宋统一天下后，也于徐州设武宁军节度使。

　　临行之前，夫妻二人心里都感觉不是滋味儿。他们都知道，此行一去，今生也许再也不会回来了。谢氏专程去父母坟前进行了拜祭。她在父母坟前待了很久，自这以后，每年逢父母忌日，虽远隔千里，谢夫人都会冲着真定的方向焚纸怀念。

　　临行前，他们还专程到龙兴寺进行了告别。在大悲阁观音像前，二人双双跪倒，各自默默许愿并祈祷一家人平安。离开龙兴寺的时候，范墉特意到自己主持竖立的那块石碑前看了看。命运是如此的舛错且不可思议。当初来到这里的时候，他一身愁苦，心灰意懒，前途无望。如今刚刚习惯这个地方却又要走了。这座石碑是他曾经来过这里的见证。

　　如今一千多年过去了，这座宋代的石碑还静静地矗立在隆兴寺内，默默地见证着自北宋初年以来上千年的风风雨雨。

　　从成德军到武宁军，一路穿州过府，需要先从真定府到大名府，过黄河后到达开封府，然后由开封府一路东南，经南京（今商丘）才能到达武宁军驻地徐州。

　　虽然对文人一向比较宽松，但北宋朝廷对军人的要求非常严格，接到调令必须马上离任。很快，范墉夫妇带着年幼的范仲温、刚出生一百天的范仲淹，踏上了前往徐州的上任之路。

时令已是隆冬。天寒地冻，一家人却要冒着凛冽的寒风赶路。一路上风餐露宿，车马劳顿，范墉本来就虚弱的身体有些不堪忍受。又加上前段时间在龙兴寺淋的那场雨，范墉的风寒一直没有痊愈。他只好咬着牙一路坚持。他不但需要一同赶路，还要照顾妻子和两个年幼的儿子。终于，他孱弱的身体经受不起这不堪疲惫的折磨，范墉得了肺病。

用了大概半个月的时间，范墉一行才好不容易到达徐州。将家人在驿馆安置妥当以后，范墉在第一时间赴武宁军报到。不想，前任掌书记还没有离任，他只好和妻子们暂时住在驿站。

他们到达徐州这天是腊月二十三日，第二天便是小年。按照当地的风俗，十二月二十四日为交年节。所谓交年节，即旧年和新年在这一天交接。民间皆焚钱纸，诵道佛经咒，以送故迎新。虽已背井离乡，当天，范墉和妻子也进行了一个小小的庆祝。看着丈夫孱弱的身体，谢氏遥望北方，在徐州的灯火下流下两行长泪。

自他们离开真定府以后，高平村谢氏已无后人。也是因此，千年以后的今天，河北正定高平村已经再也没有谢姓的人家。

少年多难

新年马上就要到了，因是背井离乡，四周全是陌生的环境，再加上范墉的病情越来越重，这年春节他们一家人并不怎么开心。新年物品虽也简单地准备了一些，但从范墉到谢氏却都一点也提不起过年的兴趣。谢氏到街上给仲温裁了一身新衣服，便急匆匆地回驿馆给丈夫熬药。范墉病得已经不能起床，他只盼着自己的病快点好起来，以备年后上任。

咳嗽不止，这两天徐州又开始下雨，范墉的病突然重了起来。他开始发烧，身体虚弱得连咳嗽的力气都没有了。谢氏一连为他换了好几个大夫，不想他的身体非但不见起色，反而是越来越重了。

新年到了。

大街上张灯结彩，一到晚上更是热闹，团团焰火照亮了徐州的天空。百姓们都在欢庆大宋的太平盛世。而驿馆孤寒，范墉一家人却孤苦地守在武宁军的驿馆里，感受着离家千里之外的无助。

公元990年的春节，是他们全家人唯一一次能够团圆的新年。虽然寄居在驿馆里，四周也没有什么喜气，但全家人能够在一起已经足够难得。此时的谢氏和她的儿子们还不知道，这已经是他们全家人能够团圆在一起的唯一机会。

转过年来，朝廷诏令改元。新年号为淳化，因此公元990年在史上称淳化元年。淳化元年（990）正月初七，范墉的病情突然恶化，这个可怜的人竟然连上任都没能上任，便病逝在徐州的驿馆之中。

晴天霹雳。

谢氏人生中第一次感到如此的绝望和无助。本来就是初来乍到，一家人都还没安置好。范家在徐州举目无亲，她甚至还没来得及熟悉周围的一切，丈夫就扔下他们走了。一个女人带着两个少不更事的孩子，又身在他乡，谢氏此时的绝望非是一般人能够感同身受。好在她是一个见过世面的女人，好在早年间父亲曾教给她许多做人做事的道理，更好在她有着一颗看似柔弱、实则无比强大的内心，她咬咬牙，强忍悲痛，艰难地处理着自己需要处理的事情。

好在武宁军在第一时间派人到驿馆进行了吊唁和慰问。在驿馆人员的帮助下，谢氏草草安排了范墉的后事。入殓以后，下葬问题再次进入日程。按照风俗，丈夫的尸骨一定要埋回老家的祖坟。她知道，丈夫的老家在苏州，徐州离苏州远隔千里，对一个带着两个孩子的女人来说，又谈何容易？

除了丈夫的下葬问题，望着一双年幼的儿子，谢氏再度悲愁交加。接下来的生活怎么过？一家人将何去何从？

谢氏第一次感到叫天天不应、叫地地不灵的无助。

丈夫的突然离去让她所有一切都戛然而止。

回真定吗？不但路途遥远，家中的房产在来徐州之前已经卖掉，那里已经没有他们的容身之地，显然回真定不太现实，再说，回真定又能如何呢？

留在徐州？丈夫至死都没完成上任和交接，武宁军肯定是不会收留他们的，那怎么办呢？下一步到底该怎么办？

思来想去，谢氏决定，不管下一步怎么样，先带着孩子扶丈夫的灵柩去苏州下葬再说。

好不容易办理完范墉的抚恤手续，心思周到的谢氏又向武宁军长官提出了一个请求。谢氏求武宁军节度使派人去真定府，帮他们将丈夫前妻陈氏的灵柩运往苏州。

一个还没上任的秘书，竟摊了上这样的事儿，对长官来说管与不管都在情理之中。见谢氏罹难之际却能如此深明大义，武宁军节度使答应了谢氏的请求。

于是，淳化元年（990）正月十六，处理完与武宁军有关的所有事务，谢氏带着两个儿子，扶丈夫的灵柩前往苏州。

　　苏、徐二州相距千里，虽然婆家一个人都不认识，但想起这是丈夫的老家，嫁鸡随鸡，嫁狗随狗，当下只有这一条路可走。不管怎么说，族人们一定会收留自己和孩子。想到这里，谢氏毅然决然地踏上了前往苏州的行程。

　　谁没有想到，当他们跋山涉水历尽千辛万苦到达苏州后，却被范氏的族人浇了一头冷水。

　　事情太过突然，一行陌生人的到来让苏州范家和陈家均感到十分惊愕和意外。

　　一个陌生的妇人，带着两个孩子上门认亲，还带着一副棺材，换作是谁想必也不好接受。这些年，自范墉北上以后，他与老家已经多年不通音信。关于他的情况，老家的人均一无所知。因为一无所知，他们不敢贸然相信这个妇人所说的一切。

　　看着这个抱着孩子的妇人，范氏族人先是不敢相信她所说的一切，后来竟又怀疑起她的身份和目的来。

　　跪在祠堂里，谢氏哭着将这些年来范墉在外所有的一切一一道来。最终，也许是范氏族人不愿承认范墉曾入赘谢家的现实，也许是不愿接受一个妇人带着两个孩子这个大包袱，他们拒绝了谢氏的上门认亲。

　　苏州范氏不但拒绝了谢氏，他们还对谢观音母子的合法性产生了怀疑。因为当时所有一切都是谢氏自己说出来的，她没有证人。

　　这件事直到多年以后谢氏都没能释怀。二十多年后，范仲淹已经成名，谢氏去世，她没有选择回苏州和丈夫葬到一起。

　　丈夫死了，族人又不肯相认，这让带着两个孩子的谢氏不知如何是好。他们只好就近找到一个临时的住处。不管有多大的困难，先把自己稳定下来再说。

　　就在谢氏带儿子认祖归宗被拒的这年八月初二，武宁军派往真定府的士兵将范墉原配夫人陈氏的尸骨运到了苏州。对于陈夫人范家没有拒绝，经族人商议，范家决定将范墉与陈氏的灵柩合葬于吴县天平山的范氏祖坟。

　　后来，又经范、陈两大家族合议，范家勉强同意将陈氏所生的孩子范仲温留下，由族里抚养。至于谢观音范仲淹母子，由于多种原因，范家不予相认。

　　面临如此窘境，谢观音着实心寒却又无可奈何。这个坚强的女人当然不会轻易向任何人低头，见是这样，她索性带着儿子范仲淹去为丈夫守灵，以这种方式默默承受着世情的凉薄。

　　在天平山范墉坟墓不远的地方，有座名叫咒钵庵的尼姑庵。咒钵庵的师太慈悲为怀，见谢氏可怜，便收留了这对落难的母子。当时谢氏身上还留有变卖家产的钱财，她大方地在庵内做了一些施舍，便和儿子顺理成章地寄居在咒钵庵内。

谢氏带儿子为丈夫守灵守了整整三年。在这三年的时间里，范氏族人对他们不闻不问，甚至是视而不见。多年以后，当范仲淹功成名就，苏州范氏族人却绝口不肯再提这段历史，这是后话暂且不提。

守孝天平山

天平山，古称白云山，又名赐山，位于苏州西南的太湖之滨，如今是太湖国家风景名胜区的核心景区。天平山自古有"吴中第一山""江南胜境"的美誉。它山势峭峻奇险，以"红枫、奇石、清泉"三绝著称。此地看点主要是万笏朝天、高义叠翠、万丈红霞、玉泉轻吟等十八处胜景。

千年以后的今天，当年范氏母子寄居的咒钵庵依旧存在，它就位于天平山范仲淹墓神道石坊的旁边。庵内今有鱼乐园一处，另有明唐寅手植罗汉松一株。

决意带儿子为丈夫守孝的那段时间，谢氏尝尽了人间的各种滋味。范家的冷漠和怀疑，尤其是他们只留下了丈夫与前妻生下的孩子，这件事对她的伤害最深。

谢氏从小就不是一个软弱的人，她看似柔弱的外表下面，有着一颗强大到不能再强大的内心。有一种人越受伤害越是强大。你们越是不欢迎我，我越是活得更好。

谢氏不但有主意，而且有见识。范家人的不肯接受让她在失去尊严的同时也在心里憋了一口气。抱着年幼的儿子，她告诉自己说，早晚有一天她和儿子要把这口气争回来，她一定要让这些绝情的人看看，当初他们做了一件多么愚蠢的事情。

随着儿子一点点长大，谢夫人便手把手教范仲淹识字。没有学习条件，谢氏就地取材，用树枝在沙地上教儿子写字。在教儿子写字的同时，她还向儿子传授了父亲当年教她的常山战鼓，有时还用土块演摆常山蛇阵。这种良好的学前教育，为范仲淹日后成为文学家、军事家打下了坚实的基础。

教儿子之余，她不止一次地反复告诉儿子：你虽然姓范，但你出生在北方，你生在真定府一个叫作高平村的地方，娘和你都是那里的人，那里才是咱们的家乡。

所有这些在幼小的范仲淹心头埋下了一颗怀念的种子，同时还成为一个固化的标签。成年以后，范仲淹一直以"高平人"自称。他与人书信往来，通常会以"高平"落款。后来，范仲淹的门生和弟子们也都自称"高平门下""高平讲友"，连他的后代堂号也称为"高平堂"。有关范仲淹，不但相关文献记载中常见"高平世泽""高平家风"等字眼，甚至他的次子、大宰相范纯仁还被封为"高平侯"，他的三子范纯礼被封为"高平男"。这些称号多与范仲淹一直以真定府高平村为生地有关。这不但是范仲淹对出生地和母亲养育之恩的深深怀念，同时也是对苏州范氏一个无声的反击。

山中日月长。时间很快到了公元 993 年。公元 993 年即宋淳化四年，此时这对孤苦的母子已经在太平山艰难地度过了三个春秋。宋代守孝期满即可脱去孝衣，又称服除。

就在他们为范墉守孝的三年时间里，大宋王朝发生了许多重大的事情，有许多大人物故去，同时也有许多大人物出生。

淳化元年（990）：秋七月，太白复见。是岁，洪、吉、江、蕲诸州水，河阳大水。曹、单二州有蝗，不为灾。开封、大名管内及许、沧、单、汝、干、郑等州，寿安、长安、天兴等二十七县旱。深冀二州、文登牟平两县饥。

这一年，大词人、"一树梨花压海棠"的张先出生。张先人称张三影，又称桃杏嫁东风郎中，是北宋非常有名的一位词人，其词作内容大多反映士大夫的诗酒生活和男女之情。张先词风婉约狎艳，与柳永齐名，其一世与晏殊、欧阳修、苏轼交好。

淳化二年（991）六月：忠武军节度使、同平章事潘美卒。七月，李继迁奉表请降，以为银州观察使，赐国姓，改名保吉。女真表请伐契丹，诏不许，自是遂属契丹。大名、河中、绛、濮、陕、曹、济、同、淄、单、德、徐、晋、辉、磁、博、汝、兖、虢、汾、郑、亳、庆、许、齐、滨、棣、沂、贝、卫、青、霸等州旱。

这一年，大宋旱涝交加，后来成为大宰相的晏殊出生于抚州临川。这位号称大宋第一才子、第一神童的少年，将来会与范仲淹有着广泛的交集，且终生保持着亦师亦友的亲密关系。虽然比范仲淹小两岁，但晏殊成名甚早，他出道和成名都比范仲淹早了很多，他是一位对范仲淹有着知遇之恩的贵人。

就在转过年来的淳化三年（992），秋七月己酉，太师、魏国公赵普薨，追封真定王。是月，许、汝、兖、单、沧、蔡、齐、贝八州蝗，洛水溢。

由此可见，那几年大宋朝自然灾害频繁，号称风调雨顺的天下并不怎么太平。他们母子守孝期满的第二年，川陕地区爆发了史上有名的王小波李顺起义。这次起义是北宋比较有名、规模比较大同时对王朝统治影响比较大的一次起义。

如今，身居太平山的范仲淹母子守孝已满，两个人不能长年住在尼姑庵里，这对母子将何去何从？

不得不说天无绝人之路，就在母子二人为以后怎么办发愁的时候，一个人的出现改变了他们的命运。

当时的苏杭一带归两浙路管辖，两浙路分平江、镇江二府，苏州一带归平江府管辖，当时并无苏州府的建制。平江府治所苏州，治吴县、长洲，辖境相当今江苏苏州及张家港、太仓、吴县、常熟、昆山、吴江等市和上海市的嘉定、宝山等区地，宋代平江号称东南都会，即大词人柳永《望海潮》中"东南形胜，三吴都会，钱塘自古繁华"描述的地方。

距离他们守孝地不远就是大宋平江府的治所，平江府有个名叫朱文瀚的推官。突然有一天，朱推官很意外地来到了天平山。

推官，官名，唐始置，于节度使、观察使、团练使、防御使、采访处置使下皆设推官一员，位次于判官、掌书记，掌推勾狱讼之事。

据说这位名叫朱文瀚的推官曾是范墉生前的朋友，不过此事已无从考证。

朱文瀚，字苑文，池州青阳人（今安徽青阳），才学瞩目，文武兼备，精通儒、道。宋端拱二年（989）进士，官秘阁校书郎（从八品），平江府推官（正七品）。

据说朱文瀚年轻时自视甚高，曾自比于唐代名将李靖。金榜题名之前，他时常背负长剑，游侠天下，广交四方有识之士。据说，他还曾经拜见过道教大神陈抟，并从他那里得到了一些真传。

《长山朱氏家谱》关于朱文瀚是这样记载的："始祖文瀚，字苑文，宋范文正公之继父也。太宗端拱二年（989）进士，江南平江府推官，召考试馆职授秘阁校理。真宗即位，拜户部郎中。景德初，出为淄州长史，历盐铁度支判官，知宿州，摄河中府事，迁平江刺史，解组归。仲淹以继父长育有恩，常思厚报，及贵，用南郊所加恩，乞赠太常博士，岁别为享祭。配初氏，赠恭人。葬城北杏花村庄东南。继配谢氏，即仲淹之母。"

之所以在这里隆重地提及朱文瀚，是因为他与范仲淹有着一段十分重要的不解之缘。就在年幼的范仲淹为父亲守孝结束这一年，朱文瀚的妻子初氏突然死了。虽然他的生活不像范墉那么穷苦，家庭结构也没有范墉那么复杂，但一个大老爷们儿带几个孩子，还要处理复杂的公务，里里外外这些事情也真够他受的。

偏偏就在这个焦头烂额的时候，他又接到了朝廷的一纸调令。朝廷下令，将朱文瀚调往澧州安乡担任县令。澧州当时属荆湖北路。辖澧阳、安乡、石门、慈利四县，治地澧阳，即今天的澧县。

接到调令后朱推官愁苦不已，看着大大小小几个孩子，自己一个大老爷们儿，这日子可怎么过下去呀？

朱推官决定出去散散心。就这样，他误打误撞地来到了天平山。

服除

你不得不相信，在这个世界上有着许多命中注定的缘分。这些缘分虽然并非都是一见钟情，但也很容易就达到水到渠成。那些无缘的人，即便每日都擦肩而过，也不会留下一个刻意的回眸。

朱文瀚并不知道这对母子还在天平山守孝，咒钵庵的偶遇让他彻底对谢氏刮目相看。朱范两家本来就有旧交，一个丧妻，一个亡夫。谢氏只有一个孩子，负担不是太重。朱文翰虽然孩子多点儿，但身为朝廷官员，家境条件也好。两个人的相遇，相信一定是上天早就安排好的因缘。

在热心师太的撮合下，两个同是天涯沦落人的人决定抱团取暖，共同去面对将来的生活。如此一来，两个人都看到了生活的希望，也都解决了自己的困难。

在师太的见证下，朱文瀚和谢氏定下了亲事。很快，朱推官，不，此时已经是朱县令的朱文瀚带着范仲淹母子踏上了赴安乡上任的行程。

让人无法不感慨的是，当年范墉入赘到高平谢家，谢氏没逼着范墉改姓。范仲淹出生时，谢氏也没让儿子改姓。但嫁给朱文瀚以后，谢氏在第一时间给儿子更改了姓名。也许只有这样，才是她对苏州范氏族人拒绝认亲的失望和回应。尽管一直到死，这个看似柔弱实则强韧无比的女人始终没能得到范氏族人的承认。

仔细想想，苏州范氏拒绝承认范仲淹母子，真正的原因并不是担心他们夺田分产，如是这样范家当初不会把陈氏的遗孤范仲温留下。之所以不肯相认，更大一部分原因是范仲淹母子名不正言不顺，更一深层的原因，则是苏州范氏不愿承认子孙曾入赘这一事实。

一千多年过去了，直到今天，入赘对男人来说仍是一件耻向人言的事情，这一观念仍根深蒂固地深入人心。"小子无能，更姓改名"，当初范墉入赘没跟族人商量，既没征求意见也没履行合法手续，所以范氏族人不肯认亲也是情有可原的。

尽管，入赘以后范墉并没有更姓改名。

临行之前，不失礼数的谢氏还带着儿子拜别了苏州范氏。从那以后，她正式改嫁朱文瀚，并给儿子改名为朱说。

不日之内，服除的母子二人随朱文瀚一起到达安乡。

到达安乡以后，谢氏尽心尽力地相夫教子，把一家人照顾得很好。不管对初氏生下的几个孩子，还是自己的亲生儿子，谢氏一概一视同仁。她既慈爱又严厉，因此得到了朱文瀚的认可和孩子们的敬重。平日里，谢氏对亲生儿子朱说的要求似乎更严厉一些，她常常叮嘱他说："为人处世，一丝一毫都不可轻视，谨言慎行，待人接物一点儿也不得马虎！"

母亲的话被小朱说牢牢地记在心中，这句警训伴随了他整整一生。

除了照顾孩子们的起居生活，谢氏还经常教孩子们一些做人的道理。她不止一次地给孩子们说，人生在世要活得有尊严。尊严靠什么实现？靠的是实力，靠的是品德。没有品德和实力，一个人的尊严无从说起。她不断地以自身为表率对孩子们言传身教，因此，家中诸事皆遵循礼数，同时，她还向孩子们灌输了勤俭持家的道理。因待人诚恳，而且能善待丈夫前妻的儿女，每每胜于自己的孩子，同时朱文瀚也格外喜欢老朋友这个儿子，夫妇之间举案齐眉，相敬如宾，把所重新组织的家庭建设得亲密无间，其乐融融。

为了能让小朱说受到更好的教育，经与朱文瀚商量，谢氏将当年在真定变卖家产所得，加上武宁军给范墉剩余的抚恤金加在一起，在岳阳附近的云溪以儿子朱说的名字购置了一处田产。这处田产有良田数十亩，水塘几方，房屋十余间，这处田产就是今天"安乡读书台"的所在地。

读书台周围景色宜人，少年时期的范仲淹经常在此读书。群山环绕，雁过长空，小朱说琅琅的读书声总是能传出去很远。在不知不觉间，天色越来越暗。一片云悄悄地飘过来，早已读书入神的少年却毫不觉察。几点雨落下，埋头苦读的少年还是没有注意。这便是"书台夜雨"这一美好传说流传千年的由来。

没有名师指点，读再多的书也难得要旨。宋至道三年（997），朱文瀚夫妇将年方10岁的小朱说送到了洞庭湖畔的太平兴国观。在这里，小朱说拜饱学博识、德高望重的司马道人为师。

就这样，范仲淹正式开始了他正式启蒙读书的时代。

洞庭湖畔钟灵毓秀，千百年来的人文积淀更是世间无双。在地灵人杰的洞庭湖畔，年少的范仲淹接受着良师益友的熏陶和教益。在勤奋读书的同时，他经常望着洞庭湖碧波千里的湖面，感受它浩浩荡荡的阔大和雄浑。

日升日落之间，洞庭湖的景象让他思绪万千。早晨的洞庭湖是一个样子，每天傍晚落霞满天，绚丽的云彩映在湖面上，此时的洞庭湖又是另外一个样子。晴天的时候它是一个样子，雨天的时候，蒙蒙细雨落在湖面它又是另外一副样子。八百里洞庭，荷风送香，渔歌互答，天与地与山与水的灵气和精华，不但涵育了他少年的胸怀，更是为日后他写下脍炙人口、天下闻名、气贯古今的千古名篇《岳阳楼记》形成了重要的积淀。

可惜这种生活也没能维持多久，宋咸平元年（998）九月，一纸调令将朱文瀚升为淄州长史，全家人只好告别安乡，举家随朱文瀚北上赴任。

淄州，隋开皇十六年（596）置，治所贝丘（后改为淄川）。当时淄州的辖境大致是今天的山东邹平、高青、淄博及桓台、博兴一带。唐天宝元年（742），朝廷改淄州为淄川郡，后又于乾元元年（758）复命为淄州。

宋咸平元年（998）九月十五，一家人平安到达淄州。到达以后，全家人住在了淄州秋口（今淄博市博山区）。朱文瀚非常喜欢这个并非亲生的儿子，安定下来以后，他立即安排小朱说在秋口入学读书。除读书之外，见小朱说喜欢古琴，朱文瀚又带着小朱说拜当地名人崔遵度为师学习古琴。

崔遵度，字坚白，本江陵（今湖北）人，后徙淄川。太宗太平兴国八年（983）进士，历任和川主簿、太子中允、太常丞、直史馆，编修两朝国史，累官左司谏、寿春郡王府友，储宫建，加吏部郎中兼左谕德。崔遵度为宋代古琴大家，所著《琴笺》对琴文化的发展起到了很大的作用。

小朱说很聪明，他对古琴的喜爱仿佛是与生俱来的，在崔遵度的指点下，他很快就掌握了一些弹奏的技巧。每当坐到琴前，他总是迅速忘记身边的一切，全心全力地把自己的心思全部用到琴弦之上。崔遵度发现，这个孩子在古琴方面绝对是一个可塑之材。同时，他还奇怪地发现，朱说虽小，却只喜欢那曲悲苦感人的《履霜操》。

据说，范仲淹喜琴剑，平日琴剑不离身，一生却只弹一支《履霜操》，这或许与他的出身有关。

景德元年（1004），朱文瀚改任长山县令（今山东邹平），他们一家便从秋口迁到了长山县河南村（今邹平县长山镇范公村）。从此以后，范仲淹开始在长山生活。

这一年，大宋王朝发生了很多大事。

这年的四五月间，邢州地震不止，随之又是瀛洲地震；九月，汴水决；与此同时江南东、西路饥荒，陕、滨、棣州还出现了严重的蝗灾。

这一年，辽国侵宋。在北国的战场上，名将杨业被俘绝食而死。在旷日持久的宋辽战争中，大宋三路官军全面溃败。战乱很快就殃及淄州。先是溃散败兵沿途的席卷蚕食，继而辽南京留守耶律休哥所部骑兵部队追杀掳掠，致使淄州一带的百姓受尽其苦。长山知县朱文瀚积极地组织百姓进行自卫，使长山县免遭烧光杀光之灾，淄州的难民们才有了一席生存之地。

努力从优秀传统文化中汲取营养（跋）

刘书越

　　滕先生大作即将付梓问世，早就嘱托本人写两句话。为此事，我一直很高兴，但又很犯愁。高兴的是能为弘扬古代先贤做点事意义重大，犯愁的原因则是对范仲淹缺乏了解，不知如何写。搜肠刮肚，感到对范仲淹的了解很少，几乎一直是中学时代的知识水平，又以其名篇《岳阳楼记》为核心，其事迹生平知之不多，头脑中留下的名言首先是"先天下之忧而忧，后天下之乐而乐"，再就是"居庙堂之高，则忧其民；处江湖之远，则忧其君"，剩下的似乎就是对岳阳楼和洞庭湖景色的描写，另加一首关心渔民生活疾苦的小诗《江上渔者》。直到滕先生《庙堂与江湖：范仲淹传》书稿摆在案前，才有了对范仲淹这一古代名人加深了解的机会。通读书稿，顿感收获满满、一个立体丰满、有血有肉有情坏的古代圣贤之人呈现在自己面前。本人私底下认为，大家有时间不妨都来通读此书。在此讲五点。

　　第一，可以加深对范仲淹的全面了解。本人不才，对范仲淹知之甚少，但似乎大多数人和鄙人不相上下，也多属零散经典名言或故事。范仲淹既能文，又能武，在朝为官仗义执言，坐镇一方勤政为民，建立了于国于民都有利的功业，留下了不少流传至今的诗文。这都是我们全面了解范仲淹的基本素材。通过阅读滕先生查阅大量史料撰写的本书，我看就能满足大家的这些需要，增加对优秀传统文化的吸收与理解，提高自身素养。

　　第二，可以为青少年学习优秀传统文化提供帮助。范仲淹在古代中国曾被推为"圣人"，与孔孟庄周和王阳明等并列，又属于我们现在常说的草根出身，早年丧父，母亲改嫁，可谓历尽磨难，终成大器。在阶层固化的封建社会，经过个人奋斗，终于登到庙堂之高，实现人生价值。在经过几十年市场经济发展的我国，年轻人更应少怨天尤人，自暴自弃，拒绝"躺平"，而要坚信"幸福都是奋斗出来的"，撸起袖子加油干，做到青春无悔！

　　第三，能够满足多种阶层或群体的阅读需要。读史可以明智。本书也适合于各级党员领导干部、社会公众人物和其他宋史爱好者阅读，其中党员干部可以从古代先贤中学习民族传统文化精华，提高自身修养，增强为国家为民族为人民服务的自觉性、主动性；社会公众人物则可以通过阅读本书，看到差距，增强社会责任感，实现由富向贵的提升，成为社会和谐的正能量，共同富裕的重要贡献者。宋史爱好者，可以通过阅读本书，加深历史知识了解，增强民族自豪感。因为，一般学界都认为，宋朝是我国经济文化发展的巅峰，其创造的灿烂文化，至今影响世界，光耀中华，成为我们民族复兴的宝贵历史文化资源。

第四，这部作品是一次史学与艺术紧密结合的大胆尝试。全书洋洋洒洒近百万字，谋篇布局详略得当，脉络清晰，故事性强，其中主体情节均是有根有据，或从《宋史》，或从方志等文献所来，鲜有杜撰妄撰。对于有争议之事，也都从历史背景、人物特点等多个视角，采信一个较为可信的提法或观点，这是本书的一大特点。但是，众所周知，文学与史学历来是一对矛盾，文学依靠历史，然而又不拘泥历史的真实，两者的完美统一一直是人们的梦想，却总是难以实现。科学，包括史学要求的是真实，不承认凭空捏造。文学则不然，可以虚构、夸张、杜撰，可以从生活原型或历史人物中，进行加工，可以张冠李戴，艺术境界高就可以。也就是说，文学的东西要靠"美"来评价，史学的成果要有"真"的要求。《水浒传》《三国演义》乃至《西游记》等都属于那种既不完全符合历史事实，却又文学艺术水准极高的文学巨著。当然，如果真有人去考究无论是《水浒传》还是《三国演义》的人和事，历史上到底如何，就会发现差距，甚至有人会否定作品艺术价值。人类看待世界的标尺有多把，科学艺术各有不同要求，一定要用对地方，也就是用艺术的眼光而非科学的视野看艺术作品，不能根据某某人物、某某事在历史上并不是这样，就断定一部文学作品，包括人物传记或者报告文学"是假的"，甚至使用"歪曲事实""杜撰""瞎编"等否定性词语，把文学作品打死。笔者以为，滕先生，作为一位有志青年，开展有历史根据的文学创作，追求学术"真"和艺术"美"的统一，并弘扬充满"善"元素的传统文化，反映了实现"真善美"统一的人类优秀文化基因与本能，值得肯定鼓励。

第五，需要说明的是，在20世纪80年代，作家，外加科学家，是几乎每个青年学生的梦想。不像现在的年轻人，都向往拿高薪，发大财，高考状元不读金融就上IT专业，鲜有报考文史哲等专业者。作为"60后"，笔者在中学时代，也像很多人一样曾经怀揣作家梦想。只是后来进了体制内，做了研究员，才慢慢放下了曾经的梦想。滕先生能在繁忙的工作之余，挑灯夜战，写出这样一部长篇巨著，可见初心的力量之强大，可敬可佩！

于石家庄

（作者为河北省社会科学院研究员）